怎样到 RCEP 成员国投资

印度尼西亚篇

张晓君 肖 敏 主编

微信扫码

- 配 套 音 频
- 交 流 社 群
- 投 资 智 库

音频授权码（仅供一台设备使用）

广西人民出版社

图书在版编目（CIP）数据

怎样到 RCEP 成员国投资 . 印度尼西亚篇 / 张晓君，肖敏主编 . 南宁：广西人民出版社，2025. 7. -- ISBN 978-7-219-11864-1

Ⅰ. F832. 6

中国国家版本馆 CIP 数据核字第 2025QR6684 号

ZENYANG DAO RCEP CHENGYUANGUO TOUZI · YINDUNIXIYA PIAN

怎样到 RCEP 成员国投资 · 印度尼西亚篇

张晓君　肖　敏　主编

出 版 人　唐　勇
策划编辑　严　颖
责任编辑　蓝雅琳
责任校对　梁小琪
装帧设计　王程媛

出版发行　广西人民出版社
社　　址　广西南宁市桂春路 6 号
邮　　编　530021
印　　刷　广西民族印刷包装集团有限公司
开　　本　787mm × 1092mm　1 / 16
印　　张　18. 75
字　　数　261 千字
版　　次　2025 年 7 月　第 1 版
印　　次　2025 年 7 月　第 1 次印刷
书　　号　ISBN 978-7-219-11864-1
定　　价　88. 00 元

■ 本书编委会

主　编　张晓君　肖　敏

副主编　陈　洁　鲁学武　罗传钰

成　员　邓　珊　黄　蕾　肖　兰　马小晴

邵　劭　俎文天　陈来瑶　苏禹臻

前言

2020年11月，由东盟十国和中国、日本、韩国、澳大利亚、新西兰（共15个国家）共同参加的《区域全面经济伙伴关系协定》（RCEP）正式签署并于2022年1月正式生效，为区域国家的经贸交往搭建了高层次区域合作平台。2023年6月2日，RCEP对菲律宾正式生效，标志着该协定对15个签署国全面生效。该协定成就了目前国际社会具有全球最多人口的自由贸易区，使得更多的国家、企业、个人等从区域合作中受益。该协定为发展中国家和发达国家之间以及发展中国家间开展高层次、高质量、全方位开放合作提供了新的实践，为促进自由贸易和多边主义发展注入了强劲动力。

《区域全面经济伙伴关系协定》已在各成员国全面生效实施，使得提供高质量的涉RCEP各成员国的法律服务凸显了其重要性和迫切性。高质量的涉RCEP各成员国法律服务离不开对RCEP各成员国法律制度的了解和研究。在此背景下，中国—东盟法律研究中心携手长期耕耘东盟法律事务的广西鼎峰律师事务所，本着为我国海外投资战略服务的理念，遵循为我国投资者在RCEP成员国投资提供法律实务服务的基本宗旨，组织撰写了怎样到RCEP成员国投资系列图书。

中国—东盟法律研究中心由中国法学会于2010年创设，依托西南政法大学，整合中国与东盟法律法学界资源，开展对东盟法律的系统性、基础性和前瞻性研究，为本区域的繁荣发展提供法律政策上的智力支持。广西鼎峰律师事务所是一家专注服务企业及承接商事诉讼和国内外贸易咨询的商事服务机构，设有东盟法商部，为中国与东盟各国企业提供全方位法律服务。

中国—东盟法律研究中心切实提升涉外法治研究基地建设水平，本次与广西鼎峰律师事务所合作编撰《怎样到RCEP成员国投资 · 印度尼西亚篇》（全书视具体表述需要，将印度尼西亚简称为印尼），是双方战略合作的又一典范，亦是学界和实务界集体智慧碰撞的结晶，更是中国—东盟法律研究从实践到理论的一次升华，将会为双方未来在东盟领域的法条查明、法律服务、人才培养、案例教学等合作带来更多机遇。

怎样到RCEP成员国投资系列图书是一套具有鲜明特色的涉外法律专业性图书。本系列图书编写团队既有实践经验丰富的法务专家和律师，又有理论水平较高的法学博士和高校法学教师；本系列图书不仅注重从理论研究的角度来解读法律文本，系统地向读者介绍和评述了RCEP成员国有关投资的法律政策，而且也注重从实务的角度来提出对策建议，如以案例（实例）讨论的方式，总结分析在RCEP成员国投资应当注意的问题。RCEP成员国相关专业领域的法学、法律事务等专家学者为本系列图书的研究提供宝贵的建议，确保了图书的权威性。本系列图书可为社会各界研究和运用RCEP成员国法律政策提供参考。

2024年7月

印度尼西亚专家推荐

It has been a long time since China and Indonesia established and formed friendly relationship. The two countries have established close cooperative relations in politics, economy, culture and other fields. This book is the most comprehensive and instructive foreign investment legal service guide for foreign investors to invest in Indonesia, and has a good reference value for foreign investors to invest in Indonesia.

中国与印度尼西亚建立并形成了友好关系。两国在政治、经济、文化等领域建立了紧密的合作关系。本书是外国投资者到印度尼西亚投资需要了解的最全面的、最具指导性的外商投资法律服务指南，对于外国投资者到印度尼西亚投资具有很好的参考价值。

Selviana Purba，S. H.，LL. M.（吴娜萍）

印度尼西亚共和国最高法院法官

The full entry into force of the Regional Comprehensive Economic Partnership（RCEP） will promote China-Indonesia economic and trade cooperation to a new level. How to Invest in RCEP Member States：Indonesia is a distinctive introduction to Indonesia's investment legal system. In content，the book explains the relevant legal systems related to foreign investment in Indonesia，which has practical value and guiding significance for foreign investors planning to invest in Indonesia，especially Chinese investors. It can help investors better understand the investment environment in Indonesia and achieve mutual benefit and win-win results.

《区域全面经济伙伴关系协定》（RCEP）的全面生效，将会促进中国与印度尼西亚的经贸合作跨上一个新的台阶，《怎样到RCEP成员国投资 · 印度尼西亚篇》是一本具有鲜明特色的介绍印度尼西亚投资法律制度的书。在内容上，本书对印度尼西亚外商投资所涉及的相关法律制度进行阐释，对于计划到印度尼西亚投资的外国投资者，特别是中国投资者而言具有实用价值和指导意义，可以帮助投资者更好地了解印度尼西亚的投资环境，实现互利共赢。

Unggul P. Satriyo，S. H.，M. H.，LL. M.（安吉友）

印度尼西亚共和国最高法院法官

The full entry into force of the Regional Comprehensive Economic Partnership（RCEP） has opened a new chapter for economic and trade cooperation between China and Indonesia. Indonesia is attracting the attention of foreign investors with its huge market size and increasingly open investment environment. How to Invest in RCEP Member States：Indonesia serves as a bridge for foreign investors，especially Chinese investors，to understand the investment environment in Indonesia. The book explains the legal system for foreign investment in Indonesia，helping foreign investors grasp the investment legal environment in Indonesia and maximize their investment benefits.

《区域全面经济伙伴关系协定》（RCEP）的生效，为中国与印度尼西亚的经贸合作开启了新篇章。印度尼西亚正在以庞大的市场规模、日益开放的投资环境吸引着外国投资者的目光。《怎样到RCEP成员国投资·印度尼西亚篇》为外国投资者，特别是中国投资者搭建起理解印尼投资环境的桥梁。本书阐释了印尼外商投资涉及的法律制度，可以帮助外国投资者把握印尼投资法律环境，实现投资效益最大化。

Rio Barten，T. H.

印度尼西亚Rokan Hilir地区法院院长

目 录

绪 论
中国与印尼经贸合作的机遇

怎样到RCEP成员国投资

印度尼西亚篇

中国与印度尼西亚两国地缘相邻，文化相通，交往历史源远流长。在当今全球化与区域化浪潮交织的背景下，中印尼经贸合作的重要性日益凸显。自共建“一带一路”倡议提出以来，两国合作关系进一步深化，涵盖了政治互信、经贸往来、文化交流等多领域。印尼作为东南亚最大的经济体，凭借其独特的地理位置、丰富的资源和庞大的市场潜力，为两国合作带来了新机遇。同时，双方在发展理念上的高度契合，使得中印尼合作成为南南合作和区域一体化的典范。本章通过回顾两国的历史纽带与总结两国现阶段的合作成就，旨在为探索中印尼经贸合作的广阔前景奠定基础。

第一节　中国与印尼经贸合作的政治基础

中国与印尼的友好关系源远流长。从2000多年前的汉朝开始，到15世纪初郑和七次远洋航海，中国与印尼间建立了友好纽带，也留下了许多两国人民友好交往的历史佳话。

新中国成立后，印度尼西亚是最早同中国建交的国家之一。并且，双方在1955年与其他亚非国家携手合作，在万隆会议上共同倡导了以和平共处、求同存异为核心的万隆精神。万隆精神至今仍是国与国相处的重要准则，为推动建设新型国际关系作出了不可磨灭的历史贡献。

中国和印尼于1990年实现复交后，双边关系进入了更为稳定的新发展时期。2005年，双方建立战略伙伴关系。2013年10月，国家主席习近平在印尼国会演讲时首次提出“21世纪海上丝绸之路”倡议，并宣布与印尼建立全面战略伙伴关系，为两国关系发展掀开新篇章。

一、高层互访为双方关系的良好发展打下了坚实的基础

10年来，两国政治互信不断加强，国家主席习近平3次到访印尼，印

尼总统佐科6次访华，两国元首10次会晤、8次通话[①]。2022年7月，印尼总统佐科成功访华，成为疫情防控常态化以来首位应邀单独到访北京的外国领导人。2022年7月，佐科总统第五次访华，与国家主席习近平就共建中印尼命运共同体达成共识，印尼成为与中国共建双边命运共同体的首个海上东盟国家。2022年11月，国家主席习近平在中共二十大后首次出访即赴印尼，出席二十国集团（G20）领导人峰会并同印尼总统佐科举行会晤，双方就加强中印尼全面战略伙伴关系和共建中印尼命运共同体达成新的重要共识。2023年7月27日，国家主席习近平在成都会见来华出席第31届世界大学生夏季运动会开幕式并访华的印尼总统佐科，并强调，中方愿同印尼保持经常性战略沟通，加强治国理政经验交流，启动两国外长防长“2+2”对话机制，打造高水平战略互信。2023年10月16日至18日，印尼总统佐科应邀来华出席第三届“一带一路”国际合作高峰论坛并对中国进行国事访问，国家主席习近平与佐科举行会谈时，强调中方愿同印尼方继续从战略高度和长远角度看待和发展两国关系，用好既有机制深化全方位战略合作，在涉及彼此核心利益和重大关切问题上加大相互支持，携手走好符合各自国情的现代化道路。

普拉博沃2024年3月当选总统后，第一时间首访中国，在与国家主席习近平会谈时，他表示“完全支持发展更加紧密的印尼同中国关系，愿延续佐科总统的对华友好政策，坚持独立自主，恪守印尼政府一贯奉行的一个中国政策，同中方坚定支持彼此核心利益，推进两国关系更加全面和高质量发展，落实好构建两国命运共同体的重要共识”。普拉博沃就任总统后，再次将中国作为首访国家，于2024年11月8日至10日访华。11月9日，国家主席习近平与其会谈时，指出普拉博沃2024年两次访华体现了他对发展中印尼关系的高度重视，也展现了两国关系的高水平和战略性。

① 胡慧茵：《专访中国驻印尼大使陆慷：中国印尼发展战略持续对接，高质量共建“一带一路”点多面广》，https：//news.qq.com/rain/a/20230203A07SB600。

坚持战略自主、互信互助、合作共赢、公平正义，这既是对过去几十年中印尼关系发展经验的总结，也是未来两国关系长期稳定发展应该遵循的重要原则。

二、战略对接机制完善提供制度化保障

在近年来的中印尼关系发展中，两国元首的经常性沟通夯实了中印尼关系的战略根基。而双方共同发布的联合声明及合作规划等双边文件，为全方位战略合作布局做了更好的指引。同时，在此基础上，双方也借助双边高层对话机制，推进具体工作。

在合作的框架性文件方面，双方通过元首会晤发表的多个联合声明，为双方构建全面战略伙伴关系、共建命运共同体提供了基础性的政策支撑。2022年11月，双方发表了《中华人民共和国和印度尼西亚共和国联合声明》，声明中明确双方将以共建命运共同体为统领，持续深化政治、经济、人文、海上合作“四轮驱动”的双边关系新格局。同时签署的共建“一带一路”倡议与“全球海洋支点”构想对接框架下的合作规划、扩大和深化双边经济贸易合作的协定更将“四轮驱动”的内容落到了具体领域。2023年10月18日双方决定推动《中印尼加强全面战略伙伴关系行动计划（2022—2026）》全面有效落实，建立更强劲、多元、高质量以及互惠互利的双边关系。而在2024年11月9日发表的《中华人民共和国和印度尼西亚共和国关于推进全面战略伙伴关系和中印尼命运共同体建设的联合声明》中，双方同意，将两国政治、经济、人文、海上“四轮驱动”合作升级为“五大支柱”合作，增加安全合作为第五大支柱。

在合作的具体机制方面，2021年建立中印尼高级别对话合作机制，在同年6月举行的中印尼高级别对话合作机制首次会议上，双方达成了多项重要共识，其中就包括中印尼两国合作从政治、经济、人文“三驾马车”齐头并进，升级为政治、经济、人文和海上合作“四轮驱动”。2023年10月，建立外长防长“2+2”对话机制，并在2024年8月举行中印尼外长防

长“2+2”对话机制首次高官会，标志着两国外长防长“2+2”对话机制正式启动。

三、共建命运共同体为未来合作指明方向

2022年7月26日，印尼总统佐科来华访问，在与国家主席习近平进行会晤时，双方明确了共建中印尼命运共同体的大方向，这是他此次访问达成的最重要政治成果。会晤后所发布的《中华人民共和国和印度尼西亚共和国两国元首会晤联合新闻声明》中，两国元首认为，中印尼关系具有重大战略意义和深远全球影响，同意确立共建中印尼命运共同体的大方向，打造发展中大国互利共赢的典范、共同发展的样板、南南合作的先锋。两国元首指定两国外长进一步探讨命运共同体的要素和原则。

随后，同年11月，国家主席习近平在印尼出席G20领导人峰会时，与印尼总统佐科举行会晤，双方就加强中印尼全面战略伙伴关系和共建中印尼命运共同体达成新的重要共识。会晤后发布的《中华人民共和国和印度尼西亚共和国联合声明》中，双方一致决定秉承中华文明“敦亲睦邻”“和而不同”的传统思想和印尼“互助合作”“殊途同归”理念，遵循《联合国宪章》宗旨和原则、和平共处五项原则和万隆精神，共建中印尼命运共同体，打造发展中大国相互尊重、互利共赢的典范，共同发展的样板，公平正义的表率，南南合作的先锋。

2023年10月，印尼总统佐科应邀来华出席第三届“一带一路”国际合作高峰论坛并对中国进行国事访问。在与国家主席习近平会晤后，双方共同发布《中华人民共和国和印度尼西亚共和国关于深化全方位战略合作的联合声明》，就持续深化中印尼全面战略伙伴关系和命运共同体建设达成重要共识。

普拉博沃2024年3月当选总统后，第一时间首访中国。国家主席习近平同普拉博沃会谈时，指出中方从战略高度和长远角度看待中印尼关系，愿同印尼深化全方位战略合作，构建具有地区和全球影响力的中印尼命运共

同体，为两国人民带来更多福祉，为地区和世界和平、稳定、繁荣作出积极贡献。

同年11月8日至10日，普拉博沃再次访华，国家主席习近平11月9日与其会谈时，指出中方愿同印尼新政府一道，继往开来，构建具有地区和全球影响力的命运共同体，续写发展中大国联合自强、团结协作、互利共赢的新篇章。

这些都体现了两国对发展双边关系的高度重视，也彰显了中印尼关系的高水平。

第二节　印尼近年来的发展优势

一、印度尼西亚的发展优势

（一）地理优势

印度尼西亚是世界上最大的群岛国家，国土面积约191万平方公里，人口约有2.81亿人（截至2024年10月），位于亚洲东南部，地跨赤道，位于太平洋和印度洋之间。印尼苏门答腊岛与马来半岛之间的马六甲海峡是联系太平洋和印度洋两大洋的咽喉，因此印尼在海运贸易中有着非常重要的地理优势。因扼守众多国家的海上交通要道，印尼在国际航运中拥有举足轻重的地位，是海上丝绸之路的重要节点。此外，作为临海国家，印尼有众多的岛屿和漫长的海岸线，领海内拥有丰富的渔产资源，是世界第11大渔业产品出口国。国人生活在沿海，从事渔业的条件得天独厚。同样是群岛国家，不同于菲律宾，印尼绝大部分地区都属于热带雨林气候，热带雨林面积仅次于巴西和刚果（金），热带雨林气候为印尼带来了不可估量的热带特有的经济作物（棕榈油产量居世界第一，天然橡胶产量居世界第二，也是世界上最大的咖啡、香草出口国之一）。印尼从事林业的人口高达3000万。

（二）资源优势

印尼自然资源丰富，有“热带宝岛”之称。盛产棕榈油、天然橡胶等农林产品，其中棕榈油产量居世界第一，天然橡胶产量居世界第二。富含石油、天然气以及煤、锡、铝矾土、镍、铜、金、银等矿产资源。矿业在印尼经济中占有重要地位，产值占国内生产总值（GDP）的10%左右。[①]

印尼是全球最大动力煤出口国。据印尼矿能部统计，印尼煤炭资源储量为580亿吨，已探明储量193亿吨，其中54亿吨为商业可开采储量。[②]

印尼是亚太油气合作区重要油气资源国。据标普全球统计，截至2023年底，印尼有128个含油气盆地，在107个盆地中获得1583个油气发现，其中油田911个、气田672个；拥有探明及概算（2P）石油可采储量317.9亿桶、凝析油35.9亿桶、天然气269.8万亿立方英尺，合计803.5亿桶油当量。此外，印尼非常规油气资源较为丰富，在库泰、巴黎托、北苏门答腊、中苏门答腊、南苏门答腊等盆地具有较好资源潜力。[③]

印尼是世界上生物资源最丰富的国家之一。根据粮农组织（FAO）2020年的数据，印度尼西亚拥有约9200万公顷林地，占土地总面积的53.0%。同时，印度尼西亚的大部分森林（86.9%）为国家所有，约8760万公顷为原生林或其他自然再生林，约450万公顷为人工林。[④]印尼是世界上最大的棕榈油生产国和出口国。根据中国经济信息网的数据，2023年

---

① 《印尼国家简况及经济简况》，https：//www.ccpit.org/indonesia/a/20211217/20211217kmbh.html。

② 吴航、吴志伟：《印尼矿产资源储量和分布情况》，http：//dkj.gxzf.gov.cn/cxzt/dxkp/t3341287.shtml。

③ 《中国印尼油气合作空间广阔》，http：//www.sinopecnews.com.cn/xnews/content/2024-07/26/content_7101690.html。

④ 《印尼的森林资源和背景》，https：//www.timbertradeportal.com/zh/indonesia/72/country-context。

印尼棕榈油产量占全球棕榈油产量的57%。[①]

印尼海域广阔，有着适合各种鱼类生长的热带气候，同时，印尼占据全球海洋生物多样性最高的“珊瑚三角区”的核心位置苏门答腊岛东岸的巴干西亚比亚是世界著名的大渔场，因而印尼的渔业资源极为丰富。根据印尼海事和渔业部2022年的评估，印尼海域的渔业资源潜力，即最大可持续产量为1201万吨，可捕量为864万吨。印尼的海洋捕捞产量仅次于中国，2023年总产量约为725万吨。[②]

（三）市场优势

印度尼西亚是一个拥有良好发展潜力的市场。自总统佐科上任以来，印度尼西亚全力发展经济。目前，印度尼西亚经济正处于快速发展阶段。据印度尼西亚央行预计，印度尼西亚2016年GDP增速将达到5%～5.4%，其经济增长也将刺激大额投资和消费需求。印度尼西亚的人力资源成本比中国低很多，即使在整个东南亚市场，其成本优势也十分明显。在印度尼西亚雅加达，从事体力劳动的普通工人月薪为800～1200元人民币，其他城市的人力成本更低廉。印度尼西亚的土地资源丰富，因此其土地成本也较为低廉，无论是选址建设工厂，还是店铺租金，成本优势都十分明显。近年来，随着中国企业陆续进驻印尼，物美价廉的中国产品冲击当地市场，越来越多的二级批发商、零售商和当地企业直接找中国企业订货。因此，中国企业的产品较之当地华裔商人的产品有着很强的价格优势。在中国企业积极进驻的大背景下，印度尼西亚市场仍然存在诸多空白。近年来，印度尼西亚开始大规模建设基础设施，如雅万高铁等重大项目。而在消费品市场方面，由于印度尼西亚居民的收入逐年增长，

① 袁梦国等：《中金·全球研究|国别研究系列之印度尼西亚篇：千岛潮起，把握印尼经济潜力》，https：//finance.sina.com.cn/stock/stockzmt/2025-01-15/doc-ineeyzvi8087300.shtml。

② 李薇：《印尼配额捕捞制度的设计、实施和挑战》，http：//www.nrdc.cn/news/newsinfo?id=1104&cook=2。

消费需求也不断增长。

（四）政策优势

2015年，印尼政府颁布了关于工业园区的第142号政府条例，旨在为在工业园区建设工厂的投资者提供税收优惠。激励措施包括免除或减少地方政府税，此类地方政府税包括土地和建筑物税、土地和建筑物权利取得费、路灯税等。此外，印度尼西亚政府给予外资企业诸多优惠措施。外企还可以通过聘请会计咨询公司的方式进一步降低税收成本。对于在印度尼西亚工作的中资企业员工来说，印度尼西亚的消费品价格低廉且生活成本低。由于当地居民收入较低，印度尼西亚的整体消费水平也比中国低很多。印尼政府为投资者提供许可证、税收优惠、优惠关税和开户政策，也提供金融支持。在印尼政府改善印尼投资便利的框架下，印尼财政部提供税收优惠、税折扣和进口免关税。印尼政府于2021年2月2日颁布了包含《新投资清单》的《投资与业务领域总统令》。该总统令对原有以负面清单管理为主要模式的印尼外商投资准入制度进行了根本性变革，改为以正面清单管理为主要模式，进一步开放了有关行业的外国投资，减少了外国投资的限制性条件，确定了在一定条件下对外商投资开放或禁止外商投资的行业。印尼政府本次以正面清单管理模式取代此前的负面清单外资监管模式，同时进一步开放了批发、电厂、制药厂等多个领域的外商投资准入。这是印尼外商投资监管规则的重要变化。

印度尼西亚出台《创造就业综合法》，并通过修订现行法律，作为其配套法律。2021年3月推出优先投资清单，取代原有的投资负面清单，在基础设施（机场、港口）、可再生能源（小型水电、风电、太阳能、地热、生物质发电）、建筑服务、通信媒体信息技术、分销仓储、医疗医药等重点领域，取消或放宽股权比例等对外资的限制。例如，电动汽车作为优先投资清单鼓励的投资行业，投资者可享受100%独资设立企业、公司所得税100%减免（若投资额达到3500万美元以上）或公司所得税50%减免（若投资额达到700万～3500万美元）等一系列优惠政策。

为了吸引外资投资，印尼政府颁布了2020年第96号以及第130号财政部令，用以鼓励投资的免税和税收补贴等优惠政策，也详细规定了针对经济特区和其他进口税收优惠的政策，可以向投资部（投资协调委员会，BKPM）申请享受这些税收优惠政策。投资者需要在申请到税收优惠后一年之内兑现他们的投资承诺。

二、中国与印尼的合作优势

（一）双方经贸相关政策优势明显且合作愿望强烈

作为东盟人口最多、面积最大、经济总量最大的国家，印度尼西亚的发展空间和市场潜力巨大，其“全球海洋支点”构想与中国共建“一带一路”倡议相互契合，深化双边关系、拓展经贸合作势在必行。印度尼西亚政府在经济贸易、吸引投资等方面都有优惠政策，合作阻力越来越小。改革开放以来中国积极与其他国家合作，不断迎接新挑战，中国自贸区、自贸港的建设正体现中国积极寻求合作，构建新开放格局，在经贸领域有一定的税收及投资等优势。相关企业可以充分利用政策优势，在印度尼西亚投资建厂，用投资代替贸易。由于中国出口到印度尼西亚的商品主要是一些机电商品和技术密集型产品，如果中国将部分产品的生产加工环节转移到印度尼西亚，不仅可以降低印度尼西亚自中国进口的贸易额，还能给印度尼西亚人提供一定的就业机会，为印度尼西亚的经济转型提供大量投资。中国把部分机电制造业和技术密集型产业转移到印度尼西亚，利用当地相对廉价的劳动力，双方可以互学互鉴、互利共赢、深入交流，有利于形成和平合作、开放包容、互学互鉴、互利共赢的区域未来发展前景。

（二）双方产业互补性强而易激发贸易规模增长潜力

在产业链上游和中游的分工中，中国具有国际竞争优势的产品分别为按原材料分类的制成品、机械和运输设备、杂项制成品。印度尼西亚具有国际竞争优势的产品分别为除燃料外的非食用未加工材料，润滑油及有关物质，动物及植物油、脂肪及蜡，其中动物及植物油、脂肪及蜡等产品具有明显的优势，这是因为印度尼西亚地处热带，动植物资源丰富。当前，印度尼西亚对中国出口的产品主要集中于原材料或在此基础上的基本制成品，属于劳动密集型产品，而中国对印度尼西亚出口的产品主要为轻工业制成品，属于技术密集型产品。印度尼西亚有大量的廉价劳动力以及广阔的市场，以进口制成品为主，而中国经过多年的改革开放与经济建设，在产业规划及建设上有相对先进的技术和管理经验。这样的比较优势格局，决定了双方的贸易格局。因而，中国可以基于这样的贸易格局，找准自身定位，不断深化与印度尼西亚的产业互动合作，构建跨国跨境产业链、供应链体系，促进区域经济一体化。

（三）双方经贸合作成绩显著且重点突出

中国在印尼对外经贸关系中占有重要地位，近年来双边投资贸易合作呈快速上升趋势。中国与印尼签署的双边投资保护协定于2010年生效实施，后续合作中可修改相关条款以补充完善。中国与印尼于2015年签署避免双重征税协定。2018年，中国人民银行与印尼央行续签了双边本币互换协议，旨在便利两国贸易和投资，维护金融市场稳定。

2019年6月28日，国家主席习近平在会见时任印尼总统佐科时指出，双方要加强治国理政经验交流，建设好雅万高铁、“区域综合经济走廊”，拓展职业培训合作，推动共建“一带一路”合作提质升级。

2023年7月27日，国家主席习近平在会见时任印尼总统佐科时指出，双方要继续搞好综合产业园区合作，重点推进“区域综合经济走廊”和“两国双园”建设。

2024年4月1日，国家主席习近平在同印尼当选总统普拉博沃会谈时强调，中方愿同印尼保持密切交往，交流治国理政经验，加强发展战略对接，深入推进“两国双园”和“区域综合经济走廊”项目，持续深化海上合作。中方愿在减贫脱贫领域同印尼加强合作，提供支持。

2024年11月9日双方发表的《中华人民共和国和印度尼西亚共和国关于推进全面战略伙伴关系和中印尼命运共同体建设的联合声明》，也提到双方将合力推进“区域综合经济走廊”和“两国双园”建设，扩大双向贸易和投资规模，扩大本币使用，为双边经贸投资合作提供良好营商环境。中方支持印尼北加里曼丹工业园开发。同时，双方将在数字经济、绿色发展等新质生产力合作方面抢占先机，在矿产领域加强互利、持续合作。

第三节 中国与印尼经贸合作的挑战

一、双边贸易结构不对称

印度尼西亚出口的产品附加值较低，进口的商品以制成品为主。根据中国商务部统计资料，2018—2022年，印度尼西亚对中国出口的主要商品类别排名前五的分别是矿产品、贱金属及制品、动植物油脂、纤维素浆及纸张、化工产品。其中，出口矿产品（矿物燃料、润滑油及有关原料）的贸易额最大。值得注意的是，印度尼西亚对中国出口的制成品占比在不断增长，其中，以纺织品及原料和鞋靴、伞等轻工产品为主的劳动密集型产品的出口额占比增长相对较快，资本和技术密集型产品占比未见明显变化。而2017年以来，印度尼西亚自中国进口的主要商品类别按照贸易额从高到低排名分别为机电产品、贱金属及制品、化工产品、纺织品及原料等。印度尼西亚自中国进口的商品结构始终以制成品（如机电产品、贱金属及制品、化工产品）为主，其占比远高于初级产品（如纤维素浆及纸张）的占比且总体保持上升趋势。印度尼西亚自中国进口的制成品多为资本和技术密集型产品，印度尼西亚对中国出口的产品主要是初级产品和劳动密集型产品，技术和资源密集型产品的占比很小。

二、印尼基础设施建设进展缓慢

印度尼西亚是一个拥有17000多个岛屿的国家，基础设施质量不高和数量不足，一直阻碍经济和社会发展。事实上，该国最近的宏观经济增长对其现有基础设施造成了负担，因为它需要应对显著增加的经济活动。政府意识到需要对基础设施进行巨额投资，印度尼西亚总统佐科自2014年上台以来便加快基础设施建设，基础设施发展一直是其议程的重点，19%的政府支出专门用于基础设施建设，但资金缺口大、征地难和地方政府协调不足等问题，制约了印度尼西亚基础设施的完善。

三、印尼法治不健全导致合作风险较大

印度尼西亚虽然是一个法治国家，但是法律尚不健全，经常出现自相矛盾和临时改变的情况，这会直接影响到企业的利益。例如，印度尼西亚的税收政策比较宽松，但是偶尔也会出现突击事件。印度尼西亚政府会对包括外资企业在内的各类企业进行检查，企业通常会在这类事件中蒙受损失，这也为双方进一步合作埋下法律隐患。

四、印尼国内出现贸易保护主义苗头

印度尼西亚国内出现的贸易保护主义苗头，是现阶段中国与印度尼西亚电子商务合作驱动机制的重要障碍。一方面，两国电子商务合作的蓬勃发展，在印度尼西亚社会引发了一定的争议，不少民众认为大量物美价廉的中国商品通过电商平台涌入印度尼西亚市场，冲击了印度尼西亚的本土产业，不利于印度尼西亚经济的可持续发展。为了保护本国中小企业的发展，从2019年开始，印度尼西亚对跨境电商产品免关税的额度逐步下调，2020年更是将免税额从75美元降至3美元。另一方面，在中国资本和技术的扶持与带动下，印度尼西亚也开始积极发展本国电子商务上下游产业，并且有意优先选择本国产品。

五、多元化环境造就特殊的商业文化

印度尼西亚经常被描述为从亚洲到澳大利亚散布在赤道上的翡翠群岛的光辉典范。世界上很少有其他国家的商业文化像印度尼西亚一样由如此独特的文化和语言组成。印度尼西亚民族和信仰体系的多样性会使进入其市场的外资公司遇到意想不到的情况。

印度尼西亚人是新技术的早期采用者，随着WhatsApp等智能手机应用程序的兴起，印度尼西亚专业人士的交流方式发生了变化。如今，大多数印度尼西亚专业人士都强烈倾向于仅通过WhatsApp就所有与工作相关的事务进行交流，这与大多数印度尼西亚人喜欢用书面的简短形式相匹配，但也带来了一些缺点。

一般来说，跨国公司可能出于监管和信息控制的原因，要求员工使用公司电子邮件系统，因为它会生成公司以后可以轻松访问的书面记录。然而，当所有沟通都通过WhatsApp进行时，印度尼西亚人使用电子邮件处理与工作相关的事务变得越来越困难。

第四节 中国与印尼合作的未来机遇

中国与印尼合作的未来机遇在于“21世纪海上丝绸之路”与“全球海洋支点”战略具有相似的思想基础。两国都支持发展蓝色经济，这是两国海洋合作的思想基础。蓝色经济是指在考虑资源和环境承载能力的基础上统筹和整合陆地与海洋的发展，即陆海统筹、协调发展。从20世纪90年代开始，中国的蓝色经济开始快速发展，2015年在国内生产总值中占比达10%，研发经费占海洋经济总产值的2%。中国将蓝色经济理念融入共建“一带一路”倡议中。2017年，中国国家发展改革委、国家海洋局联合发布《“一带一路”建设海上合作设想》，提出“推动建立全方位、多层次、宽领域的蓝色伙伴关系，保护和可持续利用海洋和海洋资源，实现人海和谐、共同发展，共同增进海洋福祉，共筑和繁荣21世纪海上丝绸之路”。印尼2014年通过的《印度尼西亚共和国海洋法》也将蓝色经济确定为海洋管理的原则。因此，以海洋保护为基础，可持续开发海洋，造福广大人民的蓝色经济是中国和印尼两国海洋开发和海洋合作的共同目标。

两国的海洋战略具有互补性是两国合作的必要条件。印尼海洋战略着重于海上交通和岛屿的基础设施建设，这恰好是中国有技术实力且有一定融资能力可以提供帮助的方面。根据印尼2015—2019年建设规划，基础设施需要约5500万亿印尼盾，而国家财政预算仅能提供36%，需要国外直接投资和国内私营资本补充，目前资金仍有较大缺口。中国有条件通过亚投行、丝路基金、中国—东盟投资合作基金或省级的专项资金提供支持。另外，中国和日本在东南亚国家的第三方合作也是一个可以考虑的协作框架。

中国和印尼在共建“一带一路”框架下第一阶段的标志性合作项目是雅万铁路，第二阶段的重点合作领域非海洋合作莫属。2017年中国国家发展改革委和国家海洋局联合发布的《“一带一路”建设海上合作设想》提出，推进东亚海洋合作平台和中国—东盟海洋合作中心建设，支持海洋经济发展示范区建设，这一设想得到了印尼的欢迎和支持。2018年，李克强总理访问印尼期间，印尼主推的“区域综合经济走廊”项目得到了中方的认可，双方签署了谅解备忘录，一些中国机构和企业已经向以上项目投资。2018年10月，两国政府签署共同推进“一带一路”和“全球海洋支点”建设的谅解备忘录，标志着双方对接发展合作迈上新台阶、步入新阶段。2022年11月，国家主席习近平访问印尼时指出，中方将继续鼓励优秀中资企业参与印尼重大基础设施建设项目，助力印尼建设新首都和北加里曼丹工业园，拓展数字经济、绿色发展等合作。同时，两国领导人也表示将持续深化“一带一路”倡议同印尼“全球海洋支点”构想对接，继续推进“区域综合经济走廊”和“两国双园”建设。中国与印尼在基础设施领域存在着较大的互补优势，双方基础设施合作面临着重大发展机遇。

考虑到印尼海洋战略中互联互通的优先目标和中国企业最关心的投资收益问题，建议发展“经济特区+港口联动”模式。中国是印尼第一大贸易伙伴，货物基本依靠海洋运输，但印尼海港质量和数量都急需提升，因此港口基础设施建设符合两国利益。然而，由于港口建设具有开发时间长、资本投入多、投资回款慢的特点，以及印尼港口行业被印尼国企垄断的市场现状，中国企业直接参与投资印尼港口的难度很大。为了解决上述问题，可以考虑发展港口型经济特区模式。港口以服务产业园进出口原材料和货物为主要目的，剩余的装卸和仓储能力可以租赁给印尼国企发展公共海上运输服务，或与印尼国企按港口利用需求比例合资建造港口。如果印尼政府和国企没有足够的资金建港，中资企业可与印尼地方政府、国企共同向中央政府提议将港口产业园升级为经济特区或自贸区，通过给予投资者投资和税务优惠政策，吸引补偿性投资，解决资金缺口问题。

尽管中印尼两国海洋合作前景光明，然而我们也必须看到，一些中国企业满怀诚意到印尼投资，但项目却半途而废、无功而返。印尼虽然急需中国的技术和资金支持其海洋战略，但同时又对中国投资有一些误解和偏见。印尼社会常常对中国投资有如下偏见：中国投资“来得快”（投资评估不谨慎），中国承接的工程造价低但施工质量差，中国劳工抢占本地人工作机会，中国投资者只和印尼华人企业合作，一些中国投资者不尊重本地信仰或习俗。在未来的两国海洋合作中，应注意出现以上偏见的原因，在改善中国投资者自身行为的前提下，与印尼官员、企业和媒体等相关方面做好沟通和社会舆论的疏导工作。中资企业也应沉下心来，加强与本地群众和社会组织的联系，用时间和心意的投入，而不仅仅是金钱的投入，换来投资的安全，与印尼人民携手将“21世纪海上丝绸之路”和“全球海洋支点”建设转化为和平、繁荣、开放、创新、文明之果。

第一章
印度尼西亚投资法律制度的介绍

怎样到RCEP成员国投资

印度尼西亚篇

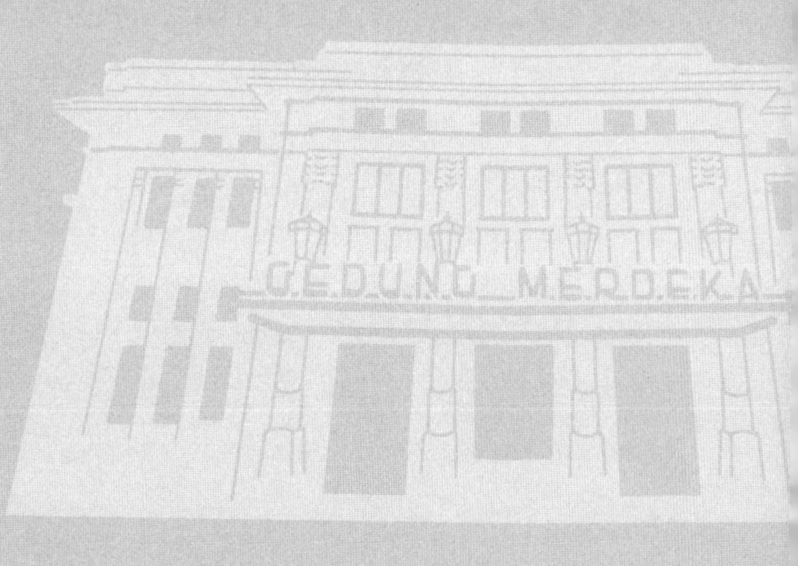

自印度尼西亚在20世纪90年代与我国恢复外交关系以来，其借助独特的国际影响力与地理区位优势，与我国在政治、经济及文化等领域的联系愈发紧密，尤其在双方经贸合作层面，多年来持续呈现积极稳定态势。据中国海关公布的数据，2021年两国双边贸易额达1243.4亿美元，中国已连续6年成为印度尼西亚的最大出口目的国。在新冠疫情对全球经济造成冲击的背景下，全球经济普遍呈现萎靡之势，中国与印度尼西亚之间的投资态势呈逆势增长。据中国驻印度尼西亚大使馆数据统计，自2020年初新冠疫情暴发以来，前9个月中国对印度尼西亚的投资增长了79%，中国持续保持印度尼西亚第二大投资来源国的地位。

受多方面因素影响，我国企业在赴印度尼西亚投资的过程中易遭遇较多法律风险，致使企业对外投资效果欠佳。有鉴于此，本章将聚焦投资准入、投资协定以及案例介绍3个部分，整理印度尼西亚最新的投资法律政策及双多边协定，分析我国企业在印度尼西亚投资的最佳路径，以最大限度地减少投资过程中的法律风险。

第一节　印度尼西亚外商投资准入法律制度介绍

外资准入是指外国投资者以对外直接投资（OFDI）的方式进入东道国市场，从而在当地进行相关的经营活动。对于不同主体而言，投资准入所具备的意义有所不同：就投资者而言，投资准入更加强调准入范围是否广泛以及准入程序是否简化，即投资者更加注重进入市场的成本；就东道国而言，投资准入更加强调准入规定是否完善以及准入限制是否合理，即东道国更加注重对本国市场和利益的维护。[①]伴随经济全球化时代的不断发展，各国在经济领域愈发形成利益“挂钩”关系，对外投资以及吸引外资日益成为各国经济发展的有力抓手。在此背景下，印度尼西亚在支持并发展本国企业的同时，开始推出多项投资优惠政策，逐渐放宽外商投资准入范围，探索简化外商投资准入程序，多措并举以优化外商投资准入体验，寻求吸引外资和保护本国市场的最佳平衡点。

自2020年初新冠疫情全球暴发以来，因受到全球贸易限制和供应链遭受冲击的影响，各国投资者对外投资普遍呈低迷状态，印度尼西亚的

① 由于投资者对于投资准入的体验依赖于东道国所制定的投资政策，且本章主要讨论印尼投资准入政策，因此下文仅聚焦印度尼西亚角度展开讨论。

外商直接投资（FDI）情况亦不容乐观。据《雅加达邮报》报道，印度尼西亚的外商直接投资在2020年前两个季度分别同比下降9.2%和6.9%。[①]基于此，印度尼西亚开始在原有投资法规的基础上，进一步推出投资准入新规，通过一系列改革举措以提高对外资的吸引力。印度尼西亚关于投资准入的法律规定设置在外商投资相关法律文本中，主要包括法律层面的《印度尼西亚共和国2007年第25号投资法》（简称《投资法》）和《创造就业综合法》（2020年），以及法规层面的2021年第10号总统条例（简称“PR 10/2021条例”）、2021年第49号总统条例（简称“PR 49/2021条例”）、2021年第5号政府条例（简称“GR 5/2021条例”）等系列法律文本。[②]

一、印度尼西亚外商投资准入法律的现行规定

投资准入包含实体和程序两个层面。实体层面是指东道国对外资进入本国市场作出的限制规定，即外资的准入范围、外资的投资比例等方面；程序层面是指东道国对于外资准入的审批流程，即东道国负责审批外资准入的主体及程序等方面。

（一）印度尼西亚外商投资准入法律之实体层面规定

1. 印度尼西亚外商投资准入范围。

随着国际投资的日益发展，“准入前国民待遇+负面清单”逐渐成为各国吸引外资的有力武器。印度尼西亚在2016年通过的第44号总统条例（简称“PR 44/2016条例”），设置了全新的投资负面清单，其中规定了对外资的限制条件以及禁止外商投资的行业范围。但需要注意的是，负面清单的含义虽然是指在名单之外的行业均对外资开放，但其并不一定比正面清单的可投资范围更加广泛。就印度尼西亚而言，在具体的外商投资实践

---

① 《受疫情影响，印尼的外国直接投资持续下降》，http：//id.mofcom.gov.cn/article/sxtz/202007/20200702986064.shtml。

② 其中，“PR49/2021条例”在“PR10/2021条例”的基础上进行修订。

中，除“PR 44/2016条例”对外商投资范围进行界定外，《印度尼西亚有限责任公司法》和《印度尼西亚反垄断法》等其他法律及政策同样对外资进入印度尼西亚市场设置了较多门槛。

为进一步提高对外商的吸引力，印度尼西亚于2020年10月5日通过了《创造就业综合法》，其中就投资领域相关事项对印度尼西亚2007年版《投资法》进行了大幅修改。2021年2月，为适配《创造就业综合法》中的新增要求，印度尼西亚颁布了“PR 10/2021条例”，此条例对先前“PR 44/2016条例”中的外商投资准入范围规定模式作出了重大调整，在完善原有的投资负面清单的基础上，进一步增加现行的优先投资清单，通过此种方式更广泛地开放外资进入行业，并进一步减少外资准入的限制性条件。

一方面，投资负面清单进一步“瘦身”，放宽原有范围框架。根据“PR 10/2021条例”规定，除法律规定仅能由中央政府从事的行业以及绝对禁止外商投资的6类行业[①]外，其他行业均对外商开放，进一步扩大了外商能够进入印度尼西亚市场的投资范围。另一方面，增设优先投资清单，对特定行业提供政策优惠以鼓励外资进入。“PR 10/2021条例”在国家战略规划项目、资本密集型产业、劳动密集型产业、采用先进技术的产业、先驱产业、出口导向型产业，以及以工业为导向的研究、开发和创新活动这7类产业中，设置了245个优先投资行业，其中，183个行业可以享受税收津贴，18个行业可以享受免税优惠，44个行业可以享受投资津贴，以推动外商在上述产业中的投资活动。此外，印度尼西亚完成了从正面清单向负面清单的过渡：“PR 44/2016条例”通过正面清单列举了350个有条件开放的具体行业类别；而“PR 10/2021条例”通过负面清

---

① 印度尼西亚“PR 10/2021条例”规定禁止外商投资的6类行业分别为：1.一级麻醉品（毒品）的种植与交易；2.赌博业及与赌场有关的业务；3.捕捞《濒危野生动植物种国际贸易公约》所列举的物种；4.采集或利用特定珊瑚制作建筑材料、纪念品、珠宝等；5.制造化学武器；6.有关工业化学品和工业臭氧消耗物的业务。

单列举了46个不对外资开放的行业，“PR 49/2021条例”又进一步将此数字缩减至37个。此举大幅减少了外商准入的限制范围，有利于吸引更为广泛的外来投资。

2. 印度尼西亚外商投资比例。

根据印度尼西亚投资法律规定，不同行业中的外商所能持有的股份比例存在差别。印度尼西亚在2021年2月颁布的“PR 10/2021条例”，对部分行业的外资持股比例作出了调整，扩大了外商可持股份比例，其中部分行业允许外商100%持股（见表1-1），以进一步吸引外商投资。

表1-1 “PR 10/2021条例”中部分行业的外资持股比例[①]

序号	行业	先前可持股比例	调整后可持股比例	备注
1	批发贸易行业	2014年外资持股比例不得超过33%，2016年提高至67%	可100%持股	
2	药品制造、批发以及分销行业	外资持股比例不得超过85%	可100%持股	制药业为优先投资行业
3	电商行业	外资持股比例不得超过49%	可100%持股	取消了之前的最低雇工要求和最低投资额要求
4	发电行业	发电量在1～10兆瓦的发电厂，外资持股比例不得超过49%；发电量在10兆瓦及以上的发电厂，外资最高可以持有95%的股权	可100%持股	无发电量要求，独立发电厂均可100%持股
5	种植行业	投资生产蔬菜、水果以及受印度尼西亚《园艺法》约束的种子，外资持股比例不得超过30%	可100%持股	

① “PR 10/2021条例”中正面清单未列明的行业，并非意味着外商可以100%持股，需要依据具体限制要求作出区分。

续表

序号	行业	先前可持股比例	调整后可持股比例	备注
6	医疗行业	投资牙科、护理和康复的行业，外资持股比例不得超过67%	可100%持股	综合门诊、基本医疗设施以及私人产科诊所，目前仅对印度尼西亚的中小微企业开放

注：本表为笔者自制，部分数据来自网络[①]。

此外，根据“PR 10/2021条例”中投资清单要求的不同，可知其对于不同行业的外商可持股比例的规定已存在差异。以正面清单为例，“PR 10/2021条例”虽然已将受限制行业的数量从之前“PR 44/2016条例”规定的350个缩减至46个，但此46个限制行业中多数对外商持股比例设置了硬性要求。相较于此，优先投资清单中的行业对外国投资者更为友好，普遍允许外商持有更高的股权比例。以电动汽车行业为例，其作为印度尼西亚鼓励外商投资的领域，投资者可以持有100%的股权。

（二）印度尼西亚外商投资准入法律之程序层面的规定

正如前文所述，外商投资准入的程序层面是指东道国对于外资准入的审批流程。印度尼西亚在2007年通过的《投资法》中，开篇序言部分即明确规定有必要创造一个有益于投资、促进投资、基于法律确定性、公平以及有效率的投资环境，并在正文部分的具体条款中设置了相关条文内容。但是，印度尼西亚《投资法》中的相关规定较为宏观，条文多为倡导性规范，不具有强制力和严格约束力，导致程序层面的审批程序给外商投资人为设置了较多门槛。

印度尼西亚2020年通过的《创造就业综合法》对2007年版《投资法》作出了修订，将原先的投资协调委员会（BKPM）升格为投资部，巴

---

① 《印尼外商投资准入制度重大变革 | 从负面清单准入到正面清单管理》，https://mp.weixin.qq.com/s/FY1hl0fBKXFGK5GBW9i2Fg。

赫里尔任投资部部长。根据现行法律规定，所有在印度尼西亚开展业务的外商都需要在许可申请系统（OSS系统）中注册，以获得相关营业执照。OSS系统由印尼投资部管理。印尼新的投资部被赋予更强的监管职能，既可以通过OSS系统将地方政府的许可审批权收归中央政府，又能够负责协调中央层面的各行业主管部门、垂直督办地方政府，大幅提高了审批效率。

二、印度尼西亚外商投资准入法律的现存问题

（一）外商投资准入范围仍有进一步放宽的空间

当前，国际社会对于外商投资准入范围的规定普遍采用“准入前国民待遇+负面清单”模式，此种模式可更好地保持外商投资的稳定性与连贯性，中国国家发展改革委、商务部于2019年6月30日共同发布的《鼓励外商投资产业目录（2019年版）》便全面取消了外资准入负面清单之外的限制性规定，为外商投资提供了宽松的准入条件。目前，大部分东盟国家亦采用此种模式，但由于历史观念以及发展水平的差异，各国开放程度也存在着差异。印度尼西亚在近年来通过颁布“PR 44/2016条例”“PR 10/2021条例”“PR 49/2021条例”等法案，不断缩减限制领域的数量。但是，依据最新的投资准入规定，印度尼西亚仍在多个行业及领域对外商投资准入规定了较为严苛的限制条件。其一，有37个行业领域被设置了特殊要求，大致可以分为4种情形：对外商的持股比例进行限制、经相关行政部门特别批准、仅允许本国投资者参与、额外受到监管。其二，60个行业领域仅对微型、小型和中型企业开放。其三，46个行业仅允许合伙企业投资。[①]上述行业领域的限制，将会打击外商来印度尼西亚投资的积极性，印度尼西亚在下一步应当进一步开放市场，继续放宽准入范围，减少准入

① 《印度尼西亚外商直接投资（绿地FDI）指南丨德恒研究》，http：//weixin.bricc.org.cn/Module_Think/ThinkPortal/ArticleDetail.aspx？aid=4424。

限制条件，以更加广泛地吸引外商在多领域投资。

（二）投资准入相关行政程序设置过于复杂

印度尼西亚在投资准入相关业务的处理过程中，仍存在程序过于复杂导致营商环境不够友好的情况，具体体现在审批流程复杂、中央和地方政府协调不畅、负面清单的解释和实施不一致等方面。第一，印度尼西亚引入了在线单一窗口系统以简化投资审批流程，但投资者仍然需要获得多个许可证才能开展业务。这些许可证包括业务许可证、商业/运营许可证、环境许可证、建设许可证等。[①]这些额外的审批步骤增加了投资者的合规负担，并延长了开展业务的时间。第二，尽管OSS系统旨在统一和简化许可流程，但中央和地方政府之间的协调问题仍然存在。例如，某些行业如矿业、石油和天然气业仍需要从相关部委和地方政府获取额外的许可证。这种多层级的审批体系导致投资者需要应对复杂的审批程序，增加了不确定性和延误的风险[②]。第三，印度尼西亚关于外商投资准入的负面清单列出了外资进入某些行业的限制，但其具体实施和解释存在不确定性。例如，不同的政府部门和地方政府可能对某些行业的外资持股比例和限制有不同的解释，导致实际操作中的困惑和不一致。[③]但值得关注的是，近年来印度尼西亚为吸引更多高质量的外资，正努力改善上述问题。

（三）外资持股比例的设置仍存在歧视和不稳定的问题

近年来，印度尼西亚通过了优先投资清单和《创造就业综合法》，对外资持股限制进行了一些改革，但仍存在一些挑战和问题。第一，持股比

---

① *2023 Investment Climate Statements*：*Indonesia*，https：//www.state.gov/reports/2023-investment-climate-statements/indonesia/.

② *2023 Investment Climate Statements*：*Indonesia*，https：//www.state.gov/reports/2023-investment-climate-statements/indonesia/.

③ *Indonesia's Foreign Investment Regime Liberalised By New OSS System*，https：//conventuslaw.com/report/indonesias-foreign-investment-regime-liberalised/.

例限制的设置逻辑混乱，关键行业仍保留了严格的外资股权比例约束。例如，尽管印度尼西亚推出了优先投资清单，取消了许多原负面清单中的限制，但航空运输、海上运输、河湖运输等领域的外资持股比例仍被限制在49%[①]。第二，外资持股比例政策变动频繁，尽管印尼政府通过改革希望吸引更多外资，但频繁的政策变化和法规调整增加了外资的不确定性。例如，虽然印尼2021年通过的优先投资清单取代了之前的负面清单，并放宽了许多行业的持股比例限制，但政策的不连续性令外商投资者丧失信任感[②]。第三，政策更新给投资带来了新风险与新挑战。《创造就业综合法》虽然简化了印度尼西亚的投资审批流程，但该法设计的系统也带来了新的监管和合规风险，这导致企业在商业运营时，仍需面临来自印尼投资部或其他相关机构的审计，未能满足许可证要求的企业可能面临行政处罚[③]。

（四）不同行业对于外商投资的开放程度差异较大

印度尼西亚在外商投资准入方面对不同的行业设有不同的限制，主要分为3种类型：第一，在完全放开的行业中，如石油和天然气行业（包括上游和下游的石油和天然气设施建设、分销管道、钻井服务等）、电力行业（包括电力生产、安装和地热发电等）、电信和电子商务行业（所有的电信网络和服务活动，包括有线和无线电信、卫星电信、增值服务等）以及制药行业等，允许外资持有100%的股权。第二，在部分限制的行业中，如航空、海上、河湖运输业，通常仅允许外资最多持有49%的股份，如使用简单技术的业务（如传统手工艺品和文化遗产相关的业务）等，需要与

---

① *Ayman Falak Medina, Indonesia 's Positive Investment List: Sectors Open and Restricted to Foreign Businesses*, https://www.aseanbriefing.com/news/indonesias-positive-investment-list-and-the-sectors-open-restricted-to-foreign-businesses/.

② *Audy Ferdiananda, Indonesia 's New Investment List Increases FDI Opportunities for Foreign Investors*, https://foreigninvestment.bakermckenzie.com/2021/03/16/indonesias-new-investment-list-increases-fdi-opportunities-for-foreign-investors/.

③ *Indonesia 's Foreign Investment Regime Liberalised By New OSS System*, https://conventuslaw.com/report/indonesias-foreign-investment-regime-liberalised/.

本地中小企业合作。第三，在完全禁止外资的行业中，如传统医药产品制造（原材料和成品的制造）、农业和渔业活动（传统农业和渔业产品的生产），规定外资不得进入。在与本地中小企业合作时需要注意的是，印度尼西亚设有特别经济区，在特别经济区内进行投资的外资企业可以享受更为宽松的政策。例如，不受外资持股比例限制，且可获得税收优惠和基础设施支持。[①]

① *Marco Förster*，*Indonesia 's Omnibus Law*：*New Provisions on Indonesia 's Trade Sector*，https：//www.aseanbriefing.com/doing-business-guide/indonesia/sector-insights/indonesia-s-omnibus-law-new-provisions-on-indonesia-s-trade-sector.

第二节　中国与印度尼西亚投资合作协定分析

中国和印度尼西亚在促进双边投资关系方面达成了多项国际投资协定（IIAs），旨在增强两国经济合作、保护投资者权益，并促进双边贸易和投资增长。在2015年3月31日印度尼西亚单方面终止《中华人民共和国政府和印度尼西亚共和国政府关于促进和保护投资协定》[简称《中国—印度尼西亚双边投资协定》（1994）]之前，双边投资协定（BIT）和区域贸易协定（RTA）中的投资章节，共同构成中国与印度尼西亚之间的投资框架。其中不仅规定了对投资者的公平待遇、非歧视待遇和全面保护，确保中国和印度尼西亚的投资者在对方国家享有同等的法律保护和待遇，而且涉及投资者与国家间争端解决机制（ISDS），包括通过国际仲裁机构如国际投资争端解决中心（ICSID）进行仲裁，确保缔约双方的投资者的合法权益得到有效保护。

中国和印度尼西亚之间的IIAs体系为两国之间的投资增长提供了有力的保护与促进作用，既包括BIT对于两国之间的积极意义，亦包括RTA起到的辐射作用。一方面，中国与印度尼西亚签订的《中国—印度尼西亚双边投资协定》（1994）通过减少双方之间的投资壁垒并提供相应的法律保障，提高了中国和印度尼西亚之间的投资流动性，促进了双边投资的快速增长。此外，《中国—印度尼西亚双边投资协定》（1994）覆盖了广泛的合作领域，包括基础设施、能源、矿产和农业等，推动了两国在多个领域的深入合作。另一方面，中国与印度尼西亚通过加入《区域全面经济伙伴关系协定》等区域贸易协定，推动区域投资合作，促进中国与东盟国家的经济一体化进程，增强区域内各国之间的经济联系和合作。

一、中国与印度尼西亚IIAs内容框架

中国与印度尼西亚IIAs是两国旨在促进和保护双向投资，而缔约或加入的投资协议。IIAs为中国与印度尼西亚的投资者的海外投资提供了法律保护和政策保障，以确保在对方国家的投资安全，并促进双边经济合作。通常而言，IIAs涵盖投资保护、征收与补偿、自由转移资金以及ISDS机制等投资环节中的各重要事项。

投资保护包括非歧视待遇条款（国民待遇、最惠国待遇、公平和公正待遇等），规定条约双方必须给予对方投资者公平和公正的待遇，不得因国籍原因而歧视外国投资者，同时确保外国投资者及其投资在对方国家不受非法行为的侵害。征收与补偿包括征收条款和补偿标准，规定在特殊情况（如公共利益）下，政府可以征收外国投资，但必须提供即时、充分和有效的补偿。这里需注意补偿金额应等于被征收资产的公正市场价值。自由转移资金包括资金转移和货币兑换等条款，允许缔约方投资者自由转移与其投资相关的资金，包括利润、股息、利息和其他合法收入。投资者有权按照市场汇率将当地货币兑换成外币，并将其汇出。投资者与国家间争端解决章节主要涉及ISDS机制，即投资者与东道国之间的争端解决方式，具体可以通过协商、投资仲裁、投资调解等方式解决。

二、中国与印度尼西亚IIAs具体条款分析

（一）《中国—印度尼西亚双边投资协定》（1994）

由于印度尼西亚对BIT体系中的ISDS机制不满，认为处于正当性危机

下的ISDS机制侵犯了其主权，因此印度尼西亚决定终止与多个国家签署的BIT。其中，《中国—印度尼西亚双边投资协定》（1994）在印度尼西亚单方面终止下，于2015年3月31日起正式失效。虽然该BIT现已失效，其中设置的投资保护、投资促进等相关条款仍具有重要的分析价值。将该BIT与《中华人民共和国政府和东南亚国家联盟成员国政府全面经济合作框架协议投资协议》[《中国—东盟投资协定》（2009）]以及RCEP进行比较分析，能够较为清晰地看出印度尼西亚对于中国投资的态度变化及处理方式，进而为中国投资者提供更为有价值的投资意见参考。

1. 投资保护。

《中国—印度尼西亚双边投资协定》（1994）第4条规定了最惠国待遇：

一、缔约任何一方在其领土内给予缔约另一方投资者实施的投资和产生的收益的待遇不应低于其给予任何第三国投资者实施的投资和产生的收益的待遇。

二、缔约任何一方在其领土内给予缔约另一方投资者在管理、使用、享有或处置其投资及与这些投资有关的任何活动的待遇，不应低于其给予任何第三国投资者的待遇。

三、上述所述的待遇不适用于缔约任何一方因参加关税同盟、共同市场、自由贸易区、经济多边或国际协定，或因缔约一方与第三国缔结的避免双重征税协定，或因边境贸易安排而给予第三国投资者的任何优惠或特权。

第4条第1款与第2款均属最惠国待遇条款，但二者在侧重点和具体适用范围上存在区别。其中，第1款关注缔约方投资者在另一方的投资和收益，即投资的待遇以及投资所产生的收益，以确保缔约方在对待缔约另一方的投资和收益时，待遇不低于对待任何第三国投资者的投资和收益的待遇。例如，若印度尼西亚对第三国投资者的收益给予了特别税收优惠，那么中国的投资者也应获得同样的税收优惠。第2款则关注投资的管理、使用、享有和处置及相关活动。例如，若印度尼西亚对某第三国投资者提供了更简化的行政审批程序或更优惠的管理条例，那么中国的投资者在管理、使用、享有或处置其投资时，也应享有同样的待遇。第1款和第2款是对投资者的全面保护，确保投资者在投资的各个阶段均能获得公平和非歧视性的待遇。

第4条第3款设置了最惠国待遇条款的例外情形，规定本条不适用于因某些国际和区域性安排而给予第三国投资者的优惠或特权，包括关税同盟①、共同市场②、自由贸易区③、经济多边或国际协定④、避免双重征税协定⑤以及边境贸易安排⑥。这些例外允许中国和印度尼西亚两国在区域和国际合作框架内给予特定国家或地区特殊待遇，而不必延伸至缔约双方。这为区域一体化和国际合作提供了必要的灵活性。此外，在国际条约法中，多个条约和协定可能同时适用，这些例外条款有助于避免双边投资条约与其他国际和区域性协定之间的冲突，确保不同条约和协定能够和谐共存。

值得注意的是，《中国—印度尼西亚双边投资协定》（1994）不仅没有设置国民待遇条款、公平和公正待遇条款，而且最惠国待遇以正面列举的

---

① 关税同盟，是指两个或多个国家之间消除关税和贸易限制，并对外实施共同的关税政策。例如，欧盟就是一个典型的关税同盟。

② 共同市场，不仅消除成员国之间的关税，还实现商品、服务、资本和人员的自由流动。例如，欧洲经济区（EEA）就是一个共同市场。

③ 自由贸易区，是指成员国之间取消大部分或全部商品的关税和贸易限制，但保留各自对外的关税政策。

④ 经济多边或国际协定，这包括涉及多个国家的经济协定。例如，世界贸易组织（WTO）协定。

⑤ 避免双重征税协定，是指两个国家之间签订的协议，避免对同一笔收入在两个国家重复征税。

⑥ 边境贸易安排，是指邻国之间为方便边境地区贸易而制定的特殊安排。

方式设置有诸多例外豁免情形，这也从侧面说明这一版的BIT仍较为保守，并未给予外国投资者最大程度的非歧视待遇。

2. 征收与补偿。

《中国—印度尼西亚双边投资协定》（1994）第6条规定了征收条款：

> 一、只有为了与采取征收的缔约一方国内需要相关的公共目的，并给予补偿，缔约任何一方投资者在缔约另一方领土内的投资方可被国有化、征收或采取与国有化或征收效果相同的措施（以下称“征收”），此种补偿应等于投资在征收决定被宣布或公布前一刻的价值。此种补偿不应不适当地迟延，并应有效地实现和自由转移。
>
> 二、缔约一方依照有效法律对在其领土内任何地方设立或组成并由缔约另一方投资者持有股份的公司之资产进行征收时，应保证适用本条第一款的规定，从而保证拥有此种股份的缔约另一方投资者得到上一款规定的补偿。

BIT中的征收条款是保护外国投资者的重要条款之一，其目的是确保投资者在投资被东道国国有化、征收或采取具有相同效果的措施时，能够得到公平的补偿。根据《中国—印度尼西亚双边投资协定》（1994）的规定，东道国只有为了符合其国内需要的公共目的，才可以对外国投资者的投资进行征收。公共目的通常包括国家安全、公共卫生、基础设施建设等。需要注意的是，这一条不仅适用于直接的国有化或征收行为，还适用于任何具有相同效果的措施。这包括那些虽然不是名义上的征收，但实质上剥夺了投资者对投资的使用、享有或控制的行为，即间接征收。

对于公平补偿的标准，应当符合赫尔准则，即补偿标准、即时补偿以及有效实现和自由转移三个要件。其一，补偿金额应等于投资在征收决定被宣布或公布前一刻的市场价值。这意味着补偿应基于投资的公允市场价值，确保投资者不会因为征收而蒙受经济损失。其二，补偿不应不适当地迟延。这意味着补偿应在合理的时间内支付给投资者，而不是无限期拖延。其三，补偿应能够有效地实现，并且可以自由转移。这意味着投资者应能实际收到补偿款项，并且这些款项应可以自由转移到投资者所在国家或其他国家。

3. 自由转移资金。

《中国—印度尼西亚双边投资协定》（1994）第7条规定了投资汇回条款，即资金的自由转移：

一、缔约任何一方应根据其法律和法规就缔约另一方投资者的投资准许投资者在完成其全部纳税义务后，转移以下款项，并不得无故迟延：

1. 资本和用于维持及扩大投资的追加资本款额；

2. 经营净利润包括外国合伙人持股份额所得的股息和利息；

3. 与投资有关的贷款的偿还款项及利息；

4. 提成费和服务费的支付；

5. 外国持股人股票销售款项；

6. 损害或损失的补偿；

7. 投资者在清算时所得款项；

8. 被允许在缔约一方的领土内从事与投资有关工作的缔约另一方国民的收入。

二、若缔约任何一方的投资者与投资所在的缔约另一方的有关当局无其它协议，按照本条第一款进行的转移应允许是初始投资所用货币或任何其它可自由兑换货币。此种转移应按照转移当日通行的转移所用的货币汇率进行。

三、虽然有以上几款，但缔约任何一方可主张法律和法规所要求的货币转移报告。

BIT中的资本和收入转移条款旨在确保缔约方投资者在完成其纳税义务后，可以自由地将与投资相关的款项转移出东道国。关于《中国—印度尼西亚双边投资协定》（1994）这一条款，有几项要点值得关注：其一，投资者必须完成在东道国内的全部纳税义务；其二，缔约方必须允许投资者在合理时间内转移各种款项，包括资本、利润、贷款偿还款等第7条第1款中所列款项；其三，若无其他特别协议，投资者可以选择将款项转移为初始投资使用的货币或其他自由兑换货币，并按照当天的汇率进行转移；其四，投资者还需根据缔约方的法律和法规进行货币转移报告。《中国—印度尼西亚双边投资协定》（1994）通过明确转移款项的类型和不无故迟延的要求，为两国投资者提供了重要的法律保障，增强了投资环境的可预测性和透明度，促进两国之间跨国投资的顺利进行。

4. 投资争端解决机制。

《中国—印度尼西亚双边投资协定》（1994）第9条规定了投资者与东道国争端解决条款：

一、缔约一方的投资者与缔约另一方之间就在缔约另一方领土内的投资产生的任何争议应友好解决。

二、如争议在六个月内未能解决，当事任何一方可根据投资所在缔约一方的法律和法规将争议提交该缔约方有管辖权的法院。

三、如涉及因征收发生的补偿款额的争议，在诉诸本条第一款的程序后六个月内仍未能解决，争议可提交专设仲裁庭。如有关的投资者诉诸了本条第二款所规定的程序，本款规定不应适用。

《中国—印度尼西亚双边投资协定》（1994）的ISDS条款提供了多元的投资争端解决途径，包括友好协商、国内法院诉讼以及国际投资仲裁。其一，第9条第1款强调了投资争端应通过友好协商方式解决，缔约双方鼓励投资者和东道国通过对话和谈判的方式解决争议；其二，若在六个月内未能通过友好协商解决争议，当事任何一方可根据投资所在缔约一方的法律和法规将争议提交该缔约方有管辖权的法院，即当地救济；其三，第三款规定因征收发生的补偿款额的争议，在友好协商六个月内未能解决的情形下可提交专设仲裁庭，同时规定若投资者诉诸本条第2款所规定的程序，则第3款规定排除适用。

这里有几点需要格外关注。其一，第9条第2款规定了当地救济，但并未设置“用尽当地救济”，即投资者对于是否选取东道国当地救济方式是“可选”，并非“应选”或“首选”，这在一定程度上反映了《中国—印度尼西亚双边投资协定》（1994）对ISDS方式的开放性。其二，第9条第3款规定了投资者可就争端提交至国际仲裁庭，但允许提请仲裁的范围仅限于因征收补偿数额引起的争端。易言之，投资者若因征收发生的补偿款项之外的事项与东道国发生争端，《中国—印度尼西亚双边投资协定》（1994）不允许投资者选择投资仲裁。其三，《中国—印度尼西亚双边投资协定》（1994）设置了“岔路口条款”，即第9条第3款规定之内容，投资者仅能在当地救济和投资仲裁中选其一，若投资者在提交仲裁前已选择当地救济之方式，则不能再选择投资仲裁进行重复救济。其四，虽然第9条第3款设置了投资仲裁，但是这里规定的是专设仲裁庭，并非ICSID仲裁庭，这也反映了当时两国对ICSID的不信任。

（二）《中国—东盟投资协定》（2009）

2003年，中国加入《东南亚友好合作条约》，与东盟国家建立战略伙伴关系，双方关系逐步迈上崭新台阶。2013年，我国提出共建“一带一路”倡议，东盟十国积极响应，双方在经贸领域的合作持续加强。[①]2023年，中国已成为东盟国家最重要的经贸合作伙伴，连续多年为东盟国家第

① 俎文天、罗传钰：《“一带一路”倡议下中国—东盟投资争端解决机制构建探究》，《河南工业大学学报（社会科学版）》2021年第1期。

一大贸易伙伴。中国与东盟国家重视加强在经贸合作领域的条约法体系建设，早在2002年即签署《中华人民共和国政府与东南亚国家联盟成员国政府全面经济合作框架协议》。随着彼此间投资活动的日益发展，为提高投资便利化程度，进一步促进双方投资，双方根据上述框架协议，于2009年签订了《中华人民共和国政府与东南亚国家联盟成员国政府全面经济合作框架协议投资协议》[简称《中国—东盟投资协定》(2009)]。目前，《中国—东盟投资协定》(2009)仍处于现行生效状态，中国与印度尼西亚及其投资者均可适用此协定。

1. 投资保护。

《中国—东盟投资协定》(2009)第4条规定了国民待遇：

> 各方在其境内，应当给予另一方投资者及其投资，在管理、经营、运营、维护、使用、销售、清算或此类投资其他形式的处置方面，不低于其在同等条件下给予其本国投资者及其投资的待遇。

国民待遇条款旨在确保缔约方投资者在东道国的投资活动中获得与东道国本国投资者同等的待遇。根据《中国—东盟投资协定》(2009)第4条之规定，在同等条件下，中国与东盟国家应对待缔约方投资者及其投资与对待本国投资者及其投资相同，确保缔约方投资者在东道国投资的管理、经营、运营、维护、使用、销售、清算等环节不会受到歧视。《中国—东盟投资协定》(2009)作为中国签订的第二代BIT范本，加大了投资保护和投资促进力度。以国民待遇条款为例，中国签订的第一代BIT中普遍不涵盖国民待遇，如《中国—印度尼西亚双边投资协定》(1994)，这是由于当时我国多数产业处于幼稚期，过早放开国民待遇不利于此类产业的发展。此外，与东盟国家缔约的BIT亦不同于我国在早期与西欧发达国家签订的BIT，缔约双方在经济发展实力、互相投资产业情况等方面存在差异，这也导致当时我国更倾向于采取更为开放的缔约态度。

《中国—东盟投资协定》（2009）第5条规定了最惠国待遇：

一、各缔约方在准入、设立、获得、扩大、管理、经营、运营、维护、使用、清算、出售或对投资其他形式的处置方面，应当给予另一缔约方投资者及其相关投资，不低于其在同等条件下给予任何其他缔约方或第三国投资者及/或其投资的待遇。

二、尽管有第一款的规定，如果一缔约方依据任何其为成员的将来的协定或安排，给予另一缔约方或第三国投资者及其投资更优惠的待遇，其没有义务将此待遇给予另一缔约方的投资者及其投资。但是，经另一缔约方要求，该缔约方应给予另一缔约方充分的机会，商谈其间的优惠待遇。

三、尽管有第一款和第二款的规定，此待遇不包括：

（一）在任何现存与非缔约方的双边、地区及国际协定或任何形式的经济或区域合作中，给予投资者及其投资的任何优惠待遇；和

（二）在东盟成员国之间及一缔约方同其单独关税区之间的任何协定或安排中，给予投资者及其投资的任何现有或未来优惠待遇。

四、为进一步明确，本条规定的义务不包含要求给予另一方投资者除本章规定内容以外的争端解决程序。

关于最惠国待遇条款，《中国—东盟投资协定》（2009）与《中国—印度尼西亚双边投资协定》（1994）均有专门条款加以规定，但分析后可知前者在条款细化、透明度以及法律确定性方面具有更大进步。与《中国—印度尼西亚双边投资协定》（1994）相比，《中国—东盟投资协定》（2009）不仅在第5条第1款中明确要求各缔约方在投资的各个方面给予另一方投资者不低于给予任何第三国投资者的待遇（此处列出的投资环节更为全面），而且在第5条第2款中引入例外条款，规定如果缔约方依据未来的协定或安排给予第三国投资者更优惠待遇，不必自动给予缔约方投资者，但应在要求时商谈优惠待遇。此外，第5条第3款和第4款亦明确了本协定

下最惠国待遇不适用的情形，反映了更高的透明度和法律确定性。

《中国—东盟投资协定》（2009）第7条规定了投资待遇，其中包括公平和公正待遇、全面保护与安全：

> 一、各缔约方应给予另一方投资者的投资公平和公正待遇，提供全面保护和安全。
>
> 二、为进一步明确：
>
> （一）公平和公正待遇是指各方在任何法定或行政程序中有义务不拒绝给予公正待遇；和
>
> （二）全面保护与安全要求各方采取合理的必要措施确保另一缔约方投资者投资的保护与安全。
>
> 三、违反本协议其它规定或单独的国际协定的决定，并不构成对本条的违反。

与国民待遇条款的设置情况类似，相较于《中国—印度尼西亚双边投资协定》（1994），公平和公正待遇、全面保护与安全条款在内的投资待遇条款为《中国—东盟投资协定》（2009）所新增。究其原因，一方面，20世纪90年代中国与印度尼西亚对BIT的理解和实践尚未成熟，公平和公正待遇和全面保护与安全等BIT中的标准条款及概念在当时并未普遍及细化；另一方面，中国和印度尼西亚在当时对外资的管理和控制更倾向于持保守态度，因此在条约中避免过于详细和具体的承诺，以维护国家主权和政策灵活性。随着经济全球化的深入发展，国际投资治理方面逐步形成了有关投资保护的共同标准和惯例，公平和公正待遇条款作为其中重要组成部分，后来逐渐成为BIT中的标准条款。

需要注意的是，公平和公正待遇条款在国际投资仲裁实践中易被作为帝王条款和兜底条款，充当投资协定中的最低待遇条款，加之正当性危机下的投资仲裁机制存在的诸多弊端，导致仲裁庭对于公平和公正待遇的认定门槛较低，给出解释具有偏向性的结果时有发生。基于此，中国投资者前往印度尼西亚投资应当善用此条款，在现有IIAs框架未涵盖具体投资待遇时，可利用此条款进行权利主张。

2. 征收与补偿。

《中国—东盟投资协定》(2009) 第8条设置了征收条款：

一、任何一缔约方不得对另一缔约方投资者的投资实施征收、国有化或采取其他等同措施（“征收”），除符合下列条件：

（一）为公共目的；

（二）符合可适用的国内法包括法律程序；

（三）以非歧视的方式实施；以及

（四）按照第二款规定给予补偿。

二、此补偿应以征收公布时或征收发生时被征收投资的公平市场价值计算，孰为先者作准。补偿应允许以可自由兑换货币从东道国自由转移。补偿的偿清和支付不应有不合理的拖延。公平市场价值不应因征收事先被公众所知而发生任何价值上的变化。

三、一旦发生拖延，补偿应包括按主要商业利率计算的从征收发生日起到支付日之间的利息。包括应付利息在内的补偿，应当以原投资货币或应投资者请求以可自由兑换货币支付。

四、尽管有第一段、第二段和第三段的规定，任何相关土地征收的措施，应由各缔约方各自现有的国内法律、法规及任何修正案进行解释，对于补偿金额也应依据上述法律、法规解释。

五、对于一缔约方所征收的法人财产，若该法人为根据其法律、法规以股份形式组成或建立，且另一缔约方的投资者拥有其中股份，本条前述几款的规定应适用，以保证支付给此投资者的补偿符合其所征收财产的利益。

六、本条不适用于根据WTO协定附件1C《与贸易有关的知识产权协定》给予的与知识产权相关的强制许可。

《中国—东盟投资协定》(2009)第8条第1款规定了东道国征收必须满足的条件，包括公共目的、法律程序、非歧视和补偿等要件，这也符合国际投资法中普遍接受的原则一致，但公共目的的定义在不同国家和不同情境下可能存在差异，容易导致东道国利用模糊性进行解释，影响投资者的利益保护。根据第8条第2款，因东道国征收对投资者产生的补偿数额应以公平市场价值计算，并允许以可自由兑换货币从东道国自由转移，减少东道国对补偿资金流动的限制，但公平市场价值的评估在实践中可能存在争议，特别是在市场不稳定或信息不对称的情况下，因此我国投资者赴印度尼西亚投资应当注意全面了解当地市场信息，最大限度地保护被征收财产利益。在第8条第4款中，由于中国与印度尼西亚法律制度的差异，在土地征收措施方面适用东道国法律解释易发生理解冲突，且此处的规定包括法规和任何修正案，意味着不稳定的法律体系下可能会通过频繁立法侵害投资者合法权益，这一点需引起我国投资者格外注意。

3. 自由转移资金。

《中国—东盟投资协定》(2009)在第10条设置了转移和利润汇回条款，涵盖投资者资金财产的自由跨境转移，涉及转移的范围、转移的货币和汇率、转移的限制以及与国际货币基金组织(IMF)的关系。

第一，《中国—东盟投资协定》(2009)规定的可转移资本范围更广泛，第10条第1款规定任一缔约方应允许任何其他方投资者在该缔约方境内的投资的所有转移，超越了传统BIT中的“投资及其收益”规定的可转移资本范围，并通过正面清单的方式，将经常性收入、合同款项等易引发争议的内容进行明确列举，为投资者资金转移的规则规制提供了更大的确定性。第二，“可自由兑换的货币”是指没有任何外汇管制或限制，可以自由兑换成其他货币。这意味着资金可以在不同货币之间自由流动，不受政府或中央银行的严格管控。第三，尽管有第10条第1款和第2款的规定，一缔约方仍然可以通过公正、非歧视和善意地适用有关法律、法规，以阻止或延迟转移，这主要是体现东道国对外资的规制权，以及对东道国本国主权的尊重，但《中国—东盟投资协定》（2009）以正面清单的方式对限制事项加以列举，使其更为具体明确。第四，《中国—东盟投资协定》（2009）明确表示不影响缔约方在IMF协定下的权利和义务，维护多边层面的国际收支平衡，这一方面体现了对国际金融体系和多边协定的尊重，另一方面是通过明确规定缔约方可以采取符合IMF协定的行动，减少潜在的法律争端。

4. 投资争端解决机制。

《中国—东盟投资协定》（2009）第14条设置了ISDS条款。

相较于《中国—印度尼西亚双边投资协定》（1994），《中国—东盟投资协定》（2009）的ISDS条款不仅扩大了可适用ISDS机制的范围，明确了提交国际投资仲裁庭的具体流程，而且根据东盟成员国间存在差异的实际情况，允许印度尼西亚、菲律宾、泰国以及越南适用差别规定等，体现出《中国—东盟投资协定》（2009）更大的包容性。

《中国—东盟投资协定》（2009）第14条第1款即为适用ISDS条款处理争端的范围，将ISDS条款的适用范围限定为与特定保护或待遇条款直接相关的争议，具体包括与国民待遇、最惠国待遇、投资待遇、征收、损失补偿、转移和利润汇回等具体条款相关的投资争端。这种规定设定了ISDS机制启动的具体前提条件，即涉及上述条款的投资争议。这种与特定保护条款相关联的设置做法，有助于明确ISDS条款的适用情形，使投资者和东道国都能清晰理解仲裁的条件。此外，与发达国家和发展中国家之间签订的BIT相比，后者通常包含更多保护东道国政策空间的规定，例如排除某些领域的投资争议解决机制，或对发展政策给予特别考虑。而《中国—东盟投资协定》（2009）作为区域性BIT，更加侧重于平衡成员国之间的利益和关切。

第14条第2款对ISDS机制的适用范围作了进一步的限制，排除了某些类型的争端，确保只有符合特定条件的案件才能通过ISDS条款提起仲裁。具体来看，这种排除主要涉及两个方面。一方面为时间限制和争端的状态，《中国—东盟投资协定》（2009）明确排除了在协议生效前已发生的事件引起的争端、已解决的争端，以及已经进入司法或仲裁程序的争端。这种做法常见于BIT之中，目的是防止协议生效前的行为或决策受到新协议规定的影响，从而保护投资者和东道国不因协议改变而面临不确定的法律后果。这也有助于确保争端解决机制的预见性和稳定性。另一方面，本款还排除了争端涉及的投资者持有争端所涉缔约方国籍的情况，这主要是为了避免国内争端通过国际仲裁途径解决，确保ISDS机制仅适用于真正的跨国投资争议。这种规定可以防止所谓“国籍规划”行为，即投资者故意改变国籍以适用国际仲裁规则。

第14条第4款详细规定了投资争端解决的程序和途径，为投资者提供了多种选择以寻求解决投资争端的机制。主要内容包括：磋商和谈判的先决条件、多样化的争端解决选项、争端解决机制的选择性以及磋商期限的设定等。一方面，《中国—东盟投资协定》（2009）要求在正式提请投资仲裁之前，争端双方必须进行为期至少6个月的磋商和谈判。这种先决条件旨在鼓励解决争端的友好方式，可能减少正式法律程序的需要。另一方面，对于缔约方可以选择的ISDS方式，不仅包括当地救济，即提交国内法院或行政法庭，而且允许投资者将争端诉至国际投资争端解决中心，这与《中国—印度尼西亚双边投资协定》（1994）不同。此外，《中国—东盟投资协定》（2009）还允许当事方根据《联合国国际贸易法委员会仲裁规则》提交仲裁，以及其他任何经双方同意的仲裁机构或规则，这一选项提供了极大的灵活性。

第14条第5款规定特定条件下的程序选择和限制，旨在明确规定投资者如何在选择国内法院与国际争端解决机构间转换，以及确定某些国家对争端解决途径的终局性选择。一方面，如果争端已经提交给国内法院，投资者在国内法院作出最终裁决前可以选择撤回其申请，并将争端提交给国际争端解决机构。这给投资者提供了一定的灵活性，允许他们在不满意国内法律程序进展或预期结果时寻求国际仲裁。另一方面，《中国—东盟投资协定》（2009）对特定国家作出了特殊规定，即对于印度尼西亚、菲律宾、泰国和越南等，规定一旦投资者选择了提交给国内法院或者根据前文提及的国际争端解决机构的仲裁程序之一，该选择便是终局性的。这意味着这些国家的投资者在作出初步选择后，不能更改其争端解决途径，这主要是为了增加法律确定性和减少争端解决过程中的滥用。

（三）RCEP（2020）

RCEP（2020）是由东盟国家牵头的一项先进的多边经贸协定，覆盖了东亚和东南亚地区的15个国家，包括中国、印度尼西亚等。RCEP（2020）进一步降低了成员国之间的贸易壁垒，促进了商品、服务和投资的自由流通，以及加强了经济合作。对于中国与印度尼西亚之间的投资合作，RCEP（2020）强调简化和改善投资条件，旨在为投资者提供更明确和透明的规则，这有助于减少因不确定性和复杂性导致的成本和风险，这意味着中国和印度尼西亚之间的投资合作将会适用更加顺畅的程序和更低的合规成本。此外，RCEP（2020）为投资者提供了全面的投资保护待遇条款，包括全面的非歧视待遇（最惠国待遇、国民待遇、公平和公正待遇以及全面保护和安全措施等），这些规定有助于保障中国和印度尼西亚投资者的利益，提供一个更为可预测和稳定的投资环境。

1. 投资保护。

RCEP（2020）第10章第3条规定了国民待遇：

一、在投资的设立、取得、扩大、管理、经营、运营、出售或其他处置方面，每一缔约方给予另一缔约方投资者和所涵盖投资的待遇应当不低于在类似情形下其给予本国投资者及其投资的待遇。

二、为进一步明确，一缔约方根据第一款所给予的待遇，对于中央以外的政府层级而言，指不低于作为该缔约方一部分的该政府在类似情形下给予其投资者或投资的最优惠待遇。

RCEP（2020）的国民待遇条款旨在确保成员国内的外国投资者和他们的投资享受到不低于本国投资者和投资的待遇。相较于前文分析的两个协定，RCEP（2020）的国民待遇条款适用范围更广泛，明确涵盖了投资的设立、取得、扩大、管理、经营、运营、出售等全过程，这保证了外国投资者从投资初始阶段到最终退出阶段的权益均受保护。此外，RCEP（2020）对缔约方的地方政府层面作出了明确规定，其第10章第3条第2款特别提到，国民待遇的应用不仅限于中央政府层级，还包括地方政府，这一点很重要，因为很多投资决策和规制实际上是在地方层面进行的，这有助于减少政策执行中的地区差异，增加政策的透明度和可预测性。对于中国和印度尼西亚的投资者来说，明确的国民待遇能够保证他们在对方国家投资时享受与本国投资者相同的待遇，降低了外国投资者面临的不确定性和风险。

RCEP（2020）第10章第4条规定了最惠国待遇：

一、在投资的设立、取得、扩大、管理、经营、运营、出售或其他处置方面，每一缔约方给予另一缔约方投资者的待遇应当不低于其在类似情形下给予任何其他缔约方或非缔约方投资者的待遇。

二、在投资的设立、取得、扩大、管理、经营、运营、出售或其他处置方面，每一缔约方给予涵盖投资的待遇应当不低于其在类似情形下给予任何其他缔约方或非缔约方的投资者在其领土内的投资的待遇。

三、为进一步明确，第一款和第二款所指的待遇不包含其他现存或未来国际协定项下的任何国际争端解决程序或机制。

第一，RCEP（2020）明确包含了投资的整个生命周期——从设立、取得、扩大到管理、经营、出售等各个阶段。这与《中国—东盟投资协定》（2009）广泛覆盖投资的各个阶段类似，但明显比《中国—印度尼西亚双边投资协定》（1994）仅关注投资的实施和产生的收益更为广泛。第二，RCEP（2020）涵盖的主体广泛，其使用的“涵盖投资”表述区别于传统投资协定中的“投资及其收益”，适用范围更为广泛。根据《中国—东盟投资协定》（2009）第一条规定，“涵盖投资”是指对于一缔约方而言，在本协定生效之日，已在该方领土内存在的另一缔约方投资者的投资，或已被东道国所接受，并遵循其相关法律、法规和政策（如适用）所设立、获取或扩大的投资。第三，明确排除了与争端解决程序或机制相关的任何国际协定的待遇，聚焦于实质性的投资待遇而非程序性条款。RCEP（2020）和《中国—东盟投资协定》（2009）都有明确排除特定类型的国际争端解决机制的优惠待遇，《中国—印度尼西亚双边投资协定》则排除了因参与特定经济集团或协定而可能产生的优惠待遇。

RCEP（2020）第10章第5条规定了投资待遇，其中包括公平和公正待遇、充分保护和安全要求：

一、每一缔约方应当依照习惯国际法外国人最低待遇标准给予涵盖投资公平公正待遇以及充分保护和安全。

二、为进一步明确：

（一）公平公正待遇要求每一缔约方不得在任何司法程序或行政程序中拒绝司法；

（二）充分保护和安全要求每一缔约方采取合理的必要措施确保涵盖投资的有形保护与安全；以及

（三）公平公正待遇和充分保护和安全的概念不要求给予涵盖投资在习惯国际法关于外国人最低待遇标准之外或超出该标准的待遇，也不创造额外的实质性权利。

三、认定一项措施违反本协定其他条款或另一单独的国际协定并不能证明该措施构成对本条的违反。

RCEP（2020）和《中国—东盟投资协定》（2009）均包含关于公平和公正待遇以及充分保护和安全的条款，此条款是国际投资协定中的核心原则，旨在保护外国投资者免受不公正和歧视性的待遇，同时确保其投资的安全不受不必要的干扰或损害。在具体内容设置上，两个协定都强调了这些待遇的提供不应超出习惯国际法下的最低标准，这反映出两个协定试图平衡投资者保护和东道国政府的治理自由。不同的是，RCEP（2020）在条款的表述上更详细，明确区分了公平和公正待遇、充分保护和安全的具体要求，如采取合理的必要措施以确保有形的保护与安全，并明确指出这些条款的界定基于习惯国际法的最低标准；《中国—东盟投资协定》（2009）则相对简洁，但同样要求采取合理必要措施以保护投资。此外，RCEP（2020）和《中国—东盟投资协定》（2009）均规定单独违反其他条款或国际协定并不自动构成违反公平和公正待遇、充分保护和安全条款，这一点是为了防止条款解释上的重叠或滥用。

《中国—印度尼西亚双边投资协定》（1994）中未设置公平公正待遇条款、充分保护和安全条款，这主要取决于当时的政治经济背景，以及双方对条款具体内容的共识程度，并且20世纪90年代的国际投资法中缺少此类保护投资者的现代条款，更侧重于投资的非歧视待遇和最惠国待遇。

2. 征收与补偿。

RCEP（2020）第10章第13条设置了征收条款。

对比RCEP（2020）、《中国—东盟投资协定》（2009）和《中国—印度尼西亚双边投资协定》（1994）中关于征收条款的规定，在征收的条件和补偿要求上，三个协定均强调征收必须基于“公共目的”并且以“非歧视”的方式执行，这与国际投资法的通用原则一致，这些规定反映了保护投资者免于随意和不公正国有化的国际投资法基本标准。其中，RCEP（2020）和《中国—东盟投资协定》（2009）提供了更详细的补偿机制，强调补偿应当无延迟，并与征收公告时或征收发生时的公平市场价值相符，这符合国际投资法上“即时、充分、有效”的补偿原则；《中国—印度尼西亚双边投资协定》（1994）也提到补偿应当与征收公布前一刻的投资价值相等，体现了保护投资者免受财产无故剥夺的初衷。

在补偿的支付和转移上，RCEP（2020）和《中国—东盟投资协定》（2009）明确指出补偿应可自由转移，确保投资者能够将从东道国获得的补偿自由地汇出，这增强了国际投资的流动性和吸引力；《中国—印度尼西亚双边投资协定》（1994）虽然规定补偿应有效实现和自由转移，但细节描述不如前两者具体。此外，RCEP（2020）和《中国—东盟投资协定》（2009）明确排除了与知识产权相关的强制许可等措施的适用范围，这显示了对知识产权保护的重视和国际投资法中知识产权越来越重要的地位。

从1994年的《中国—印度尼西亚双边投资协定》到2009年的《中国—东盟投资协定》，再到2020年的RCEP，可以观察到征收条款变化的几个关键趋势：其一，条款的详尽和规范性的提升，新的协定越来越注重详细规定征收的条件和补偿的标准，以及加强法律程序的透明性和可预测性；其二，对非歧视原则的强调，随着全球化的发展，保护外国投资者不受歧视已成为国际协议的核心原则之一；其三，补偿机制的国际化和标准化，更多地强调补偿的即时性、充足性和有效性，以及资本的自由流动。这些变化反映了国际社会在平衡投资者保护与东道国政府治理自由之间的需求，同时适应了经济全球化和国际投资规则日益增加的复杂性。

3. 自由转移资金。

《中国—东盟投资协定》（2009）第9条设置了转移条款。

相较于《中国—东盟投资协定》（2009）长篇幅的内容设置，RCEP

（2020）的规定更加简洁。一方面，由于RCEP（2020）作为一个覆盖15个国家的大型区域性协定，目标是尽可能简洁明了，以确保成员国的广泛接受和执行，过于详细的条款可能会增加协议的复杂性和执行难度，因此RCEP（2020）选择了简明的措辞和核心要求。另一方面，RCEP（2020）中的许多规定依赖于成员国已有的国内法律和国际承诺，如IMF协定等，这些已有规范为协议的执行提供了基础，使得RCEP（2020）无需在每个细节上都进行详细规定。此外，RCEP（2020）中关于转移的条款提及IMF协定的权利和义务，这表明RCEP（2020）在制定转移条款时考虑了现有国际货币体系的规范性，因此减少了重复性条款。

在具体内容的比较层面，RCEP（2020）提及了所有与投资有关的转移，具体列举了资本、利润、清算所得、合同支付、损失补偿、争端解决款项及外籍员工收入；《中国—东盟投资协定》（2009）列举了初始投资、净利润、资本所得、技术费、利息等更为详细的项目，还包含雇佣自然人的收入及依据合同进行的支付。在转移币种和汇率上，RCEP（2020）明确规定了资金转移可以使用任何可自由使用的货币按照转移时现行的市场汇率进行，IMF协定中将“可自由使用的货币”定义为“在国际交易中被广泛使用并在主要外汇市场上广泛交易的货币”，此类货币在全球主要外汇市场上具有高度的流动性和可交易性，并且IMF协定在确定特别提款权（SDR）篮子[①]的组成时，考虑了可自由使用的货币。《中国—东盟投资协定》（2009）规定转移应以自由兑换货币进行，并按转移当日的市场汇率进行兑换。

整体而言，RCEP（2020）和《中国—东盟投资协定》（2009）的条款设计体现了现代国际投资治理体系的发展趋势，考虑了全球化背景下的跨国资本流动和投资者保护需求。其一，《中国—东盟投资协定》（2009）详细规定了转移的范围和程序，体现了对投资者权益保护的重视，同时对国

① 目前，SDR篮子包括美元、欧元、人民币、日元和英镑。

内法律法规的适用提供了明确指导。RCEP（2020）尽管条款相对简洁，但在核心要求和原则上更加明确，便于执行和操作，并与IMF等国际组织的规范保持一致。其二，RCEP（2020）和《中国—东盟投资协定》（2009）强调了法律程序的公正性、非歧视性和善意适用，体现了对东道国法律体系的尊重和国际投资治理的进步。《中国—印度尼西亚双边投资协定》（1994）虽然提供了基本的转移保障，但缺乏对复杂经济活动和现代法律环境的详细考虑。其三，RCEP（2020）和《中国—东盟投资协定》（2009）都考虑了成员国在IMF等国际组织中的权利和义务，确保协议条款与国际规范的一致性，增强了协定的国际可操作性和法律效力。

4. 投资争端解决机制。

RCEP（2020）作为目前世界上最大的自由贸易协定，并未设置投资者与国家投资争端解决条款，这与RCEP（2020）缔约背景密切相关。第一，国际社会对ISDS机制的信任危机。近年来，ISDS机制在全球范围内受到了广泛批评和反对，反对者认为ISDS机制限制了国家主权（尤其是发展中国家），使跨国公司对政府的公共政策（如环境保护、公共健康等）提出仲裁，从而影响东道国的政策制定。第二，ISDS机制的高成本和不确定性。ISDS案件通常涉及高昂的法律费用和长时间的不确定性，这对中小型企业尤其不利。RCEP成员国多为发展中国家，这些国家在处理复杂的ISDS案件时可能面临更大的挑战和经济负担。第三，区域内国家的法律体系差异，RCEP成员国的法律体系覆盖大陆法系、英美法系以及混合法系，各国在法律框架和司法程序上存在显著差异。这种多样性增加了统一ISDS条款实施的难度。第四，RCEP各成员国处于不同的发展阶段，发达国家与发展中国家在投资保护和争端解决方面的需求和优先事项不同。一些国家可能更关注吸引外资，而另一些国家则可能更加重视保护自身的政策空间。第五，在国际条约之间的协调层面，RCEP各成员国之间既有BIT，亦有其他区域协定，且均设置了ISDS条款，RCEP（2020）考虑到了这些既有的安排，选择不在此多边框架中重复设置。

此外，ISDS机制在一些国家内具有高度的政治敏感性，澳大利亚和印度尼西亚在过去的ISDS案件中都曾面临过巨大的国内压力和争议。因此，这些国家在RCEP谈判中对ISDS条款更倾向于持谨慎态度，转而通过谈判和协商、内部机制（如东盟争端解决框架）等方式，建立区域合作和信任，来解决投资者与国家之间的投资争端。

案例：印尼投资仲裁案例简析

根据联合国贸易与发展会议（UNCTAD）投资政策导航中心统计数据，截至2024年，印度尼西亚作为被申请人的案件为7起，其中未有中国投资者提起投资仲裁的案件[①]，决定支持印度尼西亚政府的共有3起，另外有1起仅认定责任未判赔偿。印度尼西亚投资者作为申请人提起的案件为0起。下文就典型案例作简要分析，以期为中国在印尼投资者解决投资争端提供有益启示。

一、Al Warraq诉印度尼西亚案（2011）[②]

Al Warraq诉印度尼西亚案（2011）是由沙特阿拉伯籍投资者Al Warraq依据伊斯兰会议组织投资协定（OIC，1981）向联合国国际贸易法委员会（UNCITRAL）提起的投资仲裁案件，仲裁程序适用联合国国际贸易法委员会仲裁规则（2010）。本案自2011年启动程序，并于2014年12月15日发布最终裁决，裁决结果不支持任何一方（认定责任，但未判赔偿）。

① 在印尼作为被申请人的7起案件中，对印度尼西亚政府提起仲裁的投资者分别来自新加坡（2起案件）、英国、澳大利亚、沙特阿拉伯、荷兰以及印度。

② Hesham T.M.Al Warraq v.Republic of Indonesia，UNCITRAL.

本案核心争议点在于最惠国待遇、公平和公正待遇的认定，并且涉及征收条款、充分保护和安全条款等。[①]

这起争端起因于2008年全球金融危机期间印度尼西亚政府对PT Bank Century的救助行动，后该银行被国有化并更名为PT Bank Mutiara。救助后，涉及银行管理层的欺诈和管理不善的指控浮现，包括Al Warraq在内，受到了刑事调查和指控。Al Warraq声称印尼政府的行动，包括针对他的刑事指控和银行的国有化是不公正和带有歧视性的，违反了OIC规定下的公平和公正待遇标准。仲裁庭发现印尼法院在处理针对Al Warraq的刑事程序中存在“拒绝正义”，尽管承认程序上的不规则，但最终否决了Al Warraq的损害赔偿请求。裁决认为，由于Al Warraq在银行相关的欺诈活动中有所涉及，他不能从投资条约保护中获益，应用了“不洁之手”原则。

最终裁决于2014年12月15日发布，仲裁庭驳回了Al Warraq的大部分索赔，未对其进行赔偿。仲裁庭认为，印度尼西亚在处理银行危机过程中尽管存在一些问题，但其行为在很大程度上是为了保护国家金融系统的稳定和公众利益。该案展示了国际投资法中的ISDS机制在实际操作中的复杂性，尤其是在涉及金融危机管理和国家安全的情况下。该裁决平衡了投资者的合法权益与国家在危机管理中的政策自由度，反映出国际仲裁在类似争端中的重要角色。对印度尼西亚而言，该案的裁决强调了印度尼西亚在处理外国投资和金融危机管理中的法律和政策责任，有助于提高其在国际投资界的透明度和信任度。同时也提醒政府在进行类似干预措施时，需要更加透明和合规，以避免未来的投资争端。

① 《中国贸促会法律事务部投资仲裁案例课题成果选登（七十五）|阿瓦拉克诉印度尼西亚仲裁案》，https：//mp.weixin.qq.com/s/4PjkqwOAZw7buwZhxy370Q.

二、Churchill Mining和Planet Mining诉印度尼西亚案（2012）[①]

Churchill Mining和Planet Mining诉印度尼西亚案（2012）分别由英国籍投资者Churchill Mining依据《英国—印度尼西亚双边投资协定》向ICSID中心提起、Planet Mining依据《澳大利亚—印度尼西亚双边投资协定》向ICSID中心提起，因两案基于相同事实，仲裁庭将其合并审理。该案自2012年启动仲裁程序，仲裁庭于2016年12月驳回了投资者的所有索赔。本案争议点在于征收条款和非歧视待遇条款。

英国的Churchill Mining PLC及其子公司澳大利亚的Planet Mining Pty Ltd在印度尼西亚东加里曼丹省投资了东库台煤矿项目，这是一项涉及大规模煤炭资源开采的投资，包括相关的采矿许可证。2010年，印尼政府声称这些许可证是通过欺诈手段获取的，包括伪造文件和贿赂当地官员，并因此撤销了该项目的采矿许可证。投资者认为撤销采矿许可证的行为违反了公平和公正待遇原则，构成非法征收，并将此争端根据BIT诉至ICSID。ICSID选择UNCITRAL仲裁规则进行仲裁，在长达数年的仲裁过程中，印尼政府和投资者均提交了大量证据和法律论据，投资者请求数十亿美元的赔偿。2016年12月，ICSID的仲裁庭作出最终裁决，驳回了投资者的索赔要求，认为尽管投资者提出了印尼政府违反条约的指控，但投资者未能充分证明许可证的获取和使用过程中不存在欺诈行为，该裁决主要基于“不洁之手”原则，即投资者在获取许可证过程中的行为涉嫌欺诈，不能受到国际投资法的保护。裁决后，Churchill Mining尝试在美国和英国的法院推翻此裁决，但均未成功。该案在国际投资领域引起广泛关注，特别是关于投资者行为的合法性与东道国行政透明度和法律程序的重要性。

---

① *Churchill Mining and Planet Mining Pty Ltd v.Republic of Indonesia*，ICSID Case No. ARB/12/40 and 12/14.

此案例为BIT中关于公平和公正待遇以及非法征收的条款提供了重要的解释先例，强化了东道国在处理涉嫌欺诈的外国投资时依法行政的重要性，也提醒了东道国需要提高行政决策的透明度和公正性，同时也为投资者提供了重要启示，在进行大规模矿业投资时应高度关注东道国对于合规性和合法性的要求。

第二章
公司注册和管理

怎样到RCEP成员国投资

印度尼西亚篇

公司是一种主要的商业主体形式，公司因具有管理科学、股东承担有限责任等比较优势，投资者更青睐于选择公司形式进行商事经营活动。根据印度尼西亚公司法的规定，印度尼西亚境内的公司根据股东对公司所负责任的不同，主要可划分为三类：股份两合公司、合股股份公司和有限责任公司。2007年，印度尼西亚颁布并实施第40号法令《印度尼西亚有限责任公司法》，替代了1995年颁布的关于有限责任公司的第1号法律。根据2007年新颁布的公司法的规定，在印度尼西亚境内，从事商业经营活动的有限责任公司主体形式主要有合伙型有限责任公司和一般有限责任公司。按照投资人国籍分为外资公司和本国公司。印度尼西亚本国公司是指完全由印尼公民或公司投资的公司。《印度尼西亚有限责任公司法》规定，外国投资者在印度尼西亚设立公司必须采用有限责任公司的形式，外国投资者除了成立有限责任公司，还可以以设立总代表办事处或商务贸易代表办事处的方式开展有关的商事咨询等业务。

第一节　公司基本制度

《印度尼西亚有限责任公司法》开宗明义地指明了该法制定的背景。一是印度尼西亚国民经济是基于经济民主的原则实施的，具体包括保障社区利益、追求公平效率、可持续发展、保护环境、保证经济独立性以及保障国家经济统一和平衡发展原则。二是需要得到强大经济主体的支持以促进印度尼西亚国家经济的繁荣发展。在促进国民经济发展的背景下，为商业世界在即将到来的全球化时代面对世界经济的发展和科学技术的进步提供坚实的基础，需要制定一部规范有限责任公司的法律，以确保为商业世界营造有利的环境。三是作为国家经济发展的支柱之一，有限责任公司须获得法律支持，以便在鼓励家庭精神原则的基础上加速国家经济的发展。四是1995年颁布的关于有限责任公司的第1号法律已不再符合法律的发展和社会需求，因此有必要用新法律取代。基于上述各项因素的考量，印度尼西亚有必要制定新的有限责任公司法。

一、公司的概念和种类

（一）公司的概念

根据2007年《印度尼西亚有限责任公司法》的规定，有限责任公司是指基于协议成立的法律实体，其法定资本被划分为股份，以满足本法规定的要求和实施条例，以进行商业活动。在对外责任关系上，公司以其全部财产对外承担责任，公司的股东对公司签订的协议不承担个人责任，并对公司的损失不承担超过其预期持股范围外的责任。但是，如果公司股东直接或间接非法利用公司资产，导致公司资产不足以清偿公司债务的，该公司股东应当承担相应的责任。从法律性质上看，公司是具有独立民商事主体资格的法人。公司机构主要有股东大会、董事会和监事会。

公司必须具有明确的经营目的、范围以及商业行为，其业务活动不得违反法律法规、公共秩序和道德。

印度尼西亚公司法规定了上市公司。上市公司是指股东人数和实收资本额符合有关资本市场领域的法律规定的公司。

（二）**公司的种类**

印度尼西亚公司法将公司分为股份两合公司、合股股份公司和有限责任公司。根据2007年新颁布的公司法的规定，在印度尼西亚境内，从事商业经营活动的有限责任公司主体形式主要有合伙型有限责任公司和一般有限责任公司。合伙型有限责任公司称为CV公司，全称为Commanditaire Vennootschap，是荷兰殖民遗产下的商业实体，类似于私人合伙，因此更容易成立。一般有限责任公司称为PT公司，全称为Perseroan Terbatas，是印度尼西亚国内最常见的一种公司形式。按照投资人国籍分为外资公司和本国公司。印度尼西亚本国公司是指完全由印尼公民或者公司投资的公司。

二、合伙型有限责任公司和一般有限责任公司的区别

合伙型有限责任公司和一般有限责任公司在本质上存在很多不同。在公司设立流程上，一般有限责任公司的设立必须经过公证处公证后才能设立，且设立后的公司名称具有排他性。而合伙型有限责任公司只需

在管理系统中注册即可，并允许相似名称的合伙型有限责任公司存在。在公司内部治理上，一般有限责任公司的董事必须经股东大会选出，而且股东无权直接参与公司治理，除非该股东被任命为董事会成员。而在合伙有限责任公司中须区分主动合伙人和被动合伙人，主动合伙人负责管理公司，而被动合伙人无权治理公司。

依据印尼2007年第25号《投资法》第4章第5条第2款的规定，国外投资者可以依法投资印度尼西亚境内有限责任公司，法律另有规定的除外。也就是说，外国投资者在印度尼西亚设立公司必须采用有限责任公司的形式，因此外资公司只能是有限责任公司。另外需注意的是，在印尼投资设立外资公司必须得到印尼投资协调委员会批准。

三、公司创始人

公司创始人亦是公司发起人。公司的成立需要一定数量的符合法律规定要求的公司创始人。从法律性质来说，公司成立行为是公司创始人共同实施的一系列商事法律行为。因此，公司创始人应当具备相应的行为能力。根据印度尼西亚公司法的规定，在印度尼西亚境内成立一家公司，应当由符合法律规定的创始人向公司管理者提交法定文件，经公司管理者依法登记注册后，公司创始人便可获得公司注册证书。

公司的设立应当由公司创始人申请完成。公司创始人由2名或数名自然人或者法人充当，也可以由数名自然人和法人共同充当。由于公司设立行为属于商事行为，当创始人为自然人时，自然人应当具备相应的行为能力。公司创始人在申请设立公司时，应当依法认购一定数量的公司股份。公司创始人决定设立一家有限责任公司时，应当向印度尼西亚公司管理局提交公司章程，申请成立有限责任公司。当公司顺利成立后，公司创始人就会转化为公司的股东。在公司设立阶段，创始人从事的必要的与公司设立相关的行为，其法律后果应当由设立后的公司承继。如果在公司获得法人资格后，股东人数少于2人，则在该情况发生后的6个月内，相关股东有义务将其部分股份转让给他人，或者公司应向他人发行新股，使得公司的股东人数符合法律的基本要求。

四、公司名称

公司设立时，应当依法给拟设立的公司命名，并依照法定程序完成登记和注册。公司名称是公司之间进行区别的主要标志，也是公司区别于公司股东的重要因素。公司名称应当在公司章程中作出明确规定，公司登记设立的名称应当与公司章程记载的名称保持一致。公司设立时，一般由公司创始人依照法律规定确定公司的名称。

在选择公司名称时，应遵守印度尼西亚的公司命名规范，并确保名称的独特性。为了保证公司拟使用公司名称的合法性，法律规定公司管理者应当预先审查创始人提交的公司名称，并有权拒绝注册任何与其他先前已注册公司名称相似或违反公共秩序、粗俗、诽谤他人或其他不当的公司名称。公司管理者关于公司名称作出的决定具有终极约束力。公司名称体现公司的身份和独立性，在公司设立过程中，除了和公司设立直接相关的行为，一般不允许公司创始人以公司名义和第三方实施相关的交易行为。公司成立后，公司发布的文件、公告、通知以及公司作为一方当事人签订的合同中，应当使用公司名称全称。

公司不得使用以下名称：已被另一公司合法使用或原则上与另一公司名称相同；与公共秩序和道德相冲突；与国家机构、政府机构或国际机构的名称相同或相似（但经相关人员许可的情况除外）；不符合公司的宗旨和目标以及业务活动，或仅在没有公司名称的情况下表明公司的宗旨与目标；由不构成单词的图形或一系列图形、字符或一系列字符组成；具有公司、法人实体或民间团体的含义。

公司名称前面必须有“Perseroan Terbatas”（有限责任公司）或缩写“PT”。如果是上市公司（Perseroan Terbuka），应在公司名称末尾添加缩写“Tbk”。同时，政府有义务就有关公司名称使用程序作出进一步规定。

五、公司章程

公司章程被称为公司的宪章，是公司进行有效管理的基础性文件，是约束公司、公司股东、董事、公司秘书等的重要依据。公司创始人在准备设立公司前，应当依照公司法的规定制定公司章程。同时，公司章程是规范公司内部关系以及处理外部关系的重要文件。因此，公司章程是公司设立的必要条件之一。

（一）公司章程的内容

公司章程的内容由两部分组成，一部分内容是法律规定公司章程必须具备的内容，这部分内容属于公司章程的法定条款。除此之外，公司具有差异性，公司创始人或者股东可以根据公司管理、经营的需要，自行商议确定公司章程中的任意条款。任意条款通常体现了公司的个别差异性和公司各自的管理需求。公司章程的任意条款不得与法律规定的内容相冲突和相矛盾。公司章程不得包含关于收取股份固定利息的规定以及关于向创始人或其他各方提供个人利益的规定。

根据2007年《印度尼西亚有限责任公司法》第15条的规定，公司章程应当包括的法定条款主要有以下内容。

1.公司名称和公司住所（地点）。

公司名称是公司章程必须具备的内容之一，公司名称是公司区别于其他法律主体的标志。公司名称应当符合公司法和其他法律的基本要求。公司在设立之前，应当依法核准并登记注册公司名称。除公司名称外，公司还必须从当地政府办公室获得住所证明。公司住所应为其总部，公司地址必须在其住所内。公司的住所应为公司章程规定的印度尼西亚共和国境内的城市或行政区。

2.公司的目标、宗旨和业务性质。

所有成立的公司都应该有一个经营目标。公司一般通过制定经营计划来明确目标。公司创始人或股东可以描述公司业务的性质以及公司在成立时将开展的活动。公司章程中必须写明公司的成立目的、目标以及所要从事的符合法律规定的商业活动。

3. 成立期限。

《印度尼西亚有限责任公司法》第6条规定，公司设立需要在有限或无限期限内保持注册成立，如印度尼西亚公司章程中所述。公司创始人可以通过向司法和人权部提出申请来申请公司成立的法定期限。在线申请是通过在线系统提交的，说明公司成立的期限。

4. 资本、股份和股息。

印度尼西亚的公司章程必须包含注册资本和实收资本的数额。如果股份限制了新公司的设立，公司章程应说明股份数量、股份类别、每一股份的权利及其面值。每当公司盈利时，就应该分配股息。因此，利润的分配规则和程序也应该在公司章程中明确。

5. 董事会成员。

公司章程必须提供每个董事会成员的详细信息。除此之外，印尼公司章程还必须提及董事会成员的任命、更换和解聘程序。

6. 股东会。

股东会是公司的主要决策机构，凡是涉及公司经营目标、重大投资事项和公司合并、分立等事项，公司都需要召开股东会会议来决定。公司章程应当明确说明股东会的会议地点、事项、召集程序和表决规则等内容。

7. 利润使用和分配程序。

公司利润涉及公司股东的直接利益以及公司的进一步发展壮大，如何合理使用公司利润是公司的一项重大事项。为了保证公司利润使用和分配符合公司的利益和股东的权益需求，公司章程需要对公司利润使用和分配的程序作出全面规定。

（二）公司章程修正案

公司章程修正案必须由股东会讨论决定。关于修改公司章程修正案的议程必须在股东会的通知中明确说明。在公司破产的情形下，未经破产管理人的批准，不得对已被宣布破产的公司的章程进行修改。对公司章程的某些修订必须得到印度尼西亚司法和人权部部长的批准。下列公司章程内容的修改应得到司法和人权部部长的批准：公司名称和住所；公司的宗旨和目标以及业务活动；公司成立期限；法定资本金额，减少已发行资本和实收资本；变更公司地位等其他情况。其他有关公司章程的修改只需通知司法和人权部部长即可。公司章程修正案内容应以印尼语在公证书中载明。未在公证书中载明公司章程修正案内容的，应在股东大会决议之日起30天内通过公证书载明公司章程修正案内容。

关于延长公司章程中规定的公司存续期限的公司章程修正案的批准申请，必须在公司存续期限届满前提出。司法和人权部部长应在公司存续的最后日期之前批准延长公司存续期限的申请。

六、公司资本

（一）公司资本基本要求

公司的法定资本应由股份的总票面价值组成。公司的法定资本应至少为5000万印尼盾。规范某些商业活动的法律可以确定公司资本的最低金额，该金额应当高于上述的法定资本数额。公司法定资本金额的变更应通过政府法规进行规定。公司成立时，公司应当发行并全额缴清至少25%上述法定资本。公司已发行资本和已缴足资本应通过有效的付款凭证予以证明。公司在进一步发行股票以增加已发行资本时，必须全额付清拟发行股票。公司不得向公司自身或向对其直接或间接持有股份的其他公司发行股份。但是公司通过法律实施、赠予或遗赠转让而获得的自身股份所有权除外。公司在依法获得其股份后，必须在该股份转让之日后的1年内转让给不被禁止拥有公司股份的其他方。

（二）公司股本的缴付

股本的支付可以以货币或其他形式进行。

如果股本以其他形式缴足，则应根据市场价格或独立专家确定的合理价值来确定缴足股本的估值。以不动产形式支付的股本必须在签署成立契约后的14天内，或在股东会决议此类股份支付后，在一份或多份报纸上公布。

对公司有应收款项的股东和其他债权人，除经股东会批准外，不得将其对公司享有的应收款项与支付其认购的股价的付款义务相抵销。但是，在下列情形下公司股东可以用其对公司享有的应收款项抵销该股东对公司的股价支付义务：公司已收到的金钱或需要退还的具有货币价值的有形或无形货物；成为公司债务担保人的一方已就担保金额全额偿还公司债务；本公司成为第三方债务的担保人，并且本公司事实上以货币形式或以具有货币价值的货物形式直接或间接获得了这些利益。

（三）公司资本的保护

在下列情形下，公司可以回购已发行的股份：回购股份不得导致公司净资产低于已发行资本加上已提取的法定公积金；公司回购的所有股份的票面价值以及公司本身或公司直接或间接拥有的其他公司所持股份的质押或信托担保的金额不超过公司已发行资本金额的10%，资本市场领域立法另有规定的除外。董事会应对善意行事的股东因回购而遭受的损失承担连带责任。公司回购的股份持有期不得超过3年。

第二节　公司登记

公司创始人在公司正式设立和登记前，应当依照公司法的要求制定公司章程。公司的设立和登记不仅要符合公司法的规定，还要符合公司章程的规定。若公司章程明确规定了公司设立期限的，公司创始人应当在公司章程规定的期限内完成设立和登记。

一、公司创始人和公司股东

根据2007年《印度尼西亚有限责任公司法》第7条第1款的规定，公司应当由2名以上的公司创始人申请设立，并依法签订经公证机构公证的用印度尼西亚文起草的公司设立契约。公司成立时，每名公司创始人均有义务认购本公司股份。在公司合并的情形下，公司股东并无认购公司股份的义务。公司具有独立于其公司股东的法人主体资格，公司于颁发部级公司资质证书之日起取得法人资格。如果公司取得法人资格后，公司股东人数少于2人，则在不迟于自该情形发生之日起6个月内，公司股东有义务将其部分股份转让给其他人，或者公司应当向其他人发行新股，从而使得公司股东人数符合公司法关于股东最低人数的法定要求。如果上述规定的期限已过，并且股东人数不足2人的，应当由股东对公司所有协议及其他法律关系造成的公司损失承担责任，并根据利害关系人的要求，由地方法院对该公司进行清算。

上述关于公司必须有2个以上股东人数的要求，不适用于国有有限责任公司、管理证券交易所、结算所和承销的公司、保管人和结算机构，以及证券市场法律所规定的其他市场机构。

二、公司设立契约

根据2007年《印度尼西亚有限责任公司法》第8条的规定，设立公司前，公司创始人应当依法签订经公证机构公证的公司设立契约。公司设立契约是公司创始人在正式申请设立公司时，应当签署的一项重要的法律文件。公司设立契约是约束公司创始人权利和义务的重要依据。公司设立契约应当由公司创始人签订，创始人可以通过授权委托书委托他人订立公司设立契约。公司设立契约应当载明公司章程及其他公司设立需要载明的事项。公司设立时提交的文件应当载明的其他信息应至少包含：公司创始人的全名、出生地和日期、职业、居住地和国籍；公司的全称、详细地址以及编号；关于批准法律实体的印尼司法和人权部部长令的日期；公司第一届董事会成员的全名、出生地和日期、职业、居住地和国籍；已认缴股款的股东的姓名或者名称、详细股份数目及所认购及缴足的股份面值。

三、公司注册基本内容

公司注册由司法和人权部部长执行，公司登记内容应当向公众公开。公司注册的主要内容包括：公司的名称、住所、宗旨、经营活动、成立期限和资本情况；公司的完整地址；关于批准公司为法人实体的公司设立契约和司法和人权部部长令的编号和日期；公司章程修订契约的编号和日期，以及司法和人权部部长收到通知的日期；签署公司设立契约和修订契约的公证人的姓名和住所；公司股东、董事会成员和监事会成员的全名和地址；清盘契据的编号和日期，或由已通知司法和人权部部长的法院对公司清盘的裁决编号和日期；公司法人资格到期日期；公司需要审计的有关财政年度的资产负债表和损益表。

四、电子注册要求

为了获得上述关于批准公司法人实体资格的司法和人权部部长令，公司所有创始人应当共同通过电子法人实体管理系统信息技术服务系统向司法和人权部部长提交申请，填写至少包含以下内容的表格：公司名称和住所；公司的成立期限；公司的宗旨、目标和业务活动；法定资本、已发行资本和缴足资本的数额；公司的详细地址。在填写前述表格前，必须提交本公司的名称。如果创始人本人无法提交申请的，创始人只能将委托书交给公证人，并由受托人依照前述规定提交申请。关于提交和使用公司名称的程序的进一步规定将由政府相关条例规定。

申请获得的司法和人权部部长令必须在公司创始人签署公司设立契约之日起60天内提交给司法和人权部部长，并附上有关支持的证明文件。此类证明文件的规定应由司法和人权部部长条例规定。如果申请人提交的上述电子表格和证明文件形式符合立法规定，司法和人权部部长应直接以电子方式声明对有关申请没有异议。如果申请人提交的上述电子表格和证明文件形式不符合立法规定，司法和人权部部长应直接以电子方式通知拒绝并告知原因。在无异议声明作出之日起30天内，相关申请人有义务亲自提交附有证明文件的申请信。如果上述所有要求都已完全满足，则不迟于14天内，司法和人权部部长应以电子方式向申请人签发具有法人主体资格的公司登记证书。如果申请人在上述规定的期限内，没有提交上述文件，则司法和人权部部长应直接以电子方式将此事通知申请人，同时，司法和人权部部长先前就申请人所提交的电子文件所作出的无异议审核结果将无效。此种情形下，申请人可以重新提交申请。如果申请人没有依照规定，在公司创始人签署公司设立契约之日起60天内向部长提交公司设立文件，则创始人签署的公司设立契约在上述日期届满时无效，未成立的公司应当由公司创始人依法处理。

五、公司登记公告

应在《印度尼西亚共和国政府公报补编》中公告公司登记相关内容：公司设立契约和司法和人权部部长令；公司章程修正书和司法和人权部部长令；部长已收到的公司章程修订契约。公告应由司法和人权部部长在不迟于司法和人权部部长令发布之日或收到相关通知之日起14天内进行。关于公告程序的进一步规定应根据立法的规定执行。

六、公司设立的效果

公司创始人依照法律规定的条件和程序登记后，公司可以依照登记的公司名称独立从事商业行为。公司登记后依法获得独立的法人主体身份，公司创始人自公司正式成立后，其身份自动转化为公司股东。公司独立法人身份自公司取得部级公司资质证书之日起获得。在公司成立过程中，公司创始人为了顺利设立公司而实施的法律行为是否由设立后的公司承担需要满足一定的法定条件和程序。一般来说，公司成立前，公司创始人应当将其实施的法律行为作为公司设立契约的附件加以明确。公司成立后，公司创始人实施的有关公司设立行为应当经公司股东会明确接受后直接对公司产生法律约束力。如果公司股东会拒绝承认公司创始人上述行为，则由公司创始人对其承担个人法律责任。如果公司创始人在公司设立中所实施的有关公司设立的行为事先经过全体公司创始人书面同意，则无需通过公司股东会来确定是否接受。同时，公司创始人共同实施的公司设立行为在公司未能成立时，则由全体公司创始人共同承担相应的法律责任。

第三节　公司股东会和董事会

公司的日常工作和公司业务经营需要公司内部设立的股东会和董事会按照公司法的规定及公司章程的规定来完成。公司会议制度是公司股东会和董事会对公司进行有效管理的主要方式。

一、公司股东会

（一）公司股东会基本规则

在适当遵守公司法和公司章程有关公司股东会权力限制的前提下，股东会具有未授予董事会和监事会的专有权力。召开股东会期间，股东有权从董事会和监事会获得与公司事务有关的解释，前提是该解释与股东会议程有关，且不得违背公司利益。除出席股东会的所有股东或股东代表同意拟议的额外议程外，股东会无权就未经列入议程的其他事项通过任何决议。关于额外附加议程的决议应获得全体股东一致表决通过。公司股东会的法定人数和通过的决议应符合公司法的规定和公司章程的规定。每一次股东会均须编制会议记录，会议记录的编制须经所有股东会参与者批准和签署。

（二）股东会种类

股东会应包括年度股东会和其他股东会。公司年度股东会应在每个会计年度结束后6个月内召开。有关公司年度报告的所有文件应在公司年度股东会中提交并进行审议。其他股东会可根据公司利益的需要以及公司章程的规定随时召开。

（三）公司股东会的会议地点

股东会应在公司住所或公司章程规定的公司经营活动地点召开。创始人股东会可以在公司股票上市的证券交易所住所召开。公司股东会召集地点应位于印度尼西亚境内。如果所有股东出席或派代表出席股东会，并且他们同意按照特定议程执行股东会，则股东会可在印度尼西亚境内的任何地点召开。此种情况下，股东会可通过一项就特定地点召开股东会的决议，且该决议应获得全体股东的一致通过。

股东会也可通过电话会议、视频会议或其他电子方式召开，但要保证所有股东会参与者都能直接看到、听到和参加。

（四）公司股东会的召集

1.董事召集会议。

公司董事会负责召开年度股东会以及其他股东会，并提前通知股东会的召集情况。

2.股东共同代表或专门委员会召集会议。

一人以上股东共同代表具有法定表决权的股份总数的1/10以上股东的，可以要求董事会召集召开股东会。但公司章程规定人数较少的除外。

公司专门委员会可以要求董事会依法召集召开股东会。

股东共同代表或公司专门委员会关于召开股东会的请求应通过挂号信提交给董事会，并说明其原因。董事会有义务在收到请求后的10天内发出股东会通知。如果董事会未能履行上述的股东会通知，上述关于召开股东会的请求应重新提交给专门委员会，专门委员会应自行召集股东会。专门委员会有义务在收到请求后的15天内，召集公司股东会。

董事会依照规定召开的股东会，应讨论与请求相关的问题，以及董事会认为必要的其他议程。

（五）股东投票权和股东会举行的法定人数

除公司章程另有规定外，每股已发行股份授予一项投票权。表决权在以下情况下无效：公司本身拥有的股份，其子公司直接或间接拥有的公司主要股份，由该公司持有的其他公司直接或间接拥有的本公司股份。

股东有权出席股东会，并根据其持有的股份数量行使其投票权，无论是单独的还是根据授权书代表的。在投票期间，股东的投票权应适用于其持有的所有股份，股东无权对其持有的部分股份的多个代理人以不同的投票权进行投票。在投票期间，相关公司的董事会成员、监事会成员和员工不得担任股东的代理人的职务。股东出席股东会时，授予的授权书在股东会上无效。会议主席有权在适当遵守本协议规定和公司章程的情况下决定哪些人有权出席股东会。

除非法律或公司章程规定了更多的法定人数，否则，代表过半数表决权的股东出席股东会，则股东会是合法的。如果法定人数不足，则应发出第二次会议通知。在股东会的第二次通知中，应提及第一次股东会已经举行，但未能达到法定人数。

第二次股东会应有效，代表三分之一以上表决权的股东出席股东会，则有权通过具有约束力的决议，但法律或公司章程规定的法定人数较多的情况除外。

第二次股东会的法定人数不足，公司可要求管辖公司住所地的地区法院院长确定第三次股东会的法定人数。第三次股东会的通知应提及第二次股东会已经举行，但未能达到法定人数，第三次股东会将以地区法院院长规定的法定人数召开。地区法院院长关于股东会法定人数的命令应为最终命令，并具有约束力。

第二次或第三次股东会的通知应在第二次或第三次股东会日期前7天内执行。第二次或第三次股东会应在前一次股东会召开后的10天内召开，最晚21天内召开。

（六）股东会决议规则

股东会的决议应在协商一致的基础上作出。如果未能达成基于相互协商一致的决议，则该决议应在获得总票数的1/2以上通过的情况下有效，但法律或公司章程规定，如果该决议获得更多赞成票通过，则该决议应视为有效。

二、公司董事会

董事会应承担其职责，在践行公司宗旨和实现公司目标的过程中，为公司的利益管理公司。董事会有权根据被认为准确的政策，并根据《印度尼西亚有限责任公司法》和公司章程的规定，管理公司。公司董事会应由一名或多名董事会成员组成。参与筹集公共资金、发行债务工具或发行人的公司应至少有2名董事会成员。如果董事会由2名或2名以上董事会成员组成，董事会成员之间的职责和权力分配应根据股东会决议确定。如果股东会未决定董事会成员的职责和权力分配，则应根据董事会决议规定此类分配。

（一）董事会成员的任职条件

可以被任命为董事会成员的人员应为有能力提起法律诉讼的个人，但在其被任命前5年内，具有下列情形之一的不得任命为董事会成员：已被宣布破产；被裁定导致公司破产的董事会成员或监事会成员；因给国家造成经济损失或与金融部门有关的刑事犯罪而被判刑。应通过公司保存的信函证明取消符合上述条件要求的董事会成员资格。

（二）董事会成员的任命

董事会成员由股东会任命。董事会成员应由创始人按照公司设立契约的规定进行任命。董事会成员的任期为一定期限，可以连任。公司章程应当规定董事会成员的任免程序，也可以规定董事会成员的提名程序。股东会关于董事会成员的任命、替换和罢免的决议还应规定此类任命、替换和罢免的生效日期。如果股东会没有规定董事会成员的任命、替换和罢免的生效日期，则上述规定应自股东会结束时生效。如果任命、替换和罢免董事会成员，董事会应在股东会决议之日起的30天内，将董事会成员的变动通知司法和人权部部长，以便在公司登记处登记。

如果董事会成员的任命不符合公司法的规定，则在董事会或专门委员会的其他成员承认不符合该要求时，该任命应依法无效。在确认后的7天内，董事会或专门委员会的其他成员应在报纸上宣布撤销对相关董事会成员的任命，并应通知司法和人权部部长。

董事会成员在任命无效前代表公司采取的法律行动应具有约束力，并由公司负责。董事会成员在任命无效后代表公司采取的法律行动无效，应由相关董事会成员承担个人责任。

（三）董事会成员的基本职责

董事会应负责公司的管理。公司的管理应由董事会的每一位成员本着诚信和全面负责的态度来执行。如果公司的损失是由其在履行职责时的过失或疏忽造成的，那么董事会的每位成员应对公司的损失承担全部个人责任。

如果董事会由2名及以上成员组成，则上述责任应连带适用于董事会的每位成员。如果证明存在下列情形之一的，则不用承担责任：此类损失不是由于其过失或疏忽造成的；在践行公司宗旨和实现公司目标的过程中，出于公司的利益，本着诚信和谨慎的态度对公司进行管理；管理层不存在直接或间接导致损失的利益冲突；董事会成员已经采取了预防措施来避免损失。

代表公司至少1/10有表决权的股份总数的股东可以代表公司向地区法院提出索赔，指控董事会成员因其过错或疏忽给公司造成损失。

董事会代表公司处理公司法律事务。如果董事会由一人以上组成，则除非公司章程另有规定，否则董事会的每位成员都有权代表公司。

除公司法、公司章程或股东会决议另有规定外，董事会成员代表公司的权力应为无限制和无条件的。在下列情况下，董事会成员无权代表公司：公司与董事会相关成员之间在法院提起诉讼；董事会的相关成员具有对公司利益相冲突的利益关系。在上述情况下，公司应由以下人员代表：没有损害公司利益的其他董事会成员；如果董事会的所有成员都有对公司不利的利益，由公司监事会代表公司；如果董事会或监事会的所有成员都有不利于公司的利益，则由股东会任命其他人代表公司。

（四）董事会成员的免职

董事会成员可在任何时候根据股东会的决议予以解雇，并说明原因。董事会成员解聘决议应在相关成员有机会在股东会上为自己辩护后通过。董事会成员的罢免决议是在未召开股东会的情况下通过的，则应先通知相关董事会成员有关罢免计划，并在作出有关罢免的决议之前给予相关董事会成员申辩的机会。如果董事会的相关成员对此类解雇没有异议，那么拟被解聘董事会成员的辩护机会不应被视为必要。

下列事项由公司章程规定：董事会成员的辞职程序；填补董事会成员空缺的程序；在董事会全体成员丧失工作能力或被停职的情况下，有权管理并代表公司的另一方。

第四节　公司解散、清算和终止

公司在经营过程中因发生公司章程规定的解散事项，或者公司股东达成一致意见，或者发生公司资不抵债等法律规定的情形时，公司将会解散，并就公司的剩余财产和所产生的债务依法进行清算。公司清算完毕后，将依法终止其主体资格，不再从事经营业务，公司生命将终止。

一、公司解散和清算的事由

公司解散将会导致公司生命的终止，公司法律人格的丧失。公司发生解散事由时，应当依照法律规定的程序处理公司尚未了结的事务，清偿公司债务，处理公司资产，并依法注销公司主体资格。公司在发生下列事由时，将依法进行清算：公司股东会通过公司解散的决议；公司章程规定的公司解散事由发生时；法院指令公司解散；在商事法庭发出撤销公司破产指令后，公司剩余财产不足以支付公司进行破产程序产生的费用；依照《印度尼西亚破产中止偿债法》的规定，公司破产并已丧失偿债能力；在公司营业执照被吊销后，公司有义务按照现行法律法规进行清算。

在公司决议解散时，董事会、监事会或代表具有表决权的股份总数至少1/10的1名或多名股东可向股东会提交关于公司解散的提案。股东会关于公司解散的决议，如果是根据《印度尼西亚有限责任公司法》第87条第1款和第89条的规定作出的，则应有效。

公司解散应自股东会决议规定该事项之日起生效。公司章程规定的期限届满，公司解散依法发生。在公司存续期结束后的30天内，股东会应决定清算人的任命。公司章程规定的期限届满后，董事会不得代表公司实施任何新的法律行为。

地区法院可根据以下人员的请求解散公司：检察官办公室，基于公司违反公共利益或公司作出违反规定的行为的理由；公司相关方，基于公司设立契约被发现有缺陷的原因；股东、董事会或监事会，基于可能不再经营公司的原因。在法院解散指令中，还应说明清算人的任命。

二、公司解散和清算的基本规则

公司清算应当由公司清算人或者管理人进行。在商事法庭发出撤销公司破产指令后，公司没有任命公司清算人时，公司董事会应当担任清算人。如果公司清算是基于商事法庭发出的撤销公司破产指令，则商事法庭有权依照公司管理人是否违反《印度尼西亚破产中止偿债法》义务从而决定是否终止公司管理人任期。公司清算期间，有关公司董事会成员的任命、停职、解雇、权利、义务、责任和监督的规定应比照适用于清算人的有关规定。自公司依法进行解散之日起，公司的每封外发函件均应附上“清算中”的标题。

三、公司清算期间的法律地位

公司在清算期间，其行为能力受到一定的限制，但其主体资格并未丧失。公司在进入清算后，除了从事有关公司清算的行为，不得开展公司经营活动和其他法律行为。在公司股东会决议进行公司清算时，即使公司章程规定的公司存续期间尚未到来，该公司也应当停止营业。公司在清算期间，违反法律规定，从事和公司清算无关的其他行为的，公司董事会成员、公司委员会成员和公司承担连带责任。在公司清算完成且清算人的报告被股东会或法院接受之前，公司尚未失去其法人地位。

四、解散通知

在公司解散后的30天内，清算人有义务就下列内容发布通知：在印度尼西亚共和国报纸和政府公报上宣布公司解散的方式，与公司解散有关的所有债权人；通知司法和人权部部长应在公司登记处登记公司正在清算的事项。

清算人在印度尼西亚共和国报纸和政府公报上发出的通知应包括：公司解散及其法律后果；清算人的名称和地址；提交索赔的程序；提交索赔的期限。

提交付款索赔的期限应为自公司解散公告日期起60天内。向司法和人权部部长通知时，还应提交相关清算的证据材料：公司解散的法律依据以及在报纸上向债权人发出的通知。

五、清算人的基本义务

清算人在清算过程中对公司资产进行清算的义务包括：收集和登记公司资产和负债；在印度尼西亚报纸和政府公报上公布公司清算资产分配计划；向债权人付款；向所有股东支付剩余资产；为实施资产清算所必需的其他措施。如果清算人无法根据有关当事方的请求或检察官办公室的请求承担其所要担负的清算义务，地区法院院长可任命新的清算人并解雇现有的清算人。清算人应向股东会或指定其负责公司清算的地方法院报告。

六、公司清算

如果清算人估计公司的负债大于公司的资产，那么除法规另有规定外，清算人有义务提交关于公司破产的请求，所有公司已知其身份和地址的债权人应同意在法院外进行和解。债权人可以在公司发出公司解散公告之日起的60天内，对公司清算资产分配计划提出异议。如果清算人拒绝接受债权异议的，债权人可在拒绝之日起60天内向地区法院主张相关索赔。公司清算完成后，清算人有义务通知司法和人权部部长并在报纸上宣布清算过程的最终结果。此时，股东会可以解除清算人的职务，或在法院收到指定清算人的报告后解除其职务。

七、公司解散的法律后果

公司在依法完成公司清算且履行通知义务后，司法和人权部部长应登记公司法人地位的终止，并从公司登记处删除公司名称。公司因合并或分立而终止公司法人地位时，也要完成原公司的解散。通知和公告应在股东会、法院或监督法官收到清算人或管理人报告之日起30天内执行。司法和人权部部长应在印度尼西亚共和国政府公报上宣布公司法人地位终止。

第三章
劳动用工的智慧

怎样到RCEP成员国投资

印度尼西亚篇

随着中国与印尼合作伙伴关系的升级与共建“一带一路”的推进，中印尼两国的经济联系日益紧密，印尼是我国在东盟国家的第二大投资目的地，2022年我国对印尼投资总额达81.9亿美元。2022年10月28日，印尼中国商会总会在雅加达发布了《2020—2022印度尼西亚中资企业社会责任报告》，报告指出：八成中资企业未来5年对印尼的投资可能增加或大幅增加，81.4%的中资企业计划未来5年增加或大幅增加招聘印尼本地员工数量。越来越多的中国企业选择到印尼投资，但劳动关系风险也随之水涨船高，而且随着非法用工问题的持续发酵，“走出去”企业投资时所面临的劳动关系风险已上升为具有广泛影响的重大风险挑战。

印尼正以迅速增长的人口红利、东南亚第一的经济体量，成为发展前景最为广阔的国家之一。印尼是东盟最大的经济体，农业、工业、服务业均在国民经济中发挥重要作用。2023年，印尼国内生产总值20892.4万亿印尼盾（约合1.37万亿美元），同比增长5.05%；人均国内生产总值4920美元。2023年，印度尼西亚的人口在2.81亿左右，排在中国、印度、美国之后，位居世界第四，人口发展前景十分可观。

1997年金融危机以后，印尼人民生活水平下降。印尼政府加大救助力度，研究建立全国社会保障体系，同时采取扩大就业和加强能力建设等中长期措施，努力解决结构性贫困问题。据我国外交部2023年8月所得数据，印尼失业人口785.5万，失业率5.32%。在东南亚国家中，印尼的失业率基本与菲律宾的失业率持平。

外贸在印尼国民经济中占重要地位，政府采取一系列措施鼓励和推动非油气产品出口，简化出口手续，降低关税。无论是传统的生产制造业、建筑业、能源行业，还是互联网大厂，抑或是创业者、投资机构都在涌向印尼。随着中印尼两国经济合作的加深，对印尼劳动力市场状况的了解与洞察也成为中国“走出去”企业的迫切需求。

第一节　印度尼西亚新旧劳动法律对比

一、印尼劳动法律体系

印尼深受大陆法系尤其是荷兰法律的影响，加上岛内各民族众多，呈现多元化的特点。印尼的法律渊源包括荷兰殖民时期的法律、习惯法、伊斯兰法以及独立后制定的法律法规。印尼实行三权分立，人民协商会议、最高法院和政府独立行使各自权力并相互制衡。人民协商会议即印尼国会，为印尼最高国家立法机构。自1945年印尼独立以来，早期一直未有制定劳工法的计划，劳工不在法律法规的框架下就业，很少甚至是几乎得不到法律保护。

自2000年开始，印尼先后颁布了三部在劳工领域重要的法律，即2000年第21号法律《工会法》，2003年第13号法律《劳工法》，2004年第2号法律《劳资关系争议解决法》。这三部法律综合考虑了未来社会对公正的需求，代表印尼在劳工领域的政策方向。

印度的劳动法律体系非常复杂，由多部法律和条例构成，涵盖了雇佣关系的各个方面，由法律和政府条例、部门决定构成，本文选取了印尼劳动领域中几部主要的法律法规：

1. 2000年第21号法律《工会法》旨在规范工会的注册和管理，明确工会成员的权利和责任，并对集体谈判和罢工进行规定。

2. 2003年第13号法律《劳工法》，该法律由17章193条组成，是印度尼西亚最基本和最重要的劳动法律，它规定了劳工法的适用范围和主体、劳动合同、劳动关系的成立与解除、工作时间、加班、工资、福利、社会保障、工会、劳动纠纷、劳动监察等方面的内容。

3. 2004年《劳资关系争议解决法》规定了劳动纠纷解决途径和程序，废除了原有的劳动纠纷解决委员会，确立在全国各个地区法院和最高法院建立劳资关系法庭。

4. 2020年第11号法律《创造就业综合法》，是印度尼西亚最近颁布的一部涉及多个领域的综合性法律，旨在简化和放松对投资和商业活动的限制，促进就业和经济发展。该法对《劳工法》进行了部分修订，主要涉及遣散费、补偿金、外国工人、工作许可证等方面。

5. 2023年3月31日，印度尼西亚共和国政府颁布了2023年第6号法律，即《关于创造就业机会的2022年第2号政府条例代替法律》，取代了2020年第11号法律，该法律仅对2020年法律进行了小幅度的修改。

6. 2012年人力资源和移民部的第40号决定，其中规定外国工人不能担任某些职位。

7. 2014年第72号总统条例（《关于招聘外国工人和实施陪同工人的教育和培训》）。

8. 2015年人力资源和移民部第16号法规，该法规为雇用外国工人提供了指导。

9. 2021年第35号条例《固定期限劳动合同、外包、工作和休息时间以及劳动关系终止条例》。

二、新旧法律的总体对比

印尼劳工权益由2003年第13号法律《劳工法》管理，由2020年第11号法律《创造就业综合法》修正，辅以总统令、政府规章和部长条例弥补法律未尽之处。2003年10月31日，印尼颁布《劳工法》及14项实施细则。该法律及其实施细则为劳工提供了相当完善的保护，但是，因部分规定过于偏袒劳方，从而大幅提高劳工成本，直接影响外国投资者对印度尼西亚的投资和印尼产品在国际市场的竞争力。2006年，印度尼西亚国会原有意修订《劳工法》，但因劳方示威抗议而作罢。2020年《创造就业综合法》对相关条款进行了修正或删除，旨在提升印尼营商环境、吸引外资，加速印尼经济发展。

2003年《劳工法》与2020年《创造就业综合法》的不同点集中在休息休假、工资、遣散费及补偿、社会保障、终止劳动关系等方面。

（一）工作时间及休息休假

在周休制度上，《劳工法》规定可实行6个工作日（周休1天）或5个工作日（周休2天）。《创造就业综合法》将5个工作日（周休2天）的规定删除，只剩6个工作日（周休1天）的规定。

就长期休假而言，《劳工法》规定在同一家公司连续工作6年的职工可享受至少2个月长假，在第7年和第8年各休1个月，并适用于此后每6年工作周期。新法删除了上述描述，年假制度按公司根据双方签订的合同执行。针对宗教假期，《劳工法》规定公司有义务为职工提供时间和便利，以供职工进行必要的宗教活动。而新法则无相关内容。

两法对加班时间的规定也有不同，《劳工法》规定的加班时间每天最多为3小时，每周最多为14小时。新法则计划延长为每天4小时，每周18小时。

在女职工假期方面，《劳工法》规定女性职工在月经的第一天和第二天可以请假休息；明确女性职工产假（包括流产）的规定，同时针对女性职工需在工作时间进行哺乳的，明确了企业应允许并提供所需便利。新法除了删除经期休假的规定，其他两项权利则未有提及。

（二）工资

首先，《劳工法》没有关于一次性工资的规定。新法新增了一次性工资的规定。所谓一次性工资，是指按天、周或月计算薪水，根据双方协商，工作项目完成后一次性发放工资。

其次，有关最低工资标准问题，《劳工法》规定每个地区都有权力制定自己的最低工资标准。新法仅保留省级最低工资标准。在最低工资计算标准上，两法也有不同。《劳工法》中最低工资的计算标准为：当年的最低工资=上一年最低工资×（1+通胀率+GDP增长率）；新法的计算标准为：当年的最低工资=上一年最低工资×（1+地区经济增长率）（不考虑通胀）。

同时，《劳工法》没有针对提成的规定。新法则规定可根据工作表现提供职工提成或其他奖励，对于工作满12年及以上的，最高提成可达工资的5倍。

（三）遣散费及补偿

《劳工法》第156条第4款规定了获得相应权利补偿、工龄补偿的情形。新法既删除了权利补偿的规定，也删除了工作满24年及以上的职工应获得10个月工资的工龄补偿的规定。

《劳工法》第161条规定，如果职工违反工作合同或公司规定，连续收到公司发出的三封警告信之后，公司可以终止雇佣关系。新法删除了因收到警告信而被解雇的职工的遣散费的规定。

新法对获得遣散费、补偿的条件也作了相关调整：删除了因公司合并、所有权变更而被解雇职工的遣散费的规定；删除了因公司在2年内连续亏损并破产而被解雇职工的遣散费规定；删除了因职工死亡，雇主须向继承人支付赔偿金的规定；删除了因达到退休年龄而被解雇的职工的遣散费的规定。

（四）社会保障方面

1. 养老金。

《劳工法》在养老金方面规定：如果雇主不帮助因达到退休年龄而被解雇的职工登记参加养老社保计划，则雇主有义务根据第156条第2款的规定向其支付遣散费的2倍金额，根据第156条第3款的规定支付工龄补偿，并根据第156条第4款的规定支付权利补偿。同时，《劳工法》第184条对违反上述义务的处罚责任规定为：任何一方将被处以最低1年，最高5年监禁，或处以至少1亿印尼盾，最高5亿印尼盾的罚款。

在新法中，雇主不帮助因年龄退休而被解雇的职工登记参加养老社保计划所产生的刑事处罚的规定被删除。

2. 失业保障。

《劳工法》对失业保障没有相关规定。新法增加了社会保险计划，即失业保障。该计划由印度尼西亚的社会保障管理机构（BPJS）根据社会保险原则进行管理。

（五）终止劳动关系

《劳工法》中共有9个条件可以终止合同[①]。新法对《劳工法》规定的终止劳动合同的条件进行了增加，增加的5个条件为：公司提高生产效率；公司进行合并、转让或分立；公司处于推迟偿还债务的状态；公司实行了对职工有害的行为；职工因工伤遭受长期疾病或致残，超过12个月仍无法继续工作。

（六）其他重点内容

在固定期限劳动合同方面，《劳工法》规定采用该种劳动合同形式的职工最长用工期限为2年，仅可延长1年。而新法则删除上述规定。固定期限劳动合同不再有期限限制，劳工亦可转换为无固定期限劳动合同员工。

外包是外包公司与根据固定期限合同或永久雇佣合同雇用的员工之间的工作关系。有关工人的保护、工资、福利、工作条件和纠纷等事项均依照法律法规进行，由外包公司负责。这些应受雇佣合同、公司条例或集体雇佣合同等的约束。外包公司必须是法人形式，并需要申领中央政府颁发

---

① 《劳工法》规定的9个终止合同的条件为：公司破产、公司因亏损而倒闭、公司状态的更改、职工违反工作合同、职工犯严重错误、职工因年龄而退休、职工辞职、职工死亡、职工缺勤。

的营业执照。《劳工法》对劳务外包有限制，明确劳务外包仅适用于主要业务外的岗位。新法为了促进就业，为劳务外包机构提供涉及各种岗位的可能性，将使外包人员的使用更自由。

针对外籍劳工这一问题，也有较大变动。《劳工法》规定，雇用外籍劳工须获得劳工部部长或相关官员批准的书面工作许可，雇主须遵守有关职位和适用能力标准的规定。新法将外籍劳工的书面工作许可更改为雇佣外籍劳工计划。同时，新法删除了《劳工法》第43条的规定，该条款针对的是有关外籍人士派遣期以及遵守有关职位和适用能力标准的要求。

印尼的就业政策整体趋向保护本国劳动者的优先就业权利，以解决国内就业问题。印尼在保证企业优先录用本国专业人员的前提下，允许外籍专业人员入境印尼，并获得工作许可。受聘的外国专业人员，可以申请居留证和工作签证。对于外籍员工，均有法规为企业雇用外籍员工提供相关指引。

第二节 印尼的用工成本

一、劳动关系的建立与终止

印尼的《劳工法》适用于所有在印尼境内工作的劳动者及雇主。印尼《劳工法》中规定的雇主范围较为广泛，指通过支付工资或其他形式的报酬雇佣人力的个人、企业家、法律实体或其他机构。如家庭雇佣保姆做饭、打扫也受到《劳工法》的保护。印尼允许雇佣14岁及以上的童工从事轻体力工作，工作时间每日以3小时为上限。但雇佣18岁及以下的劳工需要取得其法定代理人书面同意。

（一）劳动关系的建立

1. 劳动合同签订与内容。

印尼劳工与雇主签订的劳动合同为双方劳动关系的起点，劳动合同必须采用印尼文或印尼文与外文双语版本，当两个版本发生冲突时，印尼文版本有最终解释权。

印尼对定期工作合同和永久性工作合同作了区分，根据《劳工法》第56条规定，劳动合同分为固定期限劳动合同和无固定期限劳动合同。《创造就业综合法》的实施条例即2021年第35号《固定期限劳动合同、外包、工作和休息时间以及劳动关系终止条例》强化了这一点，雇主和劳工之间的雇佣关系只存在于固定期限劳动合同或无固定期限劳动合同中。根据印尼《劳工法》的规定，劳动合同须建立在双方一致同意的基础上，同时具备实施工作的能力和资格；双方一致同意工作的有效性和存在性，并且该合同不违反当地的法律及公序良俗。上述第一点和第二点是主观要求，如果劳动合同违反该主观要求，劳动合同将被废止或取消。上述第三点和第四点是客观要求，如果劳动合同违反该客观要求则应被依法宣告无效。

在印尼，建立劳动关系的基础是劳动者与雇主签订了劳动合同，而劳动合同可以口头或书面形式订立。书面合同应当包含法律所规定的必要内容：雇主的姓名、地址和营业范围；雇员的姓名、性别、年龄和地址；雇员的职位或工作类型；工作地点；工资金额及其支付方式；雇佣条款和条件，雇主和雇员的权利和义务；合同的生效日期和有效期；合同签订日期和地点。

2. 劳动合同的类型。

在印尼，劳动关系可以通过两种类型的劳动合同建立，一种是固定期限劳动合同，另一种则是无固定期限劳动合同。固定期限劳动合同适用于合同工，必须采用书面形式，如果不采用书面形式，将自动视为无固定期限劳动合同。固定期限劳动合同适用于阶段性工作或某个项目。固定期限合同首次签订最长2年，到期后可延长1次，最多可延长1年。若雇主需将该劳动合同延长至特定时间段的，则应在劳动合同到期前7天内以书面形式通知劳动者。若要继续签订合同，则应转为无固定期限合同。同时，法律对该合同适用的工种也作出明确限制，仅5类工种可适用于固定期限劳动合同，即预计能在5年内完成的工作、具有季节性的工作、新产品、仍在试验阶段的产品相关的工作、一次性工作和临时性的工作。

无固定期限劳动合同适用于正式工，可以采取口头形式或书面形式，但只有在情况不允许采用书面形式时，才可以以口头形式订立劳动合同。如以口头形式作出，则需要雇主开具委任信，在委任信中约定基本信息和约定。签订无固定期限劳动合同后，一方解除劳动合同，需要至少提前14个工作日书面通知对方，试用期则为提前7个工作日通知。

固定期限劳动合同与无固定期限劳动合同可以进行转换。根据《劳工法》，在以下情形中，固定期限劳动合同将转为无固定期限劳动合同：无印尼文版本；未采用书面形式；约定了试用期；延长1次后仍需要延长；期限超过2年或者第一次延长时约定的期限超过1年；续签固定期限劳动合同与合同到期的时间间隔不足30天；违反可签订固定期限劳动合同的工作类型，如非临时性工作仍签订固定期限劳动合同。

根据《创造就业综合法》，未以书面形式签订的固定期限劳动合同不再转为无固定期限劳动合同。同时，为满足用工的需求与灵活性，《创造就业综合法》删除了续签固定期限劳动合同时必须间隔30天的规定。

印尼的固定期限劳动合同不得规定试用期，如果固定期限劳动合同规定试用期，那么关于试用期的规定无效。无固定期限劳动合同可以有最长3个月的试用期，劳动合同必须写明试用期要求。试用期的工资不能低于法定最低工资标准。如果无固定期限劳动合同是以口头形式签订的，那么企业主必须告知劳动者试用期要求，并且在聘用函中列明。如果无固定期限劳动合同或聘用函没有规定试用期，那么将被视为试用期不存在。另外，用人单位和劳动者可以在试用期内随时解除无固定期限劳动合同，且都不用向对方支付补偿金，但用人单位需支付劳动者应得的劳动报酬。

（二）劳动合同的解除

在印尼，劳动关系受2003年《劳工法》和2004年《劳资关系争议解决法》的管辖。纵观印尼2003年《劳工法》，整部法律明显倾向于保护劳动者的权利和利益。这不仅体现在劳动关系的建立、试用期期限、工资、福利和工会权利上，还体现在对妇女、童工的特殊保护上，更直接体现在劳动关系的终止上。根据《劳工法》的原则，企业主、劳动者、工会和政府必须尽一切努力避免终止劳动关系。采取积极行动避免终止劳动关系，如安排工作时间、采取成本效益措施、改变工作方法以及向雇员提供发展计划。这样的立法目的就导致印尼《劳工法》中雇佣双方关系的解除情形、解除程序以及经济补偿金等规定都对企业方较为不利，加重了企业的用工成本和雇佣风险。

1. 劳动合同解除与不得解除的情形。

印尼《劳工法》中劳动合同的解除根据解除劳动关系是否基于劳动者自愿的行为，可以将解除劳动关系的情形分为两大类：自愿解除（PHK sukarela）和非自愿解除（PHK tidak sukarela）。根据劳动者是否有过错这一标准，解除劳动关系也可以分为两种：因劳动者过错解除和非因劳动者过错解除。上述两种情形下，劳动合同解除后遣散费和补偿金的计算会有所区别。

劳动者过错主要包括无故旷工和违反劳动合同、公司章程或劳工共同协定的相关规定，以及存在严重不法行为或重大过失等情形。需要注意的是，即使是该种情形，也必须通过当地劳动法院（ICR）判决，并确认员工存在恶劣行为或重大过错时才可以适用。非劳动者过错主要包括雇主存在过错、雇主破产或劳动者主动辞职等情形。因员工过错解除的情形包括：员工违反劳动合同、公司章程或劳工共同协定的相关规定，并在企业给予3次警告信后因员工恶劣行为或存在重大过错而解除。

非因员工过错解除的情形包括：员工达到退休年龄、员工死亡、员工主动辞职、公司破产、公司裁员、公司实际控制人变更、公司形式变更、公司合并或收购、公司存在过错。员工主动辞职的认定标准是员工连续旷工5日以上，没有递交附有效证明的书面解释，且公司已经书面通知其2次的情况下，员工将被认定为自动离职。公司破产指的是公司在连续亏损2年的情况下，可以裁员，但必须提供财务报告证明连续亏损2年。公司存在过错主要包括虐待、侮辱员工，命令员工从事违法犯罪活动，连续3个月及以上不支付工资，不履行对员工的承诺义务，命令员工完成工作内容以外的工作，等等。

印尼《劳工法》第150～172条对劳动合同的解除作了全面细致的规定，涵盖企业、劳工有权和无权解除合同的各种情形及其法律后果。该法律规定在以下情况下，企业不得解雇员工：（1）员工因病超过12个月不能工作，并且有医生的书面证明；（2）员工因履行法律法规规定的国家义务而不能工作；（3）员工因履行宗教义务而不能工作；（4）员工因结婚而不能工作；（5）员工因怀孕、生产、流产或哺乳婴儿而不能工作；（6）员工与同一企业的其他员工有血缘关系或婚姻关系，除非在劳工共同协定或公司章程中有所规定；（7）员工成立或加入工会；（8）员工在工作时间外或得到企业允许在工作时间内或根据工作合同、公司章程、共同劳工协定参与工会活动；（9）员工向相关部门报告企业的犯罪行为；（10）因信念、宗教、政治倾向、种族、肤色、性别、生理状况或婚姻状况的不同；（11）员工因工伤而永久残疾或受伤；（12）员工在工作中生病并被医院证明恢复时间不确定。企业如果因上述原因开除员工，将被视为无效，存在被判定恢复原劳动关系的风险。

2. 印尼《劳工法》中的解雇和遣散。

印尼《劳工法》规定了企业可以合法解除劳动合同的情形，即雇主的合法解雇理由，主要包括：（1）工作能力不足。员工在经过合理的警告和培训后，仍无法满足工作要求。（2）经济性裁员。当企业面临严重的经济困难时，需要减少员工以维持运营。（3）员工严重违规。员工的行为严重违反了公司的规章制度或职业道德。（4）企业重组。企业因重组或业务调整，某些职位会被取消。如果企业要依据上述理由解除劳动合同，必须满足相关的法定条件：向劳动者发出书面通知，说明解除原因，并给予至少30天的通知期；就解除条件与劳动者进行协商，并达成双方满意的协议；如果双方无法达成协议，则向当地劳动局申请调解，并参与调解过程；如果调解失败，则向当地法院提起诉讼，并遵守法院的判决。

印尼《劳工法》规定了企业遣散的内容，其范围大于劳动合同终止。遣散通常发生在以下特殊情况下：一是企业迁移到其他地区，员工无法或不愿随迁；二是技术进步或业务变更导致某些职位不再需要；三是固定期限劳动合同到期，且企业决定不再续签。遣散与解雇相似，雇主必须在遣散员工前提前通知员工，并支付相应的补偿金。通知期限根据员工的服务年限而定，通常为1个月至3个月不等。

3. 劳动合同解除的程序及成本。

（1）劳动合同解除的程序。

在印尼，解除劳动合同需遵循严格的程序和规定，否则可能面临劳动法律诉讼。雇主在解雇员工时，应当提前与员工协商，并支付相应的经济补偿。同时，雇主需确保解雇行为符合印尼《劳工法》的规定，避免引发法律纠纷。

在印尼，企业主解雇劳动者的法定程序相比中国更为复杂，且成本高，企业主并不享有像其他国家那样的单方面终止劳动关系的权利，劳动关系解除需要企业主与工会或者劳动者协商一致。相反，除了某些非常有限的例外，如果协商失败，总的原则是企业主只有通过在劳动争议部门得到决定书的方式才能解雇劳动者。与此同时，企业对长期患病的劳工无权单方解约，除非劳工自行提出解约要求。

根据印尼《劳工法》，只有存在下列法定情形，企业主才可以不经过劳动争议部门而直接解雇劳动者：第一，被解雇的劳动者还在试用期，并且预先有书面的协定；第二，被解雇的劳动者在没有受到企业主强迫和威胁的情况下自愿提交书面的辞职书，或者劳动合同到期；第三，根据劳动合同、企业规章、集体劳动合同和法律、法规规定，劳动者达到退休年龄；第四，劳动者死亡；第五，刑事诉讼导致劳动者连续6个月无法工作。

在员工离职后，雇主有义务妥善保管员工的人事档案，并依法保存一定年限。同时，雇主还应当向员工提供相关的离职证明和工资清单，以确保员工的权益得到保障。

印尼目前尚无大规模裁员或集体解雇的具体法律规定。一般来说，用人单位大规模裁员或集体解雇，适用于用人单位合并、收购、关闭或破产而解除劳动合同的情形。在终止合同前，用人单位必须与员工或工会协商讨论解除合同事宜。被裁员的员工有权获得相应的遣散费。

（2）经济补偿的具体类型及计算方法。

印尼《劳工法》对企业的合同解除权限制多，解除合同后赔偿范围广，赔偿种类也多。总体而言，包括自愿解除和非自愿解除的各种情形，劳动者一方可以“获得的给付”的类型共计5种：遣散费、绩效津贴、补偿金、离职费和家庭补助。对于每种给付的数额，遣散费、绩效津贴和家庭补助的计算方式在法律法规中均有明确规定。企业与员工解除劳动关系时，上述经济补偿费用并不是一概适用，而是依法适用不同的解除情形。

印尼《劳工法》规定几乎在解除合同的所有情形下，企业都应向劳工支付离职金、工龄奖金、必要补偿金（离职金和工龄奖金的15%）中的一种或几种，甚至是由于劳工旷工、离职、违反约定、违法犯罪等原因解除合同，企业也应支付必要补偿。此外，如因劳工死亡、员工工伤、员工长期疾病、企业过错（包括打骂劳工、违法指挥作业、连续3个月未及时支付工资等情形）、企业重组等原因解除合同的，企业需支付2倍离职金外加奖励金和必要补偿金。

值得注意的是，在印尼劳动法律框架下，无固定期限劳动合同和固定期限劳动合同的劳动关系终止经济补偿金是不同的。无固定期限劳动合同的劳动关系终止经济补偿金包括3个方面，即遣散费、工龄奖金和补偿金。2003年，《劳工法》明确规定了遣散费、工龄奖金和无固定期限劳动合同的补偿金的计算方法。

①遣散费。

遣散费与工作年限相对应，不满1年的为1个月工资，不满2年的为2个月工资，以此类推直至8年，满8年及以上的则为9个月工资。如果员工因违反公司规定被解雇，则不需要支付遣散费。

一般情况下，员工在该企业每工作1年发1个月工资作为遣散费，累计发放的遣散费最高不超过9个月工资。工作年限不足1年的，按1年计算。但是，如因下列原因解除劳动关系的，遣散费支付标准存在例外情形。

a. 员工长期患病或身有残疾导致其12个月不能工作的，或员工死亡的，遣散费为200%。

b. 员工退休的，遣散费为175%。

c. 公司遭受不可抗力但未倒闭的，遣散费为75%。

d. 企业被收购、企业因遭受损失需要精简人员、企业因不可抗力关闭、企业破产、员工违反劳动合同（企业已发警告函）、企业因其损失而陷入债务偿还程序的，遣散费为50%。

e. 法院裁定员工对企业的指控不成立、员工自愿解除劳动合同、员工未经许可连续缺勤5个工作日、员工因犯罪给企业造成损失、员工因被拘留而连续6个月无法工作的，无须支付遣散费。

②工龄奖金。

工龄奖金又称服务期奖金。一般情况下，服务期奖金的支付标准为员工在该企业工作的头3年支付2个月的工资，其后每工作3年企业额外支付1个月的工资。员工工作24年及以上的，最多支付10个月的工资。服务期限不足3年的，按3年计算。计算公式如下：

服务期奖金=（N/3+1）个月工资（N取整数，3≤N<24，服务期奖金封顶为10个月工资）。

但是，如因下列原因解除劳动关系的，企业无须支付服务期奖金。

a. 法院裁定员工对企业的指控不成立的。

b. 员工自愿解除的。

c. 员工未经许可连续缺勤5个工作日的。

d. 员工因犯罪给企业造成损失的。

e. 员工因被拘留而连续6个月不能工作的。

工龄奖金的具体计算方法如表3-1所示。

表3-1 工龄奖金的具体计算方法

工作年限	工龄奖金
3～6年	2个月工资
6～9年	3个月工资
9～12年	4个月工资
12～15年	5个月工资
15～18年	6个月工资
18～21年	7个月工资
21～24年	8个月工资
24年以上	10个月工资

③补偿金。

无固定期限劳动合同补偿金包括折抵的应休未休年假，以及企业支付的将员工及其家人送回新工作地点的搬迁费用。其计算标准主要由以下4点组成：未过期且没有用掉的年假；员工及其家人回到原住处的差旅费；住房补助和医疗补助，即遣散费或工龄奖金的15%；劳动合同、公司章程或劳工共同协定规定的其他补助。

④离职金。

离职金并不是强制性的经济补偿，而是约定适用的，全由公司规章、劳动合同及共同协议约定，如企业与员工在劳动合同中约定了离职费条款。若在公司规章和劳动合同中没有约定离职金，根据印尼最高法院的判例，实践中往往会等同于法律法规中绩效津贴的计算方式。

根据劳工在该企业服务年限，离职金标准为1～9个月工资，每满1年增加1个月工资赔偿；服务3年后同时享受奖励金赔偿，标准为2～10个月工资，每满3年增加1个月工资赔偿。必要补偿金标准为离职金和奖励金的15%。但是，因下列法定情形企业无须支付员工遣散费和服务期奖金时，企业需要支付给员工一笔离职金。

a. 法院裁定员工对企业的指控不成立的。

b. 员工自愿解除的。

c. 员工未经许可连续缺勤5个工作日的，以及员工因犯罪给公司造成损失的。

d. 员工因被拘留而连续6个月无法工作的。

（3）固定期限劳动合同解除的成本。

按照印尼法律规定，固定期限劳动合同解除时，在满足一定条件的情况下，企业需要支付补偿金和赔偿金。一些企业对补偿金比较陌生，因为印尼《劳工法》中没有关于固定期限劳动合同的补偿金的相关规定，直到2020年《创造就业综合法》出台，才首次对该类补偿金进行了规定。

补偿金是指固定期限劳动合同终止时，用人单位需要向劳动者支付的一笔费用。补偿金的数额根据劳动者已工作的时间和月工资为基数计算，工作时间少于1个月的不支付补偿金，大于1个月的计算公式是：（工作时间/12）×月工资。在大多数情况下，用人单位都应支付补偿金，无须支付或不用全额支付补偿金的情形只有两种：一是用人单位为小微企业时，给予劳动者的补偿金数额可以由双方自行商定；二是劳动者为外国国籍。

也就是说，只要劳动者工作了1个月以上，不论是用人单位还是劳动者哪一方提出解除劳动合同，不论劳动合同是否期满，不论解除劳动合同的理由为何，不论劳动者是否有过错，用人单位都必须按法定计算公式支付劳动者补偿金。需要注意的是，根据印度尼西亚法律规定，劳动合同自然到期终止后，不论双方是否续签固定期限劳动合同，用人单位都需要支付已终止劳动合同的补偿金。不支付补偿金将受到警告、限制开展业务、停止开展业务等行政处罚。实践中，也有劳动者会向地方劳动主管部门发起投诉。

印尼法律中解除赔偿的基数为员工的月工资，包括基本工资和所有形式的固定津贴。如果员工的工资是按照天数计算的，那么1个月的工资就等于30天的工资。如果员工的工资是按照生产产品的件数计算的，那么员工的每天工资等于前12个月内员工的日平均工资，并且不能低于该地区最低工资标准。如果员工的工作跟气候有关，且工资是按照生产产品的件数计算的，那么月工资等于前12个月的月平均工资。

《创造就业综合法》保留了解雇补偿的3个组成部分，即遣散费、服务期奖金和权益补偿，新法环境下解雇成本呈下降趋势，其变化对雇主有利。具体而言，删除了遣散费最低标准计算条款，由后续出台的政府条例予以明确，此时遣散费可理解为一笔金额固定的费用，其中的关键变化是，删除并合并了《劳工法》第161～169条，切断了解雇原因和遣散费计算之间的联系——未经历2年亏损的企业解雇劳工时，不再需要为了“效率”而支付2倍的遣散费。对于权益补偿部分，考虑到职工的住房和医疗福利已经被纳入养老金和医疗保障计划中，住房津贴、医疗和保健津贴不再纳入权益补偿中。此外，对不支付上述费用的雇主附加1年以上4年以下的监禁或1亿以上4亿以下印度尼西亚盾罚款的刑事制裁。

4. 用人单位或劳动者需支付的赔偿金。

根据印尼《劳工法》，固定期限劳动合同到期前“无故”解除合同的一方（可以是用人单位也可以是劳动者）必须向另一方支付赔偿金，赔偿金的数额等于合同剩余期限内的工资总额。法律对“无故”未作解释或定义，但规定了不属于“无故”的情形，如果存在以下情况，无须支付赔偿金：劳动者去世；劳动合同到期；特定的工作已经完成；存在生效的法院判决或劳资关系纠纷解决机构的裁决；劳动合同、公司规章或集体劳动合同中规定的导致劳动关系终止的特定事件或情形。

在印尼，劳资双方均有可能承担支付赔偿金的义务。从这个角度看，在印尼，这种赔偿金可以理解为一种法定金额的违约金，该规定有利于提高用人单位用工的稳定性。

二、外籍劳工的聘用

印尼劳工总政策旨在保护本国的劳动力，解决本国的就业问题，因此不鼓励引进外国劳务。目前印尼只允许引进外籍专业人员，不鼓励引进普通劳务人员，且外国员工应将工作技能和经验传授给印尼同事。

外国员工在印尼工作必须取得工作许可证，且人事职位及某些特定职位不允许外国员工担任。外籍员工需采用固定期限劳动合同的形式，如果在印尼工作超过6个月，必须参加医疗保障计划和社会保障计划，无论其是否在所属国参与类似项目。雇佣外籍雇员的雇主必须每年至少1次向劳工部提交年度报告。

同时，用工企业须按外籍人员数量，每人每个月缴纳100美元作为当地人员培训费。缴纳该费用是办理工作许可证的必备条件，培训费交至劳工部，名为“工作技能发展基金”。

《创造就业综合法》规定雇佣外籍雇员的雇主应制定一项得到中央政府批准的外籍劳工使用计划，外籍雇员不再需要获得劳工部门的书面工作许可。相比2003年《劳工法》，外籍雇员雇佣手续得到简化，雇主在雇佣外籍雇员方面享有更大自由度。外籍劳工使用计划应当具备以下内容：使用外籍劳工的原因，外籍劳工职务、工作期限，安排印尼籍员工作为外国员工的副手或助手的情况。

《创造就业综合法》取消了《劳工法》第46条对印尼公司外籍雇员的职位限制，只要求外籍雇员受雇于与其能力相匹配的职位，且受雇期间是特定的。但值得注意的是，《创造就业综合法》仍然禁止个人雇佣外籍员工，禁止外籍员工从事人事岗位的工作。同时，外籍劳工的工作期限也有限制，根据该法律规定，外籍劳工的工作期限为3年，只有在特殊情况下才能延长。雇佣外籍劳工的雇主有义务安排印尼籍员工作为外国员工的工作陪同人员，外籍劳工应将工作技能和经验传授给印尼籍工作陪同人员，直到印尼籍员工有能力承担外籍劳工的工作。当然，上述规定不适用于担任管理职务或董事的外籍员工。

外籍劳工使用计划获得批准后，印尼投资协调委员会将向印尼驻外代表机构发出指示，允许印尼驻外代表机构为有关外籍劳工签发限期居留签证。外籍劳工得到限期居留签证后，应尽快赴印尼，并在抵达印尼后一周内到印尼移民局办理临时居留证。在办理好临时居留证后，外籍劳工应立即办理工作许可证、税务卡、警察局登记册等证件。

第三节 雇员权利保障

平等就业、自主择业、劳动报酬和休息休假等是各国劳动者普遍的权利，遵守劳动纪律、遵守法律和章程、遵守职业道德和完成工作任务等是各国劳动者应履行的基本义务。印尼雇员除了享有上述权利，还享有诸如罢工权等不同于其他国家劳工的特别权利。

一、工作时间和休息休假

根据印尼《劳工法》第77、78条规定，劳工基本工作时间为每周40小时，企业可选择6天工作制，每天7小时或5天工作制，每天8小时。企业安排加班每天不应超过3小时，每周不超过14小时，且必须支付劳工加班费。劳动者在正常工作时间以外加班的，雇主必须支付加班费。加班费的核算基数为月工资的1/173，加班费费率因加班类型（工作日加班还是休息日加班）、加班小时数不同而不同（1.5～4倍）。

违反印尼《劳工法》规定，不安排休息时间、延长加班时间或不支付加班费的企业主，都可能面临1年以下监禁的刑事处罚。由于加班必须有雇主的书面命令和劳动者书面同意，企业或将通过明确加班批准手续、设置岗位考核标准，解释劳动者完成工作是其自行加班的结果，而非公司主动要求，达到规避支付加班费的目的。

根据2020年发布的《创造就业综合法》，员工工作日改为6个工作日（周休1天），年假制度按公司根据双方签订的合同执行。该法删去了女性职工的例假休息的法律规定，并且没有涉及女性职工的产假休息制度。2023年第6号法案对该规定未作修改。

在年休假和法定假日方面，印尼劳动者可以享受较多休息时间。首先，根据印尼《劳工法》第79条规定，印尼劳动者每年可享受12天（工作日）带薪年假，如在同一企业连续工作6年，第7、8年各可享受1个月带薪年休假，以后每6年循环1次。其次，印尼以伊斯兰宗教节日为主，国家公休日较多且比较分散，有开斋节、宰牲节、复活节、圣诞节、卫塞节、静思日、春节等各类节日，全年法定节假日共15天。从企业发展角度出发，较长的休假时间和相对零散的假日在一定程度上会降低工人的工作效率，增加企业用工成本。

印尼《劳工法》规定的“法定最长工作时间”为每周40小时，具体到每天：采用一周6天工作制的，每天不能超过7小时；采用一周5天工作制的，每天不能超过8小时。

二、女职工和未成年女工受特殊保护

各国劳动法一般都会在工种、工作地点等方面强调对女职工和未成年女工的保护，但印尼《劳工法》的规定更加细致，劳动保护更全面。

首先，印尼《劳工法》第76条规定，不得雇佣18岁以下未成年女工在深夜至凌晨间（晚11点至早7点）工作，即使雇佣成年女工在此期间工作，也要提供体面、安全的工作环境、夜宵及往返交通工具。非孕期的女性员工夜晚工作的话，企业需要给员工提供食物和饮料，同时需保障员工的个人安全，还要提供班车或车费补助。

其次，在休息休假上，《劳工法》第81条规定，劳动合同中可约定女职工在月经头2天如感觉不适，通知企业主后即可休息。同时，女性职工享有3个月的产假。产前休息时间为一个半月，剩下的一个半月在产后休息。男性雇员有权享受2天的带薪陪产假。

三、薪酬结构和最低工资标准

印尼《劳工法》关于工资支付的规定非常细致全面。印尼《劳工法》规定了名目众多的薪资类型，与基本的最低工资、加班费构成了印尼的薪酬结构。具体而言，包括最低工资、加班工资、在工人因病缺勤期间支付的工资、因工作以外的活动而支付给工人的工资、行使休息权利的工资、薪资的形式与发放方式、罚款和从工资中扣减的款项、工资的各种计算方式、薪资结构和比例、遣散费、计算所得税的工资。

首先，劳动是获取劳动报酬的基本方式，但在印尼，劳工若因生病、婚丧、年假、产假、参加宗教仪式等情况未工作的，都可以在规定的期限内领取工资。例如，劳工的病假工资待遇。根据印尼《劳工法》，工人因病休息，在1～4个月期间企业应按月支付全额工资；5～8个月期间企业每月支付75%工资；9～12个月期间企业每月支付50%工资；12个月以后仍未解除合同的，企业每月仍需向其支付25%的工资。再如，印尼《劳工法》明确规定各类假期工资待遇。除上述年假和法定假日外，劳工可享受的其他假期包括：带薪产假3个月，流产假期一个半月，婚假3天，配偶及直系亲属丧假和子女结婚、割礼、洗礼等假期各2天，其他家属丧假1天，等等。

其次，为保证劳工合理生活需求，印尼也建立了最低工资制度，并根据经济增长水平逐年上调。根据印尼《劳工法》第90、185条的规定，企业主如未满足最低工资要求，可能面临1～4年监禁和4万美元左右的罚金。

印度尼西亚于2004年通过了第40号法案《国家社会保障体系法》，建立了社会保险政策框架；2011年又通过了第24号法案《公共卫生保健法》，建立了社会保险体制框架。基于上述两项法案，印度尼西亚全体劳工享有医疗保障和劳工社保。印度尼西亚劳工的社保包括工伤保险

（JKK）、死亡保险（JKM）、老年保险（JHT）和养老保险（JP）。据统计，2013—2021年印度尼西亚保险覆盖率稳步上升，越来越多的劳工享受到社保制度带来的红利。印度尼西亚社保制度保障力度稍显不足，表现为养老、医疗、工伤等大险种缴费比例低，劳动者最终取得的保险金赔付额也低，缺乏长期保障。以养老保险为例，印尼缴费比例为企业支付每月工资的2%，个人支付1%，上限为8754600印尼盾。印尼劳工退休后只是按当初缴纳额得到返还，数额十分有限。《创造就业综合法》引进了失业保险计划为劳工提供失业救济金，但该计划并未覆盖全员，仅适用于已经在劳工社会保障计划注册的雇员。印尼工伤保险也只是一次性伤残补助，劳工最多得到相当于5年工资的保险赔偿，其后不能每月得到伤残津贴。为弥补薄弱的社保力量，印尼劳工法第166、172条规定，如劳工死亡、长期生病或因工伤残请求解除合同的，企业应根据其本企业服务年限额外支付2倍离职金、奖励金和必要补偿金，这种一次性支付也在一定程度上加重了企业负担。

四、罢工权

在印尼劳工的权利中，最值得一提的是劳工合法的罢工权。为管理劳工的集体行动（即罢工或停工），印尼以1961年《紧急劳动纠纷解决法》第1条设立了劳资纠纷委员会。2003年《劳工法》第23条第1款，明确规定罢工是指谈判失败时，劳工在工会指导下中止或终止工作的集体行动，而第137条至第145条则为劳工依法罢工提供了确定性指引。2020年《创造就业综合法》第81条直接规定：资方可基于劳动合同、公司章程或集体劳动协议的事先约定，直接解雇非法罢工的劳工。即劳工若事先同意了劳动协议中不得罢工的条款，视为主动放弃罢工权，罢工不再合法。

合法罢工是在资方未能履行合同或法律规定的义务，导致劳动者的基本权利受到实质性侵害的情况下发生的。当劳资双方的谈判失败，即资方拒绝谈判或双方无法就争议达成一致，使谈判陷入僵局时，劳动者可以选择通过罢工来维护自身权益。罢工必须以合法、有序且和平的方式进行。合法罢工的具体要求如下：（1）提前通知：至少在罢工前7天，向资方和当地劳工局提交罢工意向通知书。（2）通知书内容：罢工意向通知书应明确记载罢工的时间、地点、理由及具体诉求，并由工会主席和秘书，或直接参与罢工的工会主席和秘书签名确认。（3）非工会成员的参与：若罢工由非工会成员发起，则需推选劳工代表在通知书上签字，表明责任归属。（4）未尽通知义务的处理：如果工会负责人或劳工代表未能履行上述通知义务，为了保护生产设备和公司资产，资方有权根据实际情况采取临时措施，如禁止参与罢工的员工进入生产区域或公司所在地。

五、宗教权在劳动关系中的体现

印尼是伊斯兰教、佛教、基督教等多种宗教并存的多元国家，同时作为世界上穆斯林人口最多的国家，约有87%的人口为伊斯兰教信徒。宗教信仰的基本原则和印尼宪法共同构成了印尼劳动法律体系的基础，因此，意图将印尼劳工的宗教信仰与工作场所分开是不现实的，履行宗教义务是印尼劳工的法律义务之一。

《劳工法》第80条规定，雇主有义务为劳工履行宗教义务提供便利，具体而言：劳工因履行宗教义务无法工作的，雇主仍需支付工资；雇主应依法依规向劳工支付假日津贴（THR）；劳工因履行宗教义务缺席工作的，雇主不得因此解雇劳工。此外，根据《宗教节日津贴令》，雇主在宗教节日前30日内解雇劳工的，不能免除向劳工支付THR的义务。非经劳工部书面许可，雇主应如期向劳工支付THR，延迟支付或者不支付THR的雇主将受到行政处罚：（1）罚金，金额为所欠劳工THR总额的5%；（2）书面警告；（3）限制商业活动，延迟颁发许可证或限制商品或服务的生产能力；（4）责令其在某段期限内停产停业。上述行政处罚的执行不减损雇主向劳工全额支付THR的义务，雇主受行政处罚后仍不履行的，劳工可向劳资关系法院起诉以维权。

第四节　中国企业防范劳动法律纠纷对策

一、印尼劳工纠纷的解决途径

在印尼，解决劳工纠纷的方式主要有双边会谈、调解、仲裁以及劳动争议法庭诉讼4种。

双边会谈是指职工、工人或工人团体与企业或雇主为解决劳动争议而进行的协商。所有劳动争议必须先通过双边会谈解决，只有当双边会谈无法解决时，才能通过其他程序解决。若在纠纷出现后30个工作日内，其中一方拒绝会谈，或双方未能达成一致意见，则视为双边会谈失败。双边会谈失败后，其中一方或双方应向印尼当地劳工部门提交纠纷记录文件，并附上曾通过双边会谈努力解决纠纷的证据。

双方在双边会谈中达成一致意见的，应起草并签署共同协议。共同协议应提交给签署地的法院劳动争议法庭进行登记，并取得登记证书。若其中一方不执行已登记的共同协议，另一方可向劳动争议法庭提出强制执行的请求。

当劳动纠纷无法通过双边会谈解决时，地方劳工部门在收到有关纠纷记录文件后，应当向争议各方征求通过调解或者仲裁解决争议的意见。如果在7个工作日内，各方未能就解决方式达成一致意见的，由地方劳工部门具备资格的调解员负责调解争议。调解员必须在收到解决争议申请后的7个工作日内做好争议原因的调查，并立即召开调解会。调解工作最迟在30个工作日内完成。

争议双方在调解过程中达成一致意见的，应签署由调解员做证的共同协议，并提交给劳动争议法庭登记，取得登记证书。如果未能达成一致意见的，调解员应当在调解会结束后的10个工作日内出具书面建议。争议各方在收到书面建议后的10个工作日内向调解员提出赞成或反对的书面答复，未作答复的视为拒绝接受建议。如果争议各方都同意接受书面建议，则由调解员在3个工作日内协助各方完成共同协议。如果各方拒绝接受建议，则任何一方可将争议提交给劳动争议法庭诉讼解决。

争议双方可自愿选择通过仲裁方式解决争议。负责解决劳动争议的仲裁员必须由劳工部部长任命。争议各方可以指定单个仲裁员进行独任仲裁，也可以指定3个仲裁员组成仲裁庭。在指定仲裁员协议签订后的30个工作日内完成仲裁程序，但经各方同意，可最多延长14个工作日。仲裁与诉讼的关系是“或裁或诉”，争议各方只能选择一种。因此，正在进行或已经完成仲裁程序的劳动争议案件不得再次提交法院审理。仲裁庭根据争议情况作出裁决，仲裁裁决为最终裁决，对各方均有约束力。

只有通过调解方式无法解决争议时，争议任何一方才有权向劳动争议法庭提起诉讼。如果原告提起诉讼时没有附上证明经过调解程序的文件，法官有权将案件驳回。终止劳动关系的诉讼只能在收到或知晓劳动关系终止的决定后的1年内提起；超过1年期限的，法院将不予受理。其他类型的争议不受此诉讼时效限制。

二、中国企业应融入印尼劳动法律体系

中国企业到印尼投资必然会面临劳动关系风险，中国企业应将自身利益和印尼的利益结合起来，推动企业融入印尼当地的治理体系。

首先，要顺应印尼劳工法政策，优先考虑雇用印尼籍劳工，适当提高印尼籍劳工的雇用比例。面对2030年印尼即将到来的人口红利期，中国企业应当顺势而为，在了解当地用工法律法规及政策的前提下，优先考虑使用本地劳工。加大本地劳工的使用比例，一方面可缓解印尼当地就业压力、减轻企业用工成本，另一方面也有助于提升中国公司在印尼投资的成功率。

其次，要合规治理，建立顺畅的沟通渠道。中国企业应充分认识到印度尼西亚工会、劳工和政府等利益相关方的地位与利益需求，在纠纷和矛盾发生时能够利用顺畅的沟通渠道达成互信互谅以解决纠纷。工会是中资企业在印度尼西亚处理劳资关系中不可忽视的一环，其力量不容小觑。截至2012年，在劳工部注册的工会有91家，未注册工会不计其数。至2017年，印尼大小工会有10万余家，隶属于约90个行业联合会，可以说印尼的工会组织已经成为能够代表劳工利益、影响政府决策的强大力量。

中国企业需尊重印尼特有的文化传统和差异，建立良好的企业文化并以此对员工进行正向引导。同时，中国企业应积极与印尼政府、工会、媒体等保持交流，重视工会等社会团体的力量，积极履行企业责任，以友善的舆论环境助力投资和项目落地。

最后，需结合经济发展与企业发展构建合理的薪酬体系。印尼的社保比例及相关保险待遇和我国大相径庭，中国企业在向印尼“走出去”的过程中需认真分析印尼《劳工法》中确定的最低工资标准、福利待遇等规定，为企业构建合理的薪酬体系，在合法合规经营的前提下降低企业本地用工成本，助推企业对外发展。

案例：某中资企业跨国收购印度尼西亚某银行劳动纠纷案①

某中资企业跨国收购印尼哈利姆银行有限公司，拟在印尼成立新的有限公司，随后哈利姆银行管理层发布公告，员工可以选择继续或者解除劳动关系。本案原告员工选择解除劳动关系后，向该公司提出经济补偿要求。但是，由于涉及跨国收购中的公司所有权的变动，无论是哈利姆银行还是该中资印尼公司，均未向该员工支付任何补偿。调解无果后，次年员工将该公司诉至泗水地方法院，请求法院判决该中资印尼公司向其给付遣散费、绩效津贴、补偿金及调解和诉讼期间的工资。本案重点涉及3个问题：一是如何确定遣散费和绩效津贴的计算基数；二是如何折算未休年假；三是劳动纠纷调解和诉讼期间企业是否需要向员工支付工资。

首先，针对第一个问题，无论是印尼2003年《劳工法》还是2020年《创造就业综合法》，均规定公司被收购导致的劳动关系解除，应向劳动者给付法律法规规定的1倍遣散费和1倍绩效津贴。

依据法定公式可以得出遣散费和绩效津贴各自的月工资倍数，但是争

① 《从印尼中资企业劳动纠纷案中解读印尼劳动补偿计算》，https：//baijiahao.baidu.com/s？id=1714577012306450437&wfr=spider&for=pc。

议焦点在于月工资计算基数如何确定。原告在诉状中提出以基本工资附加全部补贴为计算基数，但是法官并没有采纳。

根据《2021年关于工资的第36号政府条例》第7条，工资的组成包括以下种类：（1）无补贴的工资；（2）基本工资和固定补贴；（3）基本工资、固定补贴和非固定补贴；（4）基本工资和非固定补贴。

作为遣散费和绩效津贴计算基数的工资仅包括基本工资和固定补贴。非固定补贴和固定补贴的区别在于，非固定补贴往往是基于劳动者出勤天数来计算的，并独立于工资单独发放，主要包括交通补贴和饮食补贴等。而固定补贴是与基本工资一并发放的，主要包括住房补贴、教育补贴和地方补贴等。

其次，针对补偿金计算的问题，新法和旧法的规定差异极大。旧法规定的补偿金组成部分之一为遣散费和绩效津贴总和的15%，而新法完全删除了该部分补偿金，只保留年假和路费。

而针对年假，旧法规定在该单位工作1年以上6年以下者享有12天年假，6年以上者升为2个月年假，而新法只保留了12天年假的规定。

对于劳动关系解除时尚未休的年假应如何折算，有3个问题需要厘清：离职当月全部工资、离职有效日期、离职当月工作天数。

值得一提的是，月全部工资包括基本工资和所有补贴，离职有效日期为离职当月位于该年的第几个月份，而离职当月工作天数依公司制度安排（做五休二或做六休一）和月份确定。

因此，年假的折算方式为：年假=（离职有效日期÷12个月×12天年假-已休年假）÷离职当月工作天数×月工资。也就是说，年假折算实际是根据劳动者已经工作的天数给予对应比例的年假。但值得注意的是，年假不能跨年度累计，只可在本年度使用。

最后，针对纠纷期间工资是否应支付的问题。在本案中，除各项补偿外，原告还要求用人单位支付调解期间和诉讼期间的工资。原告依据旧法第155条第2款提出该诉讼请求，即在劳动争议解决机构尚未作出决定时，用人单位和劳动者均应履行各自的义务。法官并未支持原告的诉讼请求，理由有两点。第一，在调解和诉讼期间，只有劳动者依然照常履行工作义务的情况下，用人单位才有义务支付工资。本案中，原告方在收购完成后已经离开工作岗位，自然无权获得相关工资报酬。第二，新法中第155条的相关规定已经被删除，避免在理解上产生歧义。

但是，在相反的情况下，即用人单位主动解除劳动关系、劳动者不同意并坚持工作时，若用人单位此时拒绝支付工资，虽然不能参照旧法第155条第2款的规定，但依据2004年《劳资关系争议解决法》第96条，法官仍然有权在诉讼期间作出“间隔决定”（Putusan Sela），以强制要求用人单位支付劳动者在此期间的工资。并且，该“间隔决定”无任何救济措施，用人单位无权提出任何抗议或者反对意见。

第四章
外汇管理制度

怎样到RCEP成员国投资

印度尼西亚篇

随着中国企业在全球范围内的深入布局，印尼作为东南亚的重要经济体，凭借丰富的劳动力资源和独特的地缘优势，成为中国企业投资的重要目的地。然而，印尼复杂的劳动法律体系、多元文化背景和快速发展的社会经济结构，为外资企业的用工管理带来了机遇与挑战。如何在保障企业经营利益的同时，遵守当地劳动法律法规，妥善处理劳动关系，成为企业发展的关键课题。本章通过分析印尼劳动法律体系的演变及其对劳资关系的影响，结合中资企业的实际案例，总结并提出切实可行的用工管理策略，为企业在印尼的合法合规经营提供指导。

第一节　印尼外汇管理基本制度及政策

一、印尼国家外汇管理部门体系

根据印度尼西亚金融服务管理局的数据，截至2021年5月，印度尼西亚有107家商业银行和1496家农村银行，其中，中央政府拥有4家银行，地方政府拥有25家银行。印度尼西亚金融服务管理局负责监管银行和金融系统的关键方面，包括银行监管和监督，而印度尼西亚银行负责支付系统监管和外汇监管。印度尼西亚银行是印度尼西亚共和国的中央银行，是一家独立的国家机构，不受政府及其他各方干涉。印度尼西亚银行以1999年第23号法案《印度尼西亚银行法》为基础法。

根据核心资本的数额大小，印度尼西亚商业银行（BUKU）有4类业务活动，分别是BUKU类别1、2、3、4。BUKU类别1的银行仅限于一般的银行业务，同时可以充当货币兑换商；BUKU类别2、3、4的银行可以被授权从事范围更广的印尼盾和外币银行活动，包括支付系统和电子银行业务、参与非金融机构的资本以进行信贷救助以及参与其他金融机构的资本。并且，只有被授权的银行才能从事与外贸有关的外汇业务。根据银行管理当局的规定，允许对印尼盾进行现货交易和普通衍生品交易（远期、掉期、期权和交叉货币掉期）的银行类别，至少应该是BUKU类别2的银行，而允许以买入价差期权形式从事结构性产品外汇交易的银行类别，至少应该是BUKU类别3的银行。

二、印尼外汇管理制度

（一）货币制度

印尼盾是印度尼西亚共和国境内唯一的法定货币，是印度尼西亚共和国主权的象征，并以《货币法》为基本法。印尼盾由纸币和硬币组成，每一个印尼盾上都设置有特殊标记，可以用来显示身份，也可以用来区分价格和名义价值，确保印尼盾不被伪造。其中，1印尼盾等于100分。每一个印尼盾的面值数字都采用了显性、半隐性和隐性的特殊材质。印尼盾印钞管理由印度尼西亚银行负责，包括计划、印刷、发行、分发、撤销、收回和销毁的全流程。印度尼西亚《货币法》对印尼盾的流通设置了一些禁止性规定，如禁止任何人将印尼盾运出或运入印度尼西亚领土，禁止进出口印尼盾。

在印度尼西亚领土内的任意一笔交易都必须使用印尼盾，以此保证印尼盾汇率的稳定。因为印度尼西亚当局认为，在该国外汇市场条件下，如果超额认购外汇，且在境内使用外汇的话，肯定会对印尼盾造成额外压力，破坏印尼盾的稳定。但是，为执行国家收支预算（APBN）而进行的某些交易、从其他国家收到款项或向其他国家赠款、国际贸易交易、外币银行存款和国际融资交易的行为不需要遵守强制使用印尼盾的义务。来自其他国家的收款或赠予应由受赠人或赠予人承担，其中一人应以国外为住所。国际贸易交易行为是指向印度尼西亚共和国关税区以外的地区出口或进口货物和印度尼西亚领土外进行的跨境供应和海外消费活动。其中，货物进出口活动是指包括海港停靠船舶、装卸集装箱、在海港临时存储集装箱和机场停泊飞机在内的船舶、飞机或其他运输工具在印度尼西亚领土内进行的货物进出口活动，但是若是进出口货物行为不属于国际贸易交易的话，还是必须使用印尼盾进行交易；跨境供应指的是网络采购或呼叫中心从一国领土向另一国领土提供服务的活动；海外消费活动是指为在国外学习或住院的印度尼西亚公民消费者提供国外服务的活动。国际融资交易应由融资的担保人或接受人负责，且其中一人应居住在国外。同时，其他的外币交易行为也可以不用遵守强制使用印尼盾的义务，包括银行根据有关银行业务和伊斯兰银行业法律法规进行的外币业务活动，根据国家债券和伊斯兰证券法律，政府在一级和二级市场发行的外币债券和证券交易，以及其他根据现行法律以外币形式进行的交易行为，如《印度尼西亚银行法》《资本投资法》《印度尼西亚出口融资机构法》。其中，银行根据有关银行业务和伊斯兰银行业务法律法规进行的外币业务活动，包括用于出口活动和其他活动的外币贷款，银行间外币货币市场、外币债券、外币次级债务、买卖外币证券及其他外币银行交易行为。印度尼西亚法律要求交易方不能拒绝使用印尼盾结清或支付印度尼西亚境内的债务或其他金融交易行为，除非有书面协议约定双方使用外币作为债务清偿手段或支付手段，或对现金交易收到的印尼盾真伪存疑，但是书面协议约定使用外币作为支付或清偿手段的交易，仅限于前面所提到的非强制使用印尼盾的交易行为和经印尼银行批准的战略基础设施项目。强制使用印尼盾的义务还应考虑企业的准备情况、企业活动的连续性、投资活动和国家经济增长等情况。

印度尼西亚银行第17/3/PBI/2015号条例，规定了违反强制性使用印尼盾义务的处罚措施。如果违反现金交易中强制使用印尼盾的义务，拒绝使用印尼盾，将会受到刑事处罚：一年以下监禁和2亿印尼盾以下的罚款。如果违反非现金交易中强制使用印尼盾的义务，将会受到行政制裁，包括书面警告、缴纳税款义务和禁止参与任何付款交易。其中，缴纳税款的金额为交易价值的1%，最高不超过10亿印尼盾。

（二）汇率制度

1999年关于印度尼西亚银行的第23号法案明确规定了要维护印尼盾的稳定。印尼盾的稳定主要从两个方面来进行：一是商品和服务价格的稳定，主要反映在通货膨胀上；二是印尼盾对其他货币的汇率稳定。因此，印度尼西亚实行自由浮动汇率制度，汇率稳定是实现和维持商品和服务价格、金融体系稳定的必要条件。印度尼西亚是在1997年和1998年亚洲金融危机后采用自由浮动汇率制度的新兴国家之一，但是实行自由浮动汇率制度的新兴国家在管理汇率稳定方面面临很大的风险，因为汇率水平完全由外汇市场机制决定。

印尼的汇率制度是由印度尼西亚银行提出，最终由印度尼西亚政府决定。汇率政策的执行主体是印度尼西亚银行，具体实施方案由印度尼西亚银行条例规定。随着近年来全球经济增长缓慢导致全球经济下滑，对印度尼西亚的进出口货物贸易造成极大影响。印度尼西亚的主要出口产品以原材料为主，商品价格下跌将会对印度尼西亚的经常账户产生重大影响。而这一影响会导致出口活动中美元的供应减少，无法满足企业、投资者、政府和个人等印度尼西亚外汇市场参与者对美元的高需求，从而带来印尼盾对美元的贬值，对印度尼西亚的经济稳定造成极大的威胁。尤其是一些国家可能会因为资本流动的突然逆转而面临金融危机。更令人担忧的是，现货交易占印度尼西亚外汇市场的主导地位，期货交易占比不高。在这种情况下，维持汇率稳定是印度尼西亚的政策重点。为防止汇率波动过于明显，印度尼西亚银行提出多项举措限制国内或国外主体与银行和货币兑换商的外汇交易金额，以此维护汇率稳定，如2016年提出的第18/18/PBI/2016号条例和第18/19/PBI/2016号条例。

（三）国内主体的外汇交易管理政策

在国内交易方的外汇管理中，每一位印尼居民都可以自由拥有和使用外汇，以及使用外汇进行国内交易。其中，根据印度尼西亚第24号法律《外汇流动和汇率制度》（1999年）的规定，居民是指在印度尼西亚定居或计划在印度尼西亚定居一年以上的人、法律实体或其他实体，包括印度尼西亚共和国驻外的代表和外交人员。

在印度尼西亚银行颁布的第16/16/PBI/2014号条例中，提出了国内交易方的外汇交易行为要受到一定的管控。该条例规定“对印尼盾的外汇交易”主要是即期交易（现货交易）或衍生交易两种形式，其中衍生交易包括远期、换期或期权交易的形式。印度尼西亚银行可以以自己的名义进行外汇交易，也可以根据合同代表国内交易方进行外汇交易，但是银行必须就涉及印尼盾的外汇交易提供书面内部指导。该条例还为国内交易方的外汇交易行为设定一个确定的交易门槛金额阈值，如果某笔现货交易或者衍生品交易超过任意一个门槛金额，那这笔外汇交易行为需要有基础交易的存在。这个门槛金额阈值是：远期和期权交易以外的现货交易和衍生品交易；换期交易形式的衍生品交易的外汇交易超过每月10万美元的交易值。但银行之间的外汇交易不受此限制，不需要基础交易的存在。该条例还限定了可以用作基础交易的交易类型，主要包括在印度尼西亚境内和/或境外销售货物和/或服务，以及以直接投资、证券投资、贷款、资本和其他国内或海外投资形式进行的投资。这些标的交易不包括将资金存放在银行（储蓄、直接转账、存款、可转让存单）或者转账公司的资金转移活动。为完成衍生品交易而进行的外汇交易，需要通过展期、提前终止、终止或解除的途径进行交易。在外汇交易中，交易方需要提交相关文件来证明基础交易的存在，其中，现货交易与衍生品交易两者需要提交的文件有所差别，具体的单据类型由印度尼西亚银行确定。银行与国内主体的外汇交易行为一般不设禁止性规定，但该条例禁止银行涉及以下几种类型的外汇交易：一是涉及或者有可能涉及结构性产品的印尼盾外汇交易；二是为衍生品交易提供外币或印尼盾的信贷和融资；三是向客户提供印尼盾兑换外币的透支。若是违反第18/18/PBI/2016号条例的规定，银行要接受以下类型的制裁措施：一是书面警告形式的行政制裁；二是每次违规行为将受到相当于有关交易名义价值1%的金融义务制裁，最低制裁额为1000万印尼盾，最高制裁额为10亿印尼盾。印度尼西亚在第18/18/PBI/2016号条例中，提出了印度尼西亚公民、法律实体和居民在现货交易中每月购买超过2.5万美元或等值外币，或者在衍生品交易中每月购买超过10万美元或等值外币的，必须提供有关基础交易的信息，证明交易方涉及以下一种或多种活动：一是国内和海外货物和服务贸易；二是以直接投资、证券投资、贷款、资本和其他投资形式进行的国内和海外投资；三是银行以外币或印尼盾提供信贷或融资，用于贸易和投资活动，或两者兼而有之。同时，第18/18/PBI/2016号条例中也将远期外汇交易门槛金额从2014年规定的10万美元交易值升至50万美元交易值。

2011年，印度尼西亚银行颁布第13/4/PBI/2011号条例，撤销了通过银行满足国内公司外汇需要的第10/22/PBI/2008号条例规定，同意通过市场机制满足国内企业外汇需求，自此，国内主体可以通过不同外汇市场渠道来交易外汇，包括非银行性质的有限公司——货币兑换商。根据印度尼西亚银行发布的第18/20/PBI/2016号条例规定，货币兑换商可以从事外币买卖机制下的兑换、购买旅行支票及其他与外汇有关的业务活动。每一客户主体通过现货交易向货币兑换商提出的以印尼盾兑换外币或者外币兑换印尼盾的最高限额为每月2.5万美元。若是客户向货币兑换商购买超过2.5万美元的外币，需要向货币兑换商提供相应基础交易文件以证明基础交易的存在及评估交易名义金额的正常性和通用性。此外，客户向货币兑换商购买外币，还需要提供其他相关证明文件，包括身份证副本、纳税人身份证号码副本、客户签署盖章的书面证明或委托签署的书面证明及授权委托书。其中，书面证明需要强调基础交易文件的真实性和可靠性，购买外币的数量不超过相关交易的名义金额，使用外币的数量、用途、日期等。此外，在货币兑换商的外汇交易结算行为中，外币或者印尼盾必须通过实物转账的方式进行交易，即货币直接从货币兑换商转移到客户手上；交易行为也可以通过银行内部或银行间进行转账交易，但必须是在货币兑换商账户和客户账户之间进行转账。

（四）国外主体的外汇交易管理政策

第一，关于银行与外国当事方的外汇管理，印度尼西亚银行发布第18/19/PBI/2016号条例，特别针对银行与外国当事方之间的外汇交易单独进行规定。该条例将外国交易方限定为外国公民（指的是拥有印度尼西亚以外国籍的人，包括在印度尼西亚拥有永久居留许可或居留许可的人）、外国法人或者其他外国机构（主要包括海外注册成立的法人实体或外国机构，但不包括境外注册银行的分行、外国直接投资公司和从事非营利活动的外国法人和外国机构）、拥有外国公民身份但不在印度尼西亚定居的印度尼西亚公民、设在印度尼西亚境外的印度尼西亚银行办事处、设在印度尼西亚境外的印度尼西亚公司办事处。该条例要求银行与外国交易方之间的外汇交易必须以合同为基础，且银行就外汇交易提供书面指导。该条款为衍生工具交易和现货交易设定了单一的门槛金额，如果与印度尼西亚盾相关的外汇交易超过了门槛金额，还需要有相关的基础交易。该门槛金额分别是：一是在现货交易中客户每月以超过2.5万美元价值的印尼盾购买外汇；二是在衍生品交易中客户每月以超过10万美元价值的印尼盾购买外汇。值得注意的是，在现货交易或者衍生品交易中，外国当事人向银行购买外币，不得超过其基础交易的标的名义金额，也不得超过相关基础交易的期限。

此外，可以用作外汇交易的基础交易的范围仅限于：一是在印度尼西亚境内或境外的货物或服务销售；二是以直接投资、证券投资、贷款、资本和其他国内或海外投资形式进行的投资。而不能用于基础交易的交易行为包括：利用印度尼西亚银行证书进行衍生品交易、将资金存入银行（如储蓄、直接转账、存款、可转让存款证书等）。同时，该条例还列举了一些禁止银行与外国交易方之间的行为：一是以印度尼西亚盾或外币提供融资信贷，但一些豁免的情形除外；二是印度尼西亚盾的销售；三是购买外国当事方以印度尼西亚盾发行的证券，但一些豁免情形除外；四是印度尼西亚盾办事处之间的应收款；五是外币办事处之间提供海外信贷或融资的应收款项；六是以印度尼西亚盾存放资产；七是有可能与结构性产品有关的外汇交易。银行不能将印度尼西亚盾转移到海外，但可以转入外国当事方的账户或国内银行与外国当事方的联合账户，也可以在同一外国当事人的印度尼西亚盾账户之间转账，名义金额不得超过100万美元，若转让的名义金额超过100万美元，则应以相关交易为基础，因结算转期、提前终止交易或终止交易（解除交易）发生的印尼盾转让行为除外。接受印尼盾转账的银行有义务核实接受印尼盾转账一方的账户状态。违反第16/17/PBI/2014号条例，银行要接受以下类型的制裁措施：一是书面警告形式的行政制裁；二是对每次违规行为实施相当于有关交易名义价值1%的金融义务制裁，最低制裁额为1000万印尼盾，最高制裁额为10亿印尼盾。

第二，关于货币兑换商与外国当事方的外汇管理，主要被列为非银行外汇业务活动，并受到印度尼西亚银行的监管。货币兑换商与外国当事方之间的外汇交易监管程序，大体上与国内当事人的外汇交易监管相同，尤其是业务活动范围、货币转移机制。每位外国当事方的外汇交易金额超过第18/19/PBI/2016号条例规定的门槛金额，仍需要提供基础交易存在的证明。基础交易主要包括国内外商品或服务贸易、境内外投资活动，但不包括银行资金配售、借助转账公司转移资金、在印尼盾强制使用场景中使用外币的活动。货币兑换商作为一个非银行的实体，必须获得印度尼西亚银行颁布的许可证，以及符合印度尼西亚银行的一系列严格要求，包括货币兑换商的商业实体结构及董事会成员资格等。在货币兑换商的行政监管中，货币兑换商必须具备一个银行账户，用作商业和经营活动，且不得使用其他名字的银行账户进行商业活动。在货币兑换商的经营场所中，必须张贴有印度尼西亚银行发行的持牌货币兑换商标、印度尼西亚银行签发的营业执照证明、授权货币兑换商的名称、有限公司名称及商号等。根据第18/19/PBI/2016号条例，货币兑换商还可以与酒店或类似酒店的公司进行外币交易活动，但需要提前向印度尼西亚银行提交书面申请。

（五）反洗钱活动下的外汇管理政策

印度尼西亚根据《反洗钱法》成立了专门的管理机构——金融交易报告和分析中心（PPATK），独立履行打击与金融相关的洗钱犯罪活动职责。根据相关法律条款规定，任何人携带1亿印尼盾以上现金进出印度尼西亚领土，必须向海关总署报告；海关总署在收到报告后，在5个工作日内向PPATK报告相关信息，包括报告人的详细身份信息；海关总署要是发现有人私自携带超过数额的现金进出印尼领土，也必须在5个工作日内通知PPATK。金融服务提供者也有义务向PPATK报告相关信息。当金融服务提供者发现有可疑的金融交易及发生在一个交易日内的5亿印尼盾或同等外币价值以上的现金交易时，必须在14个工作日内上报给PPATK。但银行间的交易、与政府的交易、与中央银行的交易、薪金支付、养恤金支付以及相关金融服务提供者要求并经PPATK核准的其他交易行为，可以不用报告给PPATK。其中，银行为了履行这一报告义务，可以免于遵守银行的保密法规定；其他主体也不得因报告义务而对银行提起民事或刑事诉讼。根据《反洗钱法》第9条规定，任何人在没有报告有关部门的情况下，携带1亿印尼盾进入或离开印度尼西亚领土，将会受到刑事制裁，即被判处1亿印尼盾以上至3亿印尼盾以下的罚款。若是当事人无力支付罚款，那么法官可以将罚款处罚改为3年以下的监禁。

印度尼西亚银行第18/19/PBI/2016号条例加强了对跨境携带现金数额的限制。若实际携带超过1亿印尼盾离开印度尼西亚，必须事先获得印度尼西亚商务部的批准，并向海关总署报告。若没有提前报告有关部门，可能被判处所携带金额10%的罚款，罚款金额最高可达3亿印尼盾。携带超过1亿印尼盾的人必须申报金额。根据2017年5月5日通过并于2018年3月5日生效的印度尼西亚《商业票据条例》，除银行和持牌货币兑换商外，任何人不得携带相当于10亿印尼盾的纸币进入印度尼西亚境内。

（六）金融机构外汇管理政策

印尼支持通过银行业务活动以信托形式进行外汇管理，旨在提高国内银行的竞争力，形成活跃、健全的金融市场。

印尼相关法律规定中，对开展信托业务的银行主体资格要求十分严格。国内银行主体的资格要求分别为：一家核心资本不低于5万亿印尼盾的外汇银行；连续18个月有不低于13%的强制性最低资本准备金比率或资本充足率；在过去连续12个月的评估期内，银行稳健程度不低于综合2级，在前6个月的评估期内，银行稳健程度不低于综合3级。国外银行的分支机构也可以开展信托活动，但需要满足以下要求：最低资本等值保持资产（CEMA）不得低于5万亿印尼盾，其计算方法要符合现行规定；强制性最低资本拨备/资本充足比率不得低于13%；银行稳健程度不得低于综合2级。在开展信托业务过程中，银行还需要受到委员会、董事会及伊斯兰教法监事会的积极监督。其中，委员会的职责是批准信托活动的银行业务计划，评价与信托活动相关的银行业务计划的执行情况；董事会的职责是确定信托活动的银行业务计划，决定银行信托活动的政策及程序，监测评估信托活动；伊斯兰教法监事会的职责则是确保信托活动及程序符合伊斯兰教法原则。

第二节　境外直接投资的外汇管理

一、外商投资企业直接投资的外汇管理政策

（一）账户安排

印度尼西亚银行有相关条例规定，新成立的外国投资公司的所有银行交易（如注资、贷款、资本设备支付）都必须通过一个位于印度尼西亚境内的特别外国投资银行账户进行，并且，有外国股东的印度尼西亚公司也必须在有外汇交易许可证的银行开设一个银行账户。在办理银行账户前，需要先成立一个外国投资公司或外资公司，从而允许企业申请营业执照，以及公司管理人申请商务签证、工作许可证和居留许可证。大多数银行要求企业在开设银行账户时，必须有一名合法且可证实的法人代表，并且还需要向银行出示某些文件，包括印度尼西亚投资协调委员会的初始投资批准书、契约建立证明、住所证明、税务识别号码、授权他人开立银行账户的授权委托书、获得授权开立银行账户的人的身份证或护照复印件、获得授权人开立银行账户的照片、营业执照和公司成立证书。每家银行对于企业开立银行账户的方式有所不同，有些甚至需要企业提交章程细则。在开立银行账户后，首期存款不得低于100万印尼盾或者1000美元。

印度尼西亚主要有3种类型的银行账户：支票账户、储蓄账户和存款

账户。印度尼西亚的许多银行都提供印尼盾和外币（美元）的储蓄账户、支票账户、存款账户及信用卡和借记卡账户。通常商业公司会选择开设支票账户，方便公司进行现金管理，如可以设置某个固定日期进行自动存款或者自动支付。同时，银行会发布一份声明来追踪相关银行账户的金融交易行为。印度尼西亚有不同的银行可以为不同规模的企业提供银行账户，有效扩大外资的投资范围。同时，银行不仅可以为外国企业和投资服务提供商业贷款，还可以为企业提供更多的金融服务，如企业信用卡可以帮助企业追踪日常消费情况。

（二）商业活动的外汇管理

1. 企业离岸贷款的外汇监管机制运作模式。

海外银行或金融机构通常可以为印度尼西亚企业提供贷款便利，包括与出口信贷便利相关的贷款。值得注意的是，获得海外贷款支持的印度尼西亚企业需要履行一定的报告义务。印度尼西亚企业获得贷款虽然不需要相关部门批准，但报告义务是提取贷款的关键因素，因为在20世纪80年代印度尼西亚法院的一些裁决提出了不遵守这项报告义务将会使贷款协议无效，导致实践中报告义务成为企业提取贷款的先行条件。

首先，根据印度尼西亚银行第21/2/PBI/2019号条例《外汇活动报告条例》规定，贷款人需要提交外汇活动报告（LLD），报告内容包括境外贷款计划、境外贷款基本数据、境外贷款的提取及偿还计划、境外贷款的撤回或偿还的完成情况、境外金融负债、境外金融资产的状况及变动。在2019年3月之后，贷款人除了要履行境外贷款义务，还要履行提交风险参与交易（RPT）报告的义务，RPT主要是指基于主要的风险参与协议，将信贷或其他设施的风险从交易一方转移到交易另一方的行为。根据该条例，贷款人还需要提交境外贷款提取外汇（DULN）的报告，即贷款人在非循环境外贷款和基于债务证券的境外贷款两种情况下，必须通过印度尼西亚境内外汇业务银行提取境外贷款，并向印度尼西亚银行报告。为了满足印度尼西亚银行的审慎监管要求，贷款人还需要提交几份审慎原则实施情况（KPPK）的报告，包括审慎原则执行活动报告、信用评级资料报告和公司财务报表，并且这些报告需要贷款人通过印尼央行官方网站完成线上提交，若是提交不成功，也可通过线下方式进行提交。

其次，贷款人需要向财政部提交海外贷款报告。财政部规定，国内所有实体在获得境外贷款前必须获得财政部的批准。但是财政部没有就报告内容和形式提供具体的指导意见，因此在实践中，贷款人需要把提交给印度尼西亚银行的报告文件重复提交到财政部。根据以前的规定，贷款人还需要向境外商业贷款协调小组（PKLN）履行报告义务，并且就一些特殊的境外贷款项目，还需要提前得到PKLN的审批，如与政府有关的境外贷款项目或用于与政府或准政府承购方或付款方签署特许或承购协议的项目。但是，PKLN在2020年7月20日颁布的第82/2020号总统令中被撤销，其接收报告和作出批准的权力转移到了财政部。

最后，若贷款人没有提交正确的报告、逾期提交报告或者未提交报告，会被视为没有履行报告义务，将会收到印度尼西亚银行的书面通知及受到相应的行政处罚。贷款人在1年内因未提交外汇活动报告收到2份书面通知，印度尼西亚银行将会通知有关部门或母公司实施相关惩罚事宜；贷款人在1年内因未提交外汇活动报告收到3份书面通知，印度尼西亚银行将会通知有关部门或母公司实施相关惩罚事宜；贷款人在1年内因未提交外汇活动报告而收到4份书面通知，印度尼西亚银行将会通知债权人实施相关惩罚事宜。此外，如果贷款人违反通知印度尼西亚外汇业务银行提取跨境贷款的规定，不通过指定的外汇业务银行提取5000万印尼盾以下的金额，也将会受到提取金额的0.25%的行政罚款、书面通知及向有关境外债权人、有关部门发出贷款人未履行相应义务的通知。如果贷款人没有及时提交跨行提款的报告，将会受到50万印尼盾/工作日的行政罚款。如果贷款人没有履行KPPK报告义务，将会受到罚款和书面通知的行政处罚。贷款人提交错误的KPPK报告，将会受到50万印尼盾的罚款；贷款人迟交KPPK报告，将会受到500万印尼盾/工作日的罚款；贷款人没有提交KPPK

报告的话，除了会向有关部门发出书面通知，还将受到100万印尼盾的罚款。贷款人迟交或没有交信用评级报告的话，将会受到书面警告。贷款人如果违反财政部的申报或审批义务，不会受到上述印度尼西亚银行提出的惩罚事项，但债权人通常还是会在贷款协议中要求贷款人遵守相应的报告和审批义务。

2. 企业进出口活动的外汇监管机制运作模式。

进口商的付款必须在收到进口海关通知后的第三个月的月底向印度尼西亚银行报告，其中，报告的文件包括通过电汇交易的支付信息和通过非电汇交易的支付信息。为方便进口商进口价值超过1万美元的货物、对影响到进口付款活动的进口海关信息或进口付款信息作出变更、不通过银行进行进口付款活动，进口商需要在进口海关登记的次月5日或进口付款签发月份的次月5日前通过银行和线上网站（SIMODIS）提交相关报告给印度尼西亚银行。如果进口商通过现金支付进口款项、超过进口海关通知后的第三个月进行进口付款活动、不通过银行进行进口付款、进口付款尚未支付或付款金额超过进口价值的5%，进口商需要在进口海关登记的次月5日或进口付款签发月份的次月5日前线上提交相关的证明文件，以证明付款金额与进口商品价值相符。如果进口海关通知的数据发生变化，进口商必须将变化后的进口海关通知数据提交给海关总署。进口商按照相关规定填写完资金转账订单的进口信息，银行才能接受进口付款转账并通过电汇交易向金融交易信息系统（FTMS）发送进口付款活动信息。

所有的出口收益必须在收到出口海关通知后的第三个月的月底前通过银行收到，并且以现金形式收到的出口收益必须在收到出口海关通知后的第三个月的月底前存入银行。收到的出口收益必须与出口货品的价值相匹配。如果出口商是通过电汇交易收到出口收益的话，必须向买方提交相关出口信息（交易目的地代码、发票信息等）以转交给银行，同时，出口商还要在相关文件上注明情况，否则，银行可能会推迟对出口商账户的进一步处理。若是出口商通过电汇交易收到自然资源出口收益，则需要提交相关出口交易详细信息和相关证明文件。若是出口商收到的是非自然资源出口收益，不需要提交此类文件。出口商通过非电汇交易收到出口收益的话，需要向商业银行提交信用证信息、发票或出口交易详细报告等出口信息，并由商业银行转交到印度尼西亚银行。如果出口商要出口超过1万美元或等价物，或有影响出口收益的出口海关通知信息发生变化，抑或有与出口收益相关的信息发生变化，出口商必须在出口海关通知登记或收到出口收益的次月5日之前通过SIMODIS系统向印度尼西亚银行提交出口收益报告。如果出口商收到现金形式的出口收益，或在出口海关通知后的第三个月的月底收到出口收益，或不接收出口收益，或出口收益价值和出口货物价值差异超过5000万印尼盾，或出口收益价值和Maklon价值[①]差异超过5000万印尼盾，出口商必须在出口海关通知登记或收到出口收益的次月5日之前向印度尼西亚银行提交支持性报告。

对于非自然资源出口活动的监督管理和行政处罚，主要是对出口商进行的书面警告、二次书面警告、暂停出口服务等行政制裁措施，其中，印度尼西亚银行对出口商实施暂停出口服务形式的行政制裁时限不超过一年。对进口活动的监督管理和行政处罚，与出口活动的处罚相似，主要是对进口商进行的书面警告、二次书面警告、暂停进口服务等行政制裁措施，其中，印度尼西亚银行对进口商实施暂停进口服务形式的行政制裁时限不超过一年。

关于自然资源的出口收益，印度尼西亚银行有单独的规定。印度尼西亚银行条例规定，所有的自然资源出口收益必须在收到出口海关通知后的3个月内通过可以接收自然资源出口收益的银行收到。如果是以现金的形式收到自然资源出口收益的话，也必须在收到出口海关通知后的3个月内存入可以接收自然资源出口收益的银行。自然资源出口收益需要通过专门

---

① Maklon是指由服务提供商或Maklon提供的某些货物加工服务，服务使用者确定规格，并提供原材料和/或半加工货物和/或辅助材料，供部分或全部加工，加工货物的所有权属于服务使用者。Maklon价值意味着出口海关通知指定的Maklon活动中获得的收益。

的自然资源出口收益特别账户接收。特别账户类型可以是经常账户、储蓄账户或其他任何可以用于交易的账户。出口商可以建立新的自然资源出口收益账户或者把自然资源出口收益转到现有账户中，其中出口商、货主以及涉及石油和天然气交易合作的合同当事人可以在多家银行开设多个自然资源出口收益账户。

印度尼西亚为了方便管理外汇流转，保护国家金融安全，对自然资源出口收益账户的资金流动进行严格的管理。第一，在申请开立自然资源出口收益账户时，出口商需要提交相应的证明文件和声明书。每家银行都需要在银行系统内部指定一个确定的自然资源出口收益账户标识。第二，转入自然资源出口收益账户的收入，仅限于属于以外币或印尼盾计算的同一出口商的自然资源出口收益账户，以及来自同一出口商自然资源出口收益账户的定期存款提款或定期存款利息支付款项，或属于同一出口商的不同银行的自然资源出口收益账户之间的转账。第三，如果是出口商、货主和石油、天然气合同当事人要把资金转入账户的话，则必须要向银行提交证明文件，证明收到的资金是自然资源出口收益。如果银行对证明文件审查时发现有不确定来源的资金要汇入自然资源出口收益账户，那么出口商、货主和石油、天然气合同当事人必须从自然资源出口收益账户转账。第四，转出自然资源出口收益账户的资金，需要按照印度尼西亚银行关于监测银行和客户外汇流动活动的第18/10/PBI/2016号条例的相关要求，提交资金转出的证明文件。银行只有在有完整的证明文件的情况下，才可以接受通过自然资源出口收益账户进行的资金转移指令。第五，出口商、货主以及石油、天然气合同当事人可以将自然资源出口收益账户的资金存入另外的存款账户，只要该资金来自自然资源出口收益。但银行必须确保存入该存款账户的资金只来自自然资源出口收益，并为每一笔来自自然资源出口收益账户的存款设置一个明确的标识，方便管理外汇流转。

在自然资源出口活动的监督管理中，印度尼西亚银行通过对自然资源出口商发出的第一封监测信和第二封监测信来监管自然资源出口收益的接收义务。同时，印度尼西亚银行应该将对自然资源出口收益的监管结果提交到财政部门和其他相关部委或技术机构，让这些部门根据各自的权限分别进行跟进。在行政制裁上，还没有具体的制裁规定，主要由主管部门根据相关法规实施。

3. 企业资金转移活动的外汇监管机制运作模式。

在印度尼西亚，要获得资金转账运营商的许可和资格，申请人必须是符合印尼银行实时总结算（BI-RTGS）系统或国家清算系统（SKNBI）或银行卡支付组织机构标准的银行或非银行法人实体，其中非银行法人实体一般是指有限公司或者合作社。资金转移需要定期向有关部门报告，但资金转移本就是银行的经常性业务活动，银行进行资金转移不需要相关部门批准。而非银行法人实体必须在得到相关部门批准并获得资金转移许可证后才能进行资金转移，且许可证不得转让给第三方。若是在发生合并、分立或其他可能导致许可证转让的公司行为时，必须向印度尼西亚银行报告，之后印度尼西亚银行将根据这份报告决定授权哪一方实体获得许可证。根据2011年第3号法律，在没有适当许可证的情况下处理资金转移的当事人将被处以3年以下监禁或30亿印尼盾的罚款。

跨境资金转移也要受到一定的程序限制。只有在获得有关地方政府部门批准后，并与印尼资金转移运营商签订书面协议，才能进行海外资金转移。该书面协议至少包含各方对互惠的承诺、双方的权利和义务、争端解决机制以及汇率、手续费和最终结算机制等内容。并且，印度尼西亚银行可能会限制海外非银行实体资金转移的数量。

在资金转移过程中，接受转账订单的资金转账运营商要一直负责执行该订单，直到资金被最终受益人的运营商所接受。当发生不可抗力、电子或非电子M-00332系统基础设施故障、清算系统或资金转账系统故障或其他事件时，转账操作人员负有一定的责任。在这种情况下，转账运营方有义务将上述特殊情况告知汇款人，否则可能会被要求向汇款人退还服务费、支付利息或赔偿。如果发生不可抗力事件，汇款人取消转账订单，必须将资金以信贷方式退回汇款人的账户，若汇款人在转账运营方名下没有账户，汇款人必须提供提现的书面通知。如果汇款经办人在收到取消申请后1个工作日内未能退款，汇款人有权让汇款经办人退还服务费、利息或赔偿。如果由于错误的操作导致转移金额有误，或交付给错误的受益人，操作人员必须在确认错误后的1个工作日内纠正错误，取消或更改订单或发送新的订单给正确的受益人。资金转账经营者有权收取合理的转账费用，但必须至少以在相关办公地点以张贴公告的方式通知寄款人。若是以现金方式接收的资金转移，可以在转移指令日期向受益人发出通知，告知他们有权以现金方式接收资金。如果在经过一系列通知后，转账资金仍未收回，接收经营者必须将资金转回发起方。如果在一系列通知和一段时间后，汇款者仍未能收回资金，则资金将被退回离资金转账经营者最近或位于同一地区的法院。如果资金转移经营者违反印度尼西亚银行的相关规定，除了可能受到警告、罚款、停止资金转移活动、撤销资金转移许可等行政处罚，印尼银行还可以暂时暂停部分或全部资金转移活动，以及吊销非银行实体的许可证。

二、中国与印度尼西亚之间在双边、多边条约中关于外汇的相关约定

首先，在多边条约上，中国与印度尼西亚作为国际货币基金组织的成员国和《区域全面经济伙伴关系协定》的签署国，需要遵守相关多边条约中关于外汇管理的规定。

根据《国际货币基金组织协定》第4条、第6条的约定，成员国可适当考虑自身国情，制定能实现经济增长的经济和金融政策，创造平稳有序的货币制度和经济环境，采用一致的汇兑政策，避免因操纵汇率或国际货币制度而取得对其他成员国不公平的竞争优势。目前中国和印度尼西亚两国均采用浮动汇率制度，虽然各国中央银行会发布参考汇率，但汇率总体随外汇市场供求关系变化而自由上下浮动，各经营外汇业务金融机构以市场牌价的均价或直接以市场价进行外汇兑换。同时，作为成员国，双方还

需遵守一定的义务，成员国需要按照《国际货币基金组织协定》制定本国的外汇管理政策，且不得对国际经常性交易的支付和资金转移实行限制。为了促进外汇管理之间的有效协调，成员国之间可以就外汇管理政策加强合作。成员国不得采取歧视性货币安排或多重货币做法。目前，中国与印度尼西亚两国在经常性支付方面均达到自由兑换货币的条件。

2022年1月1日《区域全面经济伙伴关系协定》生效实施，中国与印度尼西亚均已签署该协定。RCEP第8章（服务贸易）以及第10章（投资）均约定与外汇相关规则。以投资部分为例，RCEP约定国民待遇、最惠国待遇、投资待遇、禁止业绩要求以及高级管理人员和董事会成员具有特定国籍的要求。在第10章第8条“保留和不符措施”条款中对上述优惠措施有一定限制，中国与印度尼西亚都出具“投资保留及不符措施承诺表”（即负面清单）。我国目前在投资领域仍在一定程度上限制国民待遇，须遵守《中华人民共和国外汇管理条例》（2008年）第16条以及第23条、《国家外汇管理局关于改革和规范资本项目结汇管理政策的通知》（2016年）。

其次，在双边条约上，中国与印度尼西亚两国之间关于外汇管理的安排达成一定的共识。2015年1月，在中国政府和印度尼西亚政府高层经济对话第一次会议上，两国代表同意进一步加强金融合作，执行好已签署的货币互换协议，进一步扩大本币的结算规模。1994年11月，中国政府和印度尼西亚政府签署的《中华人民共和国政府和印度尼西亚共和国政府关于促进和保护投资协定》提出，缔约一方的投资准许投资者在另一方境内完成其全部纳税义务后，转移以下款项，主要包括资本和用于维持及扩大投资的追加资本款额，经营净利润包括外国合伙人持股份额所得的股息和利息，与投资有关的贷款的偿还款项及利息，提成费和服务费的支付，外国持股人股票销售款项，损害或损失的补偿，投资者在清算时所得款项，被允许在缔约一方的领土内从事与投资有关工作的缔约另一方国民的收入。这种投资款项转移应允许是初始投资所用货币或其他可自由兑换货币，但缔约任一方可主张法律和法规所要求的货币转移报告。这份投资协定虽然只在1995—2005年的10年间生效，但作为一份关于中国与印度尼西亚两国投资保护的双边条约，其合作框架及共识对两国的经济交往和外汇流动监管有着重要价值。

最后，中国和印度尼西亚的单边措施，主要体现在“投资保留及不符措施承诺表”上。中国的“投资保留及不符措施承诺表”第11项，提出了外国投资者在中国境内投资应当依据有关规定办理外汇登记，并且遵守外汇管理规定，包括账户开立、资金转账和结算、资金收付以及跨境证券投资额度等。印度尼西亚的“投资保留及不符措施承诺表”第16项涉及投资项目的外汇管理，禁止业绩要求不适用于一些特定的措施。例如，将进口产品的数量或价值与出口产品的数量或价值或与该投资者的投资有关的外汇流入金额相联系的措施，或者通过将销售与出口产品的数量或价值或外汇收入相联系的措施，以限制该投资生产的货物在其领土内销售。

第三节　中国与印度尼西亚货币清算及人民币业务综合服务

一、跨境贸易人民币结算与境外直接投资人民币结算介绍

目前，我国对外贸易绝大部分使用美元、日元等可自由兑换的外币进行结算。其中，美元是最主要的结算货币，其次是日元、欧元、英镑和港币等。2009年7月，我国启动跨境贸易人民币结算试点，即国家允许指定的、有条件的企业在自愿的基础上以人民币进行跨境贸易的结算，支持银行为企业提供跨境贸易人民币结算服务。2011年，试点扩大至全国，且业务范围涵盖货物贸易、服务贸易和其他经常项目结算。2011年1月6日，为配合跨境贸易人民币结算试点，便利银行业金融机构和境内机构开展境外直接投资人民币结算业务，中国人民银行制定了《境外直接投资人民币结算试点管理办法》。凡获准开展境外直接投资的境内企业均可以人民币进行境外直接投资，银行可依据境外直接投资主管部门的核准证书或文件直接为企业办理人民币结算业务。2020年，人民币跨境收付金额高达28.4万亿元，其中，人民币跨境收入占比49.6%，跨境支出占比50.4%，跨境收支较为平衡。

早在2009年，中国人民银行与印度尼西亚银行签署了双边本币互换协议，以规避美元对双方贸易的阻碍，促进两国之间的贸易交往。2018

年，双方在原来的合作基础上又再次续签双边本币互换协议，继续促进两国之间的贸易与投资活动的繁荣发展，其中，双边本币互换协议的规模达到2000亿元人民币，合440万亿印尼盾，协议有效期为3年。2020年9月，中国人民银行与印度尼西亚银行签署建立人民币与印尼盾清算安排的谅解备忘录，构建中国与印度尼西亚两国本币结算合作框架。此后两国的贸易及投资交易可直接对人民币和印尼盾进行报价，无须通过兑换成美元再进行结算，减少了兑换美元的环节及相关的汇率风险。根据现有资料，中国境内的部分商业银行可以作为特许交叉货币做市商（ACCD），按照规定办理中国与印度尼西亚本币结算合作框架下的人民币/印尼盾相关交易业务，包括中国工商银行、中国农业银行、中国银行、中国建设银行、宁波银行、印度尼西亚曼底利银行上海分行、马来西亚马来亚银行上海分行、大华银行（中国）有限公司；印度尼西亚境内也有部分商业银行可以作为特许交叉货币做市商，办理中国与印度尼西亚本币结算相关的交易业务，包括印尼中亚银行、印尼曼底利银行、印尼马来亚银行、印尼宝石银行、中国银行（香港）有限公司雅加达分行、中国工商银行（印度尼西亚）有限公司、中国建设银行（印度尼西亚）股份有限公司、印尼人民银行、印尼国家银行、印尼金融银行、华侨银行（印尼）有限公司、大华银行（印尼）有限公司。

二、跨境人民币结算试点企业以及人民币国际结算业务类型

（一）跨境人民币结算试点企业

企业如采用跨境人民币结算，需要相关部门的审核。首先，跨境人民币结算试点企业由试点地区的省级人民政府负责协调当地有关部门推荐，由中国人民银行会同财政部、商务部、海关总署、国家税务总局、中国银监会等有关部门进行审核，最终确定试点企业名单。企业具有试点资格后才能去银行办理相关业务，但须遵守跨境贸易人民币结算的各项监管规定。试点企业违反国家有关规定的，依法处罚，取消其试点资格。根据

2022年6月16日发布的《中国人民银行关于支持外贸新业态跨境人民币结算的通知》，跨境人民币结算服务的范围已从原先的跨境人民币结算试点城市扩大至全国，允许符合条件的支付机构在全国范围内依法提供跨境人民币结算服务。

据实践反馈，跨境人民币结算给企业带来了诸多好处，不仅极大地提升了企业资金的使用效率，还能避免汇率波动带来的利润减损。由于一般性的跨境结算涉及法规监管和政策适用等方面的审查内容，银行在处理跨境结算业务时，需要对贸易背景、货物报关、国际收支申报等材料进行全面审查，导致结算流程烦琐。而人民币结算试点工作选取了部分信誉良好的优质企业作为试点企业，并为这些企业提供便利化的跨境人民币结算服务。试点企业对境外付汇只需要向银行出具汇款指令，银行即可先行为优质企业办理对外付款，不再像之前需要提供一系列的材料，大大简化了跨境结算业务繁杂的操作环节，使企业资金链能够在商业运营中发挥更大的价值。跨境人民币结算也能够避免汇率波动带来的风险，汇率波动通常会导致外贸型企业需要对商品进行重新定价，或是导致外贸企业的购汇开支超出预算等，不利于外贸型企业跨境贸易投资活动的开展。

（二）人民币国际结算业务类型及模式

通常来说，企业可办理的跨境人民币结算业务主要类型有服务贸易、货物贸易进出口、境外直接投资、外商直接投资、境外项目人民币贷款、外商投资企业人民币境外借款、非金融机构境外放款、全口径跨境融资、跨境双向人民币资金池、企业境外发债等。以中国银行为例，目前已开展的人民币国际结算业务包括人民币活期存款业务、人民币定期存款业务、人民币电汇业务、人民币现钞兑换业务、人民币贸易结算业务、人民币贷款业务、人民币资金业务（即期外汇买卖、远期外汇买卖）。在重要的贸易结算业务方面，目前人民币信用证、人民币保函和人民币托管业务都已经能够在中国与印度尼西亚之间实施人民币清算。在对外投资方面，中国与印度尼西亚之间人民币贷款业务已能完成内保外贷，即根据企业跨境发展的需求，为企业境内外分支机构提供的，由境内银行提供担保、境外银行放款的整体性融资方案。此举极大促进了我国境内企业对外投资的便利，也进一步加强了我国与印度尼西亚在投资领域的深入合作。

根据《跨境贸易人民币结算试点管理办法》《境外机构人民币银行结算账户管理办法》等规定，跨境人民币结算模式总共分为三种，分别是"清算行"模式、"代理行"模式、"人民币NRA"模式。跨境人民币结算的"清算行"模式，是指港澳地区的清算行开立了人民币同业清算账户的"境外参加行"。人民币业务的境外"清算行"一方面被授权与自愿接受清算条件和安排的境外商业银行（不仅限于港澳地区）即"境外参加行"签订人民币业务清算协议，为这些境外参加行开立人民币账户，并按协议为其办理人民币拆借和清算业务；另一方面与中国人民银行的现代化支付系统相连接，按照中国人民银行有关规定从境内银行间外汇市场、银行间同业拆借市场兑换和拆借资金，与境内人民币市场建立人民币流通、清算的渠道。跨境人民币结算的"代理行"模式是指，境内具备国际结算业务能力的商业银行作为"境内代理行"，通过与"境外参加行"签订《人民币代理结算清算协议》，代理"境外参加行"进行跨境贸易人民币结算支付。"代理行"模式是应用范围最广的国际贸易结算模式。跨境人民币结算的"人民币NRA"模式是指，境内非居民账户（NRA），经中国人民银行当地分支机构核准，境外企业可申请在境内银行开立非居民银行人民币结算账户，直接通过境内银行清算系统或人民银行跨行支付系统进行人民币资金的跨境清算和结算。在"人民币NRA"模式中，整个银行清算链条都处于境内，清算环节少，手续简便。

案例：外汇服务违法案例分析

案例一　违法办理结汇、售汇服务行为

2007年，外汇检查处根据资本项目处移交的案件线索进行详细检查后发现，G银行在2006年11月8日、29日先后为X公司办理3.945亿港币、15.823亿港币，合计19.768亿港币的资本金结汇业务时，没有对该企业提供的材料进行认真负责的审核，违反了相关法律法规。G银行不仅没有审核X公司的有效结汇资金用途书面支付命令，还未按规定在2个工作日内将结汇资金支付给付款人，而是将上述两笔结汇所得人民币合计19.901亿元于结汇当日划入X公司的人民币账户，并于2006年12月1日为其转存通知存款。直至外汇检查处进行检查的当日，其中的18亿元人民币仍留存于该公司通知存款账户中。

由于G银行未按规定办理资本金结汇的行为违反了《外汇指定银行办理结汇、售汇业务管理暂行办法》第35条、《国家外汇管理局关于完善外债管理有关问题的通知》第5条、《国家外汇管理局关于改进外商投资企业资本项目结汇审核与外债登记管理工作的通知》第1条的规定。根据《中华人民共和国外汇管理条例》第43条的规定，G银行上述行为已构成未按照国家规定办理结汇、售汇业务的行为。根据《中华人民共和国外汇管理条例》第42条的规定，国家外汇管理局浙江省分局对其作出了责令改正，通报批评，没收违法所得3281563.54元人民币，并处人民币30万元罚款的处罚决定。

案例二　违规将利润汇出境外

2007年，X餐饮公司在英属开曼群岛注册成立SPV（特殊目的公司），全资拥有同期成立的香港X餐饮公司，而香港X餐饮公司则拥有X餐饮公司在中国境内开展业务的实体机构。该SPV于2010年在美国股票市场上市。李某夫妇是X餐饮公司的实际控制人，当时仍具有中国公民的国籍身份。李某夫妇通过该SPV返程投资X餐饮公司，并按国内有关规定办理了境内居民通过特殊目的公司返程投资外汇登记。然而，2012年，作为X餐饮公司实际控制人李某夫妇移民新加坡，导致他们不再拥有境内居民身份，而成为外国投资者，国家外汇管理局认为李某夫妇的移民使其不再符合返程投资相关规定，应适用外商直接投资。

外商直接投资企业必须在银行办理直接投资外汇登记，方可办理后续直接投资相关账户开立、资金汇兑等业务（含利润、红利汇出或汇回）的手续，但李某夫妇却并未按规定办理外商直接投资登记及相关外汇管理手续，而后在2016年，李某夫妇所在SPV股权架构发生变化，李某夫妇可能亦未办理外商直接投资的变更登记。最终，实际控制人移民导致企业性质发生了变更，但因其未按规定办理境外投资外汇登记及变更登记便向境外母公司汇出利润，X餐饮公司被认定为违反了《中华人民共和国外汇管理条例》第16条“境外机构、境外个人在境内直接投资，经有关主管部门批准后，应当到外汇管理机关办理登记”的规定，构成逃汇行为，受到处罚，经济损失惨重。

第五章
税务筹划的方略

怎样到RCEP成员国投资

印度尼西亚篇

随着共建“一带一路”倡议的提出，越来越多的中国投资者开启了“走出去”的步伐。而印度尼西亚是中国“一带一路”构想中重要的支点国家之一。印尼不仅市场潜力巨大，而且自然资源丰富。近年来，中国与印度尼西亚经贸投资活动发展迅速，并取得丰硕成果。中国已连续多年成为印尼最大的贸易伙伴、进口来源国和出口市场，印尼也已成为中国企业对外投资的主要目的地之一。尤为值得注意的是，2022年8月30日，印尼议会完成了对《区域全面经济伙伴关系协定》的批准程序。RCEP众多利好必将极大地助推中国与印度尼西亚两国双边贸易和投资的提速升级。印尼是东盟最大的经济体，而且印尼税收体系复杂，税收种类繁多。尤其是2019年以来，印尼为吸引外资，在税务方面出台了许多新的政策法规。因此，中国投资者到印尼去投资兴业时，如何做好税务筹划、防控投资税务风险，已成为众多中国投资者关注的重点。

第一节　印度尼西亚税收知识简说

一、税制及税收管理

印尼实行中央和地方两级课税制度，其中税收立法权和征收权主要集中在中央层面，以确保全国范围内税收政策的统一性和公平性。

印尼国家税务总局（DGT）是财政部下属的负责税收征管的机构，由中央办公室和运营办公室组成。运营办公室主要包括税务总局办公室、税务数据及文档处理中心、雅加达特殊税务区域办事处、税务总局区域办事处、大企业税务办公室、税务主管办公室、税务咨询办公室。

印度尼西亚主要的税法包括《税收总则和程序法》，最新修订的第16/2009号法令从2009年3月25日起生效，本次修订了简化增值税征税和退税的行政法规。2008年7月，印尼国会通过《所得税法》草案，该法律于2009年1月1日生效。在新的税法中，大部分所得税税率都降低。《商品和服务增值税法》由2009年10月15日的第42/2009号增值税法进一步修订，并于2010年4月1日起生效。为吸引外国投资者，印尼政府2020年出台了第11号《创造就业综合法》。印尼政府颁布了2020年第96号以及第130号财政部令，用以鼓励投资的免税和税收补贴等优惠政策，也详细规定了针对经济特区和其他进口国的税收优惠政策。财政部在

2020年颁布了第11号法令，给予特定地区以及特定行业的企业所得税优惠政策。2021年印尼政府颁布了2021年第7号《税收规定统一法》，该法修改了包括增值税、所得税、碳税、税收赦免和消费税制度在内的许多基本制度规定。

二、主要税种

印尼现行的主要税种包括企业所得税、个人所得税、增值税、奢侈品销售税、土地与建筑物税、离境税、印花税、娱乐税、电台与电视税、道路税、机动车税、自行车税、广告税、外国人税和发展税等。下面将介绍与投资相关性较大的税种。

（一）企业所得税

企业所得税是对印度尼西亚境内的企业和其他取得收入的组织的生产经营所得和其他所得征收的一种税。

1. 纳税主体。

企业所得税适用于居民企业和非居民企业。居民企业是指企业在印尼境内设立或实际管理机构在印尼的任何组织。印尼《所得税法》规定，对企业在印尼设立或实际管理机构在印尼或在印尼拥有常设机构的所有法人实体征收企业所得税。非居民企业是指在印尼境外注册，但有来源于印尼境内所得的企业。通过常设机构（PE）在印尼从事商业活动的外资企业，一般需要履行与纳税居民相同的纳税义务。

2. 征收范围。

所得税的征税客体为纳税人的所得，具体定义为纳税人经济能力的增加，这通常表现为从印尼境内或海外收到或应收的、可用于消费或增加纳税人财富的所得。应税对象包括居民企业来自全球的所有收入，以及非居民企业来自印尼的收入。一般而言，可分为营业收入和资本收益。

（1）营业收入。营业收入是指实体或私营企业经营的商业活动所产生的收入，或独立职业所产生的收入。

（2）资本收益。资本收益是指被视为普通收入并须缴纳所得税，包括出售或转让财产的所有收益以及公司或其他组织在清算分配中获得的收益。对于居民企业及常设机构，它们需就来源于印尼境内外的收入缴纳企业所得税。

3. 税率。

一般而言，印度尼西亚的企业所得税税率为22%[①]。流通股比例不低于40%和满足其他条件[②]的上市公司可享受额外3%的优惠，即按照19%计算。年收入不超过500亿印尼盾的小型企业，其应税所得中不超过印尼盾的部分可以按标准税率的50%核算。年收入不超过48亿印尼盾的特定企业按总收入的0.5%缴纳最终税。

4. 应纳税额。

应纳税额指纳税人应当向DGT缴纳的企业所得税总额，应纳税额的计算方式为：

应纳税额=应纳税所得额×税率

另外，纳税人应每月申报预缴企业所得税，计算方式为：

月度预缴税金金额=上年最后一个月纳税申报表的税额-代扣代缴的企业所得税-境外已缴纳可用于抵免的税金

应纳税所得额是指作为企业所得税计算的基数，应纳税所得额的计算可参照以下公式：

应纳税所得额=应税收入总额-可扣除项目金额-可弥补亏损

---

① 国家税务总局吉林省税务局国际税收管理处：《世界主要国家（地区）企业所得税税率一览》，http：//zfgs.jilin.chinatax.gov.cn/art/2024/4/29/art_27052_772985.html。

② 上市的居民纳税人如果有不少于40%的股权在印尼证券交易所交易流通，并符合以下特定条件，可以取得所得税率降低3%的优惠：（1）该公司至少拥有300名股东，持有公司已发行和实收资本的40%以上；（2）各股东持有公司已发行和实收资本的比例不超过5%；（3）上述条件在一个财政年度内维持超过183天。

（1）应税收入。

①受雇或提供服务所收到或应收的报酬。

②彩票所得或由于受雇及其他活动取得的礼品和奖励。

③营业利润。

④出售或转让财产所得。

⑤扣除费用后取得的退税。

⑥利息，包括溢价、折扣和偿还贷款担保的赔偿。

⑦任何名称和形式的股息。

⑧特许权使用费。

⑨租金。

⑩年金。

⑪债务豁免取得的所得。

⑫外汇收益。

⑬资产重估收益。

⑭保险费。

⑮慈善组织从成员处收到或应收的捐款，该成员应为从事经营活动或独立服务的纳税人。

⑯来自未征税收入的净财富增加。

⑰伊斯兰教业务收入。

⑱一般性和税务法律规定的补偿收入。

⑲印尼银行的盈余。

（2）税前可扣除项目。

居民纳税人及常设机构可以就与取得收入相关的支出进行扣除（见表5-1）。

表5-1　居民纳税人税前可扣除项目

税前可扣除项目	具体内容
与经济活动直接相关的成本	材料成本、雇佣成本、利息、特许权使用费、差旅费、垃圾处理费、保险费、广告与宣传费、招待费、管理费
使用年限超过一年的有形资产折旧费用及无形资产的摊销费用	
财政部认定的养老基金缴纳的费用	
经济活动中使用的房产的转让损失	
汇兑损失	
印尼境内开展的研发活动费用	研发活动费用只有研发活动在印尼进行时才有资格获得扣除，并且是为了提高业务效率或加工技术的新技术或系统而进行的
奖学金、实习及培训支出	
纳税人已核销的坏账	（1）该坏账已作为费用计入当年度财务报表； （2）该坏账明细表已上交至税务局； （3）需有以下情形之一： a. 该坏账由印尼国家法院或授权机构接管并作为政府应收款； b. 存在债务减免契约； c. 该坏账已被特定公开机构公开； d. 债权方发布放弃债权声明
向政府法规规定的国家级灾难捐款的支出	

续表

税前可扣除项目	具体内容
向政府法规规定的境内研发活动捐款的支出	（1）根据印尼2010年第93号政府条例的规定，国家灾害、教育活动、体育活动、研究和发展工作以及发展非商业社会基础设施的捐赠可由捐赠企业税前扣除，但需要满足以下条件： a. 金额不高于上一财政年度捐助企业净收入的5%； b. 捐赠需给无关联的各方。如果捐赠者与受捐赠者之间存在业务关系、雇佣关系、服务关系、所有权关系等，则属于具有捐赠上的关联； c. 捐赠企业上一年度纳税申报表显示为净收入； d. 捐赠不会导致捐赠者在给予捐赠的当年遭受损失； e. 捐赠的证据附在相关的年度纳税申报表上； f. 受赠者有税务登记号码，除非接收人不是税务主体（如外国人或大使馆雇员） （2）捐款可以是现金捐助，也可以是实物捐助，但用于发展非商业社会基础设施的捐款只能是实物捐助。实物捐赠的估价方法如下： a. 新资产的购置成本； b. 旧资产的财务账面价值； c. 存货销售成本； d. 基础设施的实际开发成本
政府法规规定的社会基础建设成本	
政府法规规定的教育设施捐赠支出	
合理的总公司费用	
汽车费用	企业拥有并用于运输雇员的巴士、小型巴士等的重大维修费用，可以在相应纳税年度扣除；因职位或工作而为指定雇员配置和使用的轿车等的购置成本、费用或重大维修费、日常维修费，按最高不超过50%进行折旧或摊销并税前扣除
其他与取得收入有关的杂项费用，如盗窃、贪污、挪用公款等导致的损失或维修和保养费用	

资料来源：《中国居民赴印度尼西亚共和国投资税收指南》。

（3）可弥补亏损[①]。

可弥补亏损指的是公司在某一会计年度内发生的净亏损，这些亏损可以根据相关法规和会计准则，在后续的一个或多个会计年度内，通过公司的盈利或其他方式进行弥补。

在某一特定年度发生的损失通常可结转5年，即企业某一纳税年度发生的亏损，可以用下一年度的所得弥补，下一年度的所得不足以弥补的，可以逐年延续弥补，但年限最长不得超过5年。对某些行业或某些欠发达地区的投资，如果纳税人符合要求，亏损结转期延长至10年。大多数采矿活动承揽合同的损失结转期限可延长至8年。

（4）不可扣除项目。

①任何方式的利润分配。

②为股东、合伙人或投资人的利益发生的支出。

③除特殊情况外的准备金。

特殊情况为：

A. 银行及其他类金融机构的坏账准备金。

B. 银行的坏账准备金。

C. 小型农村银行的坏账准备金。

D. 基础设施融资公司贷款坏账准备金。

E. 从事储贷活动的合作社坏账准备金。

F. 融资租赁公司呆账准备金。

G. 消费者融资公司呆账准备金。

H. 保险理赔公司呆账准备金。

I. 提供保险服务时计提的保险准备金。

J. 担保机构的担保准备金。

---

① 假设某公司在2023年发生了100万元的亏损，而2024年该公司盈利了150万元。根据税法规定，该公司可以用2024年的税前利润来弥补2023年的100万元亏损，剩余的50万元作为2024年的应纳税所得额。

K. 矿产企业的探矿准备金。

L. 林业企业的造林准备金。

M. 垃圾处理企业的工业废材场所维护准备金。

④为个人支付的保险费，由单位作为员工薪酬缴纳的保险除外。

⑤以福利形式对工作或服务所支付的补偿，但是对雇员以食物饮料提供的福利除外。

⑥对股东或其他关联方超额支付的工作报酬。

⑦对外无偿提供的礼品、援助或捐赠，政府另有规定的除外。

⑧所得税费用。

⑨为其他纳税人或其亲属支付的费用。

⑩向社团、事务所、合伙企业的成员支付的工资。

⑪罚款罚金，包括税法规定的罚款。

（5）折旧[①]与摊销[②]。

使用寿命在1年以上的资产和无形资产的支出，应当摊销或者折旧。

---

① 折旧是指固定资产（如建筑物、机器设备、车辆等）在使用过程中，由于磨损、老化等原因，其价值逐渐减少的过程。为了反映这种价值的减少，会计上采用折旧方法将固定资产的原始成本在其预计使用寿命内逐年分摊，形成折旧费用。在税务上，折旧通常允许作为税前扣除项目，从而减少应纳税所得额。例如，一家公司购买了一台价值100万元的机器设备，预计使用寿命为10年，残值为10万元。那么，该公司每年需要计提折旧费用9万元。在税务上，这9万元的折旧费用可以作为税前扣除项目。

② 摊销是指无形资产（如专利权、商标权、版权、土地使用权等）或长期待摊费用（如装修费用、开办费用等）在其预计受益期限内逐年分摊的过程。与折旧类似，摊销也是为了反映资产价值的逐渐减少。在税务上，摊销也通常允许作为税前扣除项目。例如，一家公司购买了一项价值50万元的专利权，预计受益期限为5年。那么，该公司每年需要摊销10万元的专利权费用。在税务上，这10万元的摊销费用也可以作为税前扣除项目。

建筑物只能以直线法[①]折旧。其他资产可以使用直线法或余额递减法[②]进行折旧或摊销，一旦作出选择，应始终如一地遵循。无形资产也可以使用生产单位法摊销。

土地不可折旧，但某些行业除外，如陶瓷业、屋顶业和制砖业。

一般情况下，使用寿命超过1年且使用此类资产来赚取、保障和收回其收入的资产所有者有权要求折旧。当资产因赠送、继承、销售转让或者任何其他原因（如火灾等）而被停止使用时，折旧免税额即告终止。已修复或改进的资产在获得收益的期间内折旧。

---

① 直线法，也称为年限平均法，是一种将固定资产或无形资产的成本在其预计使用寿命内平均分摊到每个会计期间的方法。这种方法基于资产在其使用寿命内价值均匀减少的假设。计算公式为：

固定资产年折旧率：年折旧率=（1-预计净残值率）÷预计使用寿命

固定资产月折旧率：月折旧率=年折旧率÷12

固定资产月折旧额：月折旧额=固定资产原值×月折旧率

其中，预计净残值率是固定资产预计使用寿命结束时，其剩余价值占原值的比例；预计使用寿命是资产预计能够为企业带来经济利益的年限。

例如，某公司购买了一台价值100万元的机器设备，预计使用寿命为10年，预计净残值率为10%。根据直线法，该机器设备的年折旧率计算如下：

年折旧率=（1-10%）÷10=9%

每年的折旧额为：年折旧额=100万元×9%=9万元

每月的折旧额为：月折旧额=9万元÷12=0.75万元

② 余额递减法是一种加速折旧方法，主要用于计算固定资产的折旧额。这种方法的特点是，在固定资产的使用早期计提较高的折旧额，而在其使用寿命的后期则计提较低的折旧额。这反映了固定资产在前期效率较高、磨损较快的实际情况。计算公式如下：

年折旧额=固定资产账面净值×双倍直线折旧率

其中，双倍直线折旧率=2÷预计使用年限×100%

例如，某公司购买了一台价值100万元的机器设备，预计使用寿命为5年，预计净残值为0。采用双倍余额递减法计算折旧，则每年的折旧额计算如下：

第一年：年折旧额=100万元×2÷5×100%=40万元

第二年：账面净值=100万元-40万元=60万元，年折旧额=60万元×2÷5×100%=24万元

第三年、第四年和第五年的折旧额以此类推，但需要注意的是，在资产的最后几年，当账面净值接近预计净残值时，可能需要进行一些调整以确保整个使用寿命内的折旧额与原价和预计净残值之间的差额相等。

融资租赁下的资产折旧不可抵扣。当执行购买选择权时，承租人可以将此类资产视为可折旧资产。

①方法。

方法1：购入土地以外有形资产发生的支出应按照使用年限以直线法计提折旧。

方法2：以上有形资产，除建筑物外，也可以选择在使用年限内根据规定的折旧率采用余额递减法计提折旧。

②年限。

一般而言，资产从入账的月份开始折旧。仍处于建设或装配中的建筑物的折旧从竣工之月开始。但是，经税务局批准，折旧可以在资产投入使用或商业运营时开始计提。

所有可折旧的有形资产，根据其经济耐用年限，分为四类。纳税人须为每项资产备存记录，列明其所属类别、收购/购买年份、收购价格和相关折旧率，以便随时确定每项资产扣除的折旧金额。

其中，一类指的是一般家具、办公室设备、电子器具等。二类指的是金属家具和金属制品、空调、车辆等交通工具、机械等。三类指的是一般采矿、纺织、化学工业用机械以及重型设备等。四类指的是重型建筑机械、机车、铁路客车、重型船舶、浮动码头等。

购入使用年限超过1年的无形资产发生的支出可以选择按照直线法或者加速折旧法摊销。可摊销的无形资产包括：购买的商誉和购买的权利，如建设权或开发权；商业运营前的支出，如可行性研究和试验产品、注册成本和研发费用；等等。

无形资产的使用年限及对应摊销率如表5-2所示。

表5-2 无形资产使用年限及对应摊销率

无形资产类型	摊销年限	年摊销率	
		直线法	加速折旧法
一类	4年	25%	50%
二类	8年	12.5%	25%

续表

无形资产类型	摊销年限	年摊销率	
		直线法	加速折旧法
三类	16年	6.25%	12.5%
四类	20年	5%	10%

（6）免税收入。

免税收入是指企业的应税所得但按照税法规定免于征收企业所得税的收入。

①捐款，包括由政府设立或认可的慈善组织和天课（Zakat，指伊斯兰教徒每年一次的慈善捐款，即给穷人的义务捐款）的合法受益者收到的天课。

②具有一级亲属关系的血缘家族成员获得的资产赠款，以及由财政部规定的宗教、小型企业、教育或社会组织以及合作社获得的资产赠款（前提是当事人的业务、工作、所有权或者控制权之间不存在关联）。

③遗产。

④符合规定的实体收到的资产，包括作为股份或投资补偿的现金支付。

⑤以实物或特权形式接受的工作或服务的补偿。

⑥境内企业收到的来源于境内企业的股息。

⑦居民企业收到的外国常设机构的境外股息和税后收入免税，前提是这些收入应于印尼进行再投资或用于印尼经营活动（满足一定时期），且再投资的比例至少为税后利润的30%。

⑧保险公司就健康保险、人身意外保险、人寿保险、双重功能保险及奖学金保险向个人支付的款项。

⑨已获得财政部批准的养老基金收取或赚取的费用。

⑩有限合伙企业成员、合伙企业、协会、公司的利润分成。

⑪合作社留存收入的分配。

⑫风险投资公司从在印尼开展业务和活动的合作实体中获得的利润分成，合作实体符合以下条件的：

A. 属于中小型公司，或者在财政部规定的商业部门开展活动。

B. 其股票不在印尼证券交易所交易。

⑬注册的非营利组织在教育或研发方面收到的盈余，只要自收到盈余之日起最长4年内，该盈余以教育或研发基础设施或设备的形式投资。

⑭注册的社会和宗教机构收到的盈余，前提是自收到盈余之日起最长4年内该盈余以社会和宗教基础设施和设备的形式再投资，或被存入捐赠基金。

（二）个人所得税

个人所得税是指以个人（自然人）取得的各项应税所得为对象征收的一种税。印尼针对个人与企业征收的所得税适用同一部《所得税法》。

1. 纳税主体。

个人所得税适用于居民个人和非居民个人。其中居民个人是指任一连续12个月内在印尼居住累计超过183天的，或居住在印尼并打算继续留驻印尼的个人。非居民个人是指不在印尼境内定居，且连续12个月内在印尼境内逗留不超过183天的个人。

2011年12月28日税务总局PER—43/PJ/2011号条例规定了税收居民的认定准则，如果个人符合表5-3中的任何条件，则其居住在印尼。

表5-3 税收居民认定准则

居住情况	认定准则
居住在印尼	（1）在印尼有住所，用于： a.作为永久居住的地方； b.进行日常生活，即日常经济、金融、社会或私人活动，包括社区活动，或参与或管理印尼组织、团体或协会的活动； c.作为习惯性居处，即用于开展习惯性活动或爱好的地方，无论是日常的、频繁的还是不频繁的 （2）定居在印尼，即出生并仍然居住在印尼

续表

居住情况	认定准则
任一连续12个月内在印尼连续或非连续居住超过183天（不满一天的视为一天）	
在纳税年度内，居住在印尼并打算继续留驻印尼的个人	留驻意图能通过以下证明：工作签证；有限逗留许可证，在印尼签署的超过183天的雇佣合同、商业合同或其他活动合同，租赁房屋作为住所，将家人迁至印尼

如果居民个人从印尼国内或国外获得或赚得的收入超过了免税额度，则该居民个人税收主体成为居民个人纳税人。

2. 扣缴义务人。

扣缴义务人指的是在法律、行政法规规定下，负有代扣代缴、代收代缴税款义务的单位和个人。

（1）因劳动关系支付薪酬的雇主。

（2）因劳动关系支付薪酬的政府机构。

（3）因以往劳动关系支付养老金的机构。

（4）因取得服务向个人支付报酬的单位。

（5）由于组织活动向其他个人支付服务费用的个人。

3. 征收范围。

（1）居民个人。

居民个人应就其全球范围收入缴纳所得税，包括资本收益。收入是指用以消费或增加财富的经济上的增加。个人收入类型如表5-4所示。

表5-4　个人收入类型

收入类型	具体内容
就业收入	工资、实物福利、养老金收入、董事薪酬、其他
生产经营与职业收入	生产经营收入、职业收入
投资收益	股息、利息、特许权使用费、不动产收入

续表

收入类型	具体内容
其他收入	技术支持和服务费、远期外汇销售溢价、掉期和远期合约收入、期货合约收入、杂项收入
资本利得	
应税境外收入	就业收入、营业与专业收入、投资收益、资本利得、其他境外收入

（2）非居民个人。

非居民个人仅对在印尼取得的收入进行评估，包括资本利得。非居民个人应按总收入的20%缴纳最终预扣税并且不得申请任何税收扣除、减免或抵免。包括以下方面。

①就业收入。

②生产经营与职业收入。

③投资收益。

④资本利得。

⑤其他收入。

4. 税率。

（1）居民个人。

根据2008年颁布的第36号《所得税法》规定，个人所得税最高税率从35%降为30%，可分为四档（见表5–5）。

表5–5 居民个人所得税税率

应纳税所得额	税率
5000万印尼盾以下	税率5%
5000万印尼盾至2.5亿万印尼盾	税率15%
2.5亿万印尼盾至5亿万印尼盾	税率25%
5亿万印尼盾以上	税率30%

（2）非居民个人。

表5-6 非居民个人所得税税率

应纳税收入种类	税率
就业收入	20%的最终预扣税
生产经营与职业收入	20%的预扣税
投资收益（股息、利息、特许权使用费）	20%的最终预扣税
资本利得	5%的预扣税（单笔销售交易的非上市股份价值不超过1000万印尼盾的，不征收预扣税）
其他收入	租金和报酬20%的预扣税，销售价值高于1000万印尼盾的大型装饰品、珠宝、古董、画作和车辆应缴纳5%的最终预扣税

5. 应纳税额。

个人所得税应纳税额的计算方法与企业所得税的计算方法基本相同。此外，针对个人所得税应纳税额的计算还有以下特殊规定。

（1）已婚女性的所得或者损失，包括以前年度累积的亏损，应视同其丈夫的所得或损失，除非该所得已由某一雇主扣缴所得税并且该雇佣关系与其丈夫或其他亲属无关；损失可无限制结转5年，从以后年度利润中弥补。对于财政部规定的某些行业，损失可以结转10年。

（2）已婚人士除非符合以下情况，否则应与配偶合并纳税。

①双方已根据法庭判决分居。

②双方签订财产分离协议。

③妻子选择单独拥有纳税权利与义务。

（3）未成年人的所得应计入其父母的应纳税额。

（4）年营业额或总收益低于48亿印尼盾的个人可以选择核定征收，但必须在纳税年度的前3个月内取得税务局的同意。

（三）增值税

1. 概述。

印尼增值税核心立法是1983年第8号法律《增值税和奢侈品销售税法》。此外，政府条例、财政部条例、印尼国家税务总局条例、通知和通函则规定了更多与技术相关的细节。

2. 纳税义务人。

销售应税货物或应税劳务的个人、公司或政府机构是增值税的纳税义务人。

如果满足如下任一情况，境外卖方、服务提供方或境外电商平台以及境内电商平台将被指定为增值税代收方。

（1）印尼客户的交易价值在1年内超过6亿印尼盾或在1个月内超过5000万印尼盾。

（2）其在印尼的电子商务平台在12个月内超过12000名用户或在1个月内超过1000名用户。

3. 征收范围。

（1）增值税的征收范围如表5-7所示。

表5-7　增值税的征收范围

征收范围	具体内容
增值税纳税人在印尼境内提供应税货物	
进口应税货物	
增值税纳税人提供应税服务	
使用位于印尼境外的无形应税货物	（1）使用或有权使用文献、艺术或科学，或专利、设计、模型、计划、公式、秘方、商标或类似性质的其他资产 （2）使用或有权使用工业、商业或科学设备 （3）提供科学、商业、技术或工业性质的信息或知识 （4）为使用上述资产提供额外帮助 （5）在电视或广播中使用或有权使用胶片电影、电影或视频 （6）出售部分或全部上述资产

续表

征收范围	具体内容
在印尼境外使用的应税服务	
增值税纳税人出口应税货物	
增值税纳税人出口应税无形资产	
增值税纳税人出口应税服务	
出口时有两种类型的服务需缴纳增值税	（1）委托加工 （2）除委托加工外，还有使用海外消费的有形流动资产所附带或需要的服务（如维修服务），使用海外消费的有形固定资产所附带或需要的服务，包括咨询、监督和建设等服务

（2）不属于增值税应税范围的如表5-8所示。

表5-8　不属于增值税应税范围的商品与服务

不属于增值税应税范围的商品	从自然资源中开采出的矿产（不包括煤炭）
	日用品
	宾馆及餐馆所供应的食物（不包括餐饮服务）
	货币、黄金及证券
	寄售商品
不属于增值税应税范围的服务	医疗、社会及宗教服务
	邮政及转账服务
	银行业、保险业及非银行业金融租赁
	教育服务
	金融租赁
	艺术及娱乐服务
	广播及电视播送服务，除广告外
	公共运输服务，即陆地、海洋及国内航空运输
	人力及招募服务
	宾馆及寄宿服务
	由政府提供的有关公共管理及礼仪要求服务
	停车服务（自2010年4月1日起生效）
	公用电话（投币式）服务（自2010年4月1日起生效）
	食物及餐饮服务（自2010年4月1日起生效）

4. 税率。

据印度尼西亚媒体报道，印尼经济统筹部部长艾尔朗加·哈尔塔托指出，增值税税率将在2025年初上调至12%，但并非所有商品和服务都将被课以增值税。

（1）根据2009年第42号《增值税法》，增值税适用于以下商品和服务。

①企业在关区内交付应税商品。

②进口应税商品。

③企业在关区内提供应税服务。

④在关区内使用来自关区外的无形应税商品。

⑤应税企业出口有形应税商品。

⑥应税企业出口无形应税商品。

⑦应税企业出口应税服务。

（2）在2021年第7号《税收规定协调法》中，列出了免税的商品和服务清单。自2025年起至少有1种特定的应税商品和6种特定的应税服务将被免税。免征12%增值税的商品和服务如表5-9所示。

表5-9 免征增值税的商品和服务

商品和服务类型	具体内容
大众生活必需品	大米、稻谷、玉米、西米、大豆、盐（含碘和不含碘）、肉类（新鲜或腌制）、未加工的鸡蛋、鲜奶（不含其他添加物）、新鲜水果、新鲜蔬菜（包括切碎的）
医疗保健服务	全科医生、专科医生、牙医、兽医、健康专家（牙科、营养、物理治疗、助产、护理）护士、医院、健康科学实验室和疗养院、心理学家和精神病医生、替代医疗、由国家健康保险承保的医疗服务
社会服务	孤儿院、养老院、消防、事故救援、康复机构、提供丧葬和墓地服务、非营利性的体育服务

续表

商品和服务类型	具体内容
金融服务	从公众处所筹集资金，如活期存款、定期存款、存款证书、储蓄和/或其他同等的形式、放置资金、借款或使用信件向其他方借款、电信设备或以汇票、支票或其他方式、融资服务（包括夏利亚①）、典当服务（包括夏利亚和信托）、担保服务
保险服务	保险代理、保险损失评估师和保险顾问除外
教育服务	学校教育服务，如公共教育、职业教育、特殊教育、公务员教育、宗教教育、学术教育和专业教育服务、学校外教育服务
劳动力服务	提供劳动力服务，只要劳动力提供商不对劳动力的工作成果负责、为劳动力提供培训服务

5. 应纳税额。

应纳税额=销项税额−进项税额

一般而言，在纳税人经营过程中支付的增值税（进项税）②可以从纳税人收取的增值税（销项税）③中抵扣。如果在纳税期限内销项税额高于进项税额，则两者差额为纳税人的应纳税额。

增值税销项税额=计税基础×增值税税率

增值税的计税基础为销售价格、进口完税价格、出口完税价格或其他用于核算应税销项税额的金额。其中，销售价格为卖方销售产品收取的款项，包括卖方要求或应要求的所有费用，保险、运费、维护和技术援助（培训）等都应包括在应纳税额中；进口完税价格为计算进口税费的价格，包括商品的成本、保险、运费和关税，不包括增值税以及奢侈品销售税。

---

①“夏利亚”是阿拉伯语“شريعة”（Sharia）的音译，意为“伊斯兰教法”或“沙里亚法”。在金融服务的语境中，它特指符合伊斯兰教法原则的金融产品或服务，即伊斯兰金融（Islamic Finance）。

②进项税是指纳税人购进货物、加工修理修配劳务、服务、无形资产或者不动产，支付或者负担的增值税额。

③销项税是指纳税人在销售货物、提供应税劳务及出租、经营、承租不动产等从事应税行为时，按照销售额和规定税率计算并向购买方收取的增值税额。

6. 销售税额的抵减。

如果进项税高于销项税，则差额为超额支付。超额支付的税款应在下一纳税期限内予以补偿。原则上，这笔超额支付的税款只能在会计年度结束时返还。会计年度结束的定义包括企业停止经营期间。

（四）奢侈品销售税

1. 概述。

奢侈品销售税是增值税的附加税，只在制造商销售奢侈品或进口商进口货物时征收，对出口货物不征奢侈品销售税。奢侈品分为两类，即机动车和除机动车外的货物。

奢侈品销售税的税率最低为10%，最高为200%。但根据货物的类型适用的税率在10%～125%之间（截至2024年11月）。[①]

2. 应纳税额。

奢侈品销售税的计税基础与增值税一致，为销售价格、进口价格、出口价格以及其他法规规定的价格。奢侈品销售税仅在生产环节及进口环节一次性征收。

（五）关税

1. 概述。

关税是指引进出口商品经过一国关境时，由政府所设置的海关向其进出口商所征收的税收。

2. 应纳税额。

（1）进口关税以进口商品的海关完税价格[②]为基础，按照0至150%的税率征收。海关完税价格按照到岸价格计算。

---

① 国家税务总局国际税务司国别（地区）投资税收指南课题组：《中国居民赴印度尼西亚投资税收指南》，https：//www.chinatax.gov.cn/chinatax/n810219/n810744/n1671176/n1671206/c2582395/5116207/files/203342ce51ef4d6fbe2177c395ecbc20.pdf。

② 海关完税价格，也被称为完税价格（Dutiable Value），是海关规定的对进出口货物计征关税时所使用的价格。

印尼政府逐步降低对大部分产品的进口关税税率以促进贸易自由化。但为保护个别行业和商品，仍然对其保留较高的税率。部分产品适用反倾销、保障、补偿和补贴等其他进口关税税率。

（2）出口关税可根据海关完税价格的一定比例，或具体依照某一货币下的关税税率/数量计算。海关完税价格由海关总署根据贸易部制定的价格基准决定。

（3）东盟关税。

印尼政府对满足原产标准，即完全或部分从原产国获得且在东盟成员国之间直接运输的进口商品实行有限度的减免。印尼政府从2010年1月1日起开始执行《东盟商品贸易协定》（ATIGA）。

（4）自由贸易区协定关税。

印尼与其他国家达成以下自由贸易区协定关税税率。

①东盟—中国自由贸易区。

②东盟—韩国自由贸易区。

③东盟—印度自由贸易区。

④东盟—澳大利亚—新西兰自由贸易区。

⑤东盟—中国香港自贸区。

⑥东盟—日本全面经济伙伴关系协定。

⑦印尼—澳大利亚全面经济伙伴关系协定。

⑧印尼—巴基斯坦贸易优惠协议。

⑨印尼—巴基斯坦自由贸易区。

⑩印尼—日本经济伙伴协议。

⑪印尼—智利全面经济伙伴关系协议。

⑫印尼政府与巴勒斯坦政府签订“巴勒斯坦特定产品的贸易便利”谅解备忘录。

（六）消费税

1. 概述。

消费税是针对因其销售和消费可能会对社会造成负面影响的货物而征收的。目前，印尼只针对酒精和烟草制品课征消费税。

2. 消费税税率。

表5-10 印尼消费税税率

类型	税率
酒精	20000印尼盾/升
酒精饮料	15000～139000印尼盾/升
浓缩酒精	1000印尼盾/克
烟草制品	10～110000印尼盾/支或克；特定烟草制品适用57%的税率

（七）土地与建筑物税

1. 概述。

土地与建筑物税是对所有土地或建筑物征收的财产税，根据地方政府每年签发的《应纳税额征缴函》课征。其适用范围包括所有土地与建筑物，以下其他法规管辖的除外。

（1）林业。

（2）种植业。

（3）矿产和煤炭。

（4）石油、天然气和地热矿区。

（5）位于国家海域上并在领土外的其他产业。

根据《地方税收和处罚条例》，土地与建筑物税的税率最高为0.3%。

2. 应纳税额。

应纳税额=销售价–非应税价值

非应税价值的最低设定为1000万印尼盾。

3. 其他。

免征土地与建筑物税名单包括以下方面。

（1）用于中央或地方政府管制用途。

（2）用于公众利益领域，包括宗教和社会事务、健康、教育和国民文化及其他非营利用途。

（3）用于墓园、古代遗址或类似地点。

（4）属于受保护的森林、自然保护区森林、旅游区森林、国家公园、受村庄管控的牧场及无使用权的国有土地。

（5）依据互惠待遇原则为外交代表所用。

（6）依据财政部决议用于国际组织机构或代表处。

（八）土地与建筑物转让税

1. 概述。

转让人将土地或建筑物产权转让给受让人时，应按规定缴纳土地与建筑物转让税。该税还未全额缴纳前，公证人不得在产权转让合同上签字。

土地与建筑物转让税税率设定为总转让价值的2.5%。从事房地产开发的纳税人转让廉价房屋和廉价公寓的，税率为1%。

2. 应纳税额。

一般而言，计税依据是土地与建筑物产权转让合同以及买卖合同实际的交易价值与应收取价款中的价高者。当土地和建筑物产权转让给政府时，计税依据则是交易文件中政府官员规定的金额。在政府举办的拍卖活动中，计税依据应是相关拍卖合同所规定的金额。

（九）土地与建筑物产权购置税

1. 概述。

土地与建筑物产权购置税是指受让方受让土地和建筑物时应当缴纳的税额。其作为地方税收的一部分，按照《地方税收和处罚条例》，适用税率为5%。

符合征税资格的土地与建筑物产权转让行为应包括买卖、折价贴换交易[①]、授予、继承、向企业捐献、股权分割、指定买方拍卖、执行具有法

① 折价贴换交易是指买方以低于市场价格的价格购买货物或服务的交易方式。

律效力的法院裁决、企业并购、合并及扩张以及奖品分配。

土地与建筑物产权购置税应在土地与建筑物产权转让合同公证前缴清。在企业并购、合并或扩张情况下，应纳税额应在并购、合并或扩张的文件签署时缴清。在拍卖情况下，应纳税额应在拍卖公告签署当日缴清。在其还未全额缴纳之前，公证人不得在产权转让合同上签字。

2. 应纳税额。

应纳税额=收购价值×适用税率（5%）−非课税限额

土地与建筑物产权购置税以课税对象收购价值为基础，该计税依据在大多数情况下是取自市场（交易）价值或收购价值两个价值中较高者。非课税限额因地区而不同：最低为6000万印尼盾，在继承情况下最低额为3亿印尼盾。政府可颁布条例更改非课税限额。

（十）印花税

印花税是对在经济活动和经济交往中书立、领受具有法律效力的凭证的行为征收的一种税。印花税的金额极小，且自2021年1月1日起以固定金额1万印尼盾附于特定文件上缴纳。（见表5-11）

表5-11 需课征印花税的文件

文件类型	具体内容
协议书和用于证明某项行为、事实或民事性质的其他文件（如授权书、赠送证明或声明）	
公证书及其副本	
由特定土地公证员出具的契约书	
所有包含款项且具备一定条件的文件	（1）列明已收到款项 （2）列明银行记录或存放款项 （3）包含银行存款余额的通知 （4）包含全部或部分支付或偿还债务的确认 （5）有价值票据，如汇票、本票或承兑汇票 （6）任何名义或形式的证券 （7）支票

续表

文件类型	具体内容
用于法庭证据的文件	（1）普通信函或内部文件 （2）依据用途可免征印花税的文件，但如果该文件用于其他目的或被其他方使用且偏离原始目的者

（十一）中国与印尼避免双重征税

截至2019年，印尼已与世界上69个国家签订了避免双重税收协定（DTA）。2001年11月7日，中国政府与印尼政府签署了关于对所得避免双重征税和防止偷漏税的协定，该协定于2003年8月25日起生效。该协定主体部分包括协定的适用范围、双重征税的解决方法、无差别待遇、两国相互协商程序以及情报交换等内容。2015年3月26日，两国政府代表签署了《中华人民共和国政府和印度尼西亚共和国政府关于对所得避免双重征税和防止偷漏税的协定》议定书和谅解备忘录。议定书规定两国对从事国际运输的对方国家航空企业互免增值税。谅解备忘录列明了双方可享受免税待遇的金融机构，为两国政府全资拥有的金融机构在对方国家获取利息免税待遇提供了确定性。

中国与印度尼西亚关于避免双重征税的具体规定为：①印尼居民从中国取得的所得，按照DTA规定在中国缴纳的税额，可以在对该居民征收的印尼税收中抵免。但是，该抵免额不应超过对该项所得按照印尼税法和规章计算的印尼税收数额。②中国居民从印尼取得的所得，按照DTA规定在印尼缴纳的税额，可以在对该居民征收的中国税收中抵免。但是，抵免额不应超过对该项所得按照中国税法和规章计算的中国税收数额。

从印尼取得的所得是印尼居民公司支付给中国居民公司的股息，同时该中国居民公司拥有支付股息公司股份不少于10%的，该项抵免应考虑支付该股息公司就该项所得缴纳的印尼税收。

第二节 赴印尼投资税务筹划需考量的因素

印度尼西亚税收优惠政策繁杂，主要可以归纳为：免税期、特殊项目和特殊地区的优惠政策、新首都的税务设施。

一、免税期

根据投资额，企业自商业运营开始的5~20年印尼财政部可以为其提供50%或100%的应纳企业所得税额减免优惠。免税期限结束后，纳税居民根据其投资额在后续两个纳税年度可以享受25%或50%的应纳企业所得税额扣减。

上述优惠政策给予具有广泛的产业联结、提供高附加值和重大的外部影响力、引入新技术及对国民经济具有战略价值的先锋行业企业。目前，免税优惠适用于印尼行业标准分类条例中列出的特定业务领域，包括：金属冶炼，油气深加工，从石油、天然气和煤炭中提炼的化工产品，从农业、种植业和林业中提炼的有机化工产品、非有机化工产品、制药原材料，与生产计算机有关的半导体及元器件，与生产手机相关的主要元器件，电疗和放化疗设备的主要元器件，机械制造相关的电子设备元器件，汽车制造相关的机械配件，机器人元器件，船舶、飞机、火车主要元器件，电厂设备，基础设施等[①]。该条例之外的行业可以通过自评测算以证明归属先锋行业为由向财政部单独申请免税优惠。此外，免税优惠申请须通过网络综合提交系统提交。该系统对申请企业进行验证后将申请提交至财政部。

二、特殊项目和特殊地区的优惠政策

印尼政府对国内外投资者提供进口关税减免、免除和延期支付等优惠政策以促进本地和出口产业的发展。其中，特殊项目和特定区域的优惠政策如下。

（一）国外贷款和拨款资助的政府项目

由国外贷款和拨款资助的政府项目，其贷款或拨款产生的收入可以享受特殊的税收优惠。具有上述资格的政府项目在国家项目清单列表或其他类似文件中有明确规定。

国外贷款和拨款资助的政府项目的总承包商、咨询公司和供应商可由政府承担其应纳所得税额。该税收优惠不针对二级承包商、咨询公司和供应商。

除上述税收优惠外，国外贷款和拨款资助的政府项目的总承包商、咨询公司和供应商就该项目进口商品和使用国外应税服务或国外无形商品时，同样也可享受以下税收优惠。

①免除进口关税。

②免征增值税和奢侈品销售税。

③进口时免征所得税。

如果符合条件的政府项目只有部分资金是国外贷款和拨款资助，则只有该部分可享受税收优惠。

---

① 王素荣：《中国企业投资印度尼西亚的税务筹划》，《国际商会财会》2019年第3期。

（二）综合经济开发区

在综合经济开发区（KAPET）从事商业活动的企业或可享受税收优惠政策。相关总统令中明确规定了综合经济开发区的指定区域。位于KAPET的企业可申请下列形式的税收优惠：

①所得税优惠，该政策与上述入境投资税收优惠类似。

②进口特定商品时免征增值税和奢侈品销售税。

③进口特定商品时免除所得税。

④延期缴纳进口资本货物、设备及用于加工的货物和原料的关税。

⑤本地采购特定商品时免征增值税和奢侈品销售税。

（三）保税储存区域

印尼保税存储区域（Bonded Storage Zone in Indonesia）是印尼政府为促进国际贸易、吸引投资和便利进出口流程而设立的特殊海关监管区域。在该区域内，企业可以临时存储、加工、组装或再出口货物，并享受延迟缴纳关税等税收优惠政策，直到货物正式进入印尼国内市场为止。（见表5-12）

表5-12 保税储存区域

区域	税收优惠政策
保税区	纳税人可享有以下税收优惠政策： ●进口特定商品时免除印尼所得税 ●延期缴纳特定商品的进口关税 ●进口特定商品时免除消费税 ●本地采购特定商品时免征增值税和奢侈品销售税
保税仓库	
保税展览区	
免税店	
保税拍卖区	
保税回收区	
保税物流中心	

（四）自由贸易区

进入自由贸易区（FTZ）以及在FTZ企业之间交付的货物可享有税收优惠。位于FTZ的纳税人可享有以下税收优惠政策：

①进口特定商品时免征增值税和奢侈品销售税。

②进口特定商品时免征印尼所得税。

③特定商品免征进口关税。

④进口特定商品时免征消费税。

⑤采购本地特定商品时免征增值税和奢侈品销售税。

⑥除销售给其他印尼境内以及保税储存区域或经济特区（KEK）内的公司以外，无形商品和应税服务交易可免征增值税。

（五）经济特区

在经济特区中开展生产经营的纳税人或可享受税收优惠政策。经营活动必须涵盖各KEK指定的主要经营活动。政府条例明确划定了KEK的区域。

KEK内的纳税人根据其投资额可以享受所得税免税10~20年的优惠政策。免税期结束后还可继续享受降低所得税50%的优惠2年。申请企业所得税减免优惠被拒绝的纳税人和在KEK中从事其他生产经营的纳税人可以申请类似于所得税优惠的税收津贴优惠。

除了上述的所得税优惠，KEK中的纳税人还有资格享受以下税收优惠：

①进口特定商品免征增值税和奢侈品销售税。

②进口特定商品免征印尼所得税。

③延期支付资本性货物、设备及用于加工的货物和原料的关税。

④对用于生产非消费税应税项目的进口商品免征消费税。

⑤本地采购特定商品免征增值税和奢侈品销售税。

（六）工业区

工业区（KI）的认定和牌照由政府规定。可申请的税收优惠政策取决于工业区内的工业发展区分类：

①发达工业发展区（WPIM）。

②发展中工业发展区（WPIB）。

③1级潜力工业发展区（WPIP I）。

④2级潜力工业发展区（WPIP II）。

以下是各工业区适用的税收优惠政策：

①WPIM有两种形式的所得税优惠政策可选：减免企业所得税和税收

津贴。

②进口税免除的有效期因KI的不同分类和相关纳税人的商业周期而异，如建设期或发展期。

（七）新首都的税务设施

为了加快新首都努桑塔拉（IKN）的建设和发展进程，2023年印度尼西亚政府颁布了2023年第12号《关于建设新首都努桑塔拉的商业主体的商业许可、营商便利性和投资便利的条例》（简称“PP12/2023”），该条例涉及营业执照的颁发、营商和投资的便利化以及各种相关激励措施。为了确保PP12/2023框架下各项规定具备更强的法律确定性，印度尼西亚财政部长发布了2024年第28号《关于IKN地区税收和海关设施的部长条例》（简称“PMK28/2024”），该条例自2024年5月16日起生效。

PMK28/2024主要规定了针对有意在新首都及周边合作伙伴地区从事商业活动的潜在投资者能够享受的各种税收优惠和海关便利化的条款。PMK28/2024框架下所提供的具体税收优惠见表5-13：

表5-13 具体税收优惠

税收优惠类型	给予最高激励措施	一般要求
第21条所规定的所得税	由印尼政府承担	符合以下条件的固定或非固定期限的员工有资格享受该优惠政策： 1.通过特定雇主来获得收入 2.居住在IKN区域内 3.拥有印尼纳税人识别号，并且在IKN区域的税务服务办公室注册税号
企业所得税	予以100%扣除	满足以下条件的企业纳税人可享受该项优惠政策： 1. 为印尼国内的企业纳税人 2. 通过位于IKN和/或合作伙伴地区内的总部、商业主体来从事相关业务活动 3. 达到至少100亿印尼盾的投资额

续表

税收优惠类型	给予最高激励措施	一般要求
		4. 投资对象必须是对促进IKN和/或合作伙伴地区建设和发展具有战略价值，或是与基础设施、公共设施相关的业务领域 除上述形式所得税扣除之外，从事以下业务活动的商业主体也将能够享受企业所得税扣除优惠： 1. 在IKN金融中心内开展的金融领域业务活动，对于银行、保险机构给予100%所得税扣除，其他金融服务机构给予85%的所得税扣除 2. 将总部和/或地区办事处设立和/或搬迁至IKN地区，将获得10个纳税年度的100%扣除
特定项目成本的超额扣除	扣除200%	向IKN区域捐赠或承担公共设施、社会设施或其他非营利设施的相关建设费用的国内纳税人，将可获得最高200%的成本超额扣除
	扣除250%	在IKN区域内组织、雇用从事教育或培训活动相关的人才，并以获取工作经验、实习或培训活动为目的，培养和发展某些能力的人才的纳税人，可获得最高250%的超额扣除
	扣除350%	在IKN区域内定居或从事某些研发活动的印尼本土企业纳税人将获得最高350%的超额扣除
土地或建筑物权利转让相关的所得税	予以100%扣除	转让IKN区域内土地或建筑物权利的纳税人将获得土地相关的所得税100%扣除
增值税	免征	在IKN区域内进行的以下业务活动均可免征增值税： 1. 交付具有战略性质的应税货物或服务 2. 具有战略价值的特定应税商品进口
奢侈品销售税	免征	将豪华住宅和物业交付给在IKN区域内进行从事商业活动、履行职务或居住的个人、实体、政府部门或机构的，可获得免征奢侈品销售税的优惠

第三节 赴印尼投资报税合规关键点分析

赴印尼投资的税收风险来自其繁杂的税收制度，其主要的风险体现在税务征管、纳税申报、信息报告、调查认定、享受税收优惠等方面。若未能有效避免以上风险，将面临补税、罚款，甚至刑事责任。

一、税收征管风险

（一）税务登记

印尼的税收制度基于居民身份，所有纳税居民（包括外籍人士）都必须进行税务登记。在印尼注册的公司需要在完成注册并取得营业执照后，通过所属住宅或办公区域的税务局或咨询办公室进行登记，并注册纳税人识别号（NPWP）；也可以在网站上进行税务登记，通过国家税务总局网站，并获得纳税人识别号，以履行其税收权利和义务。

根据印尼税法规定，如果纳税人故意不注册NPWP，以及故意不当适用NPWP将可能面临从少缴的税额中罚款2～4倍和监禁至少6个月至6年。如果纳税人在第一次服刑后1年内又在税收中犯下另一项犯罪行为，则刑期将加倍。

（二）税收账簿、会计

在印尼，除税法另有规定外，企业和有经营活动或自由职业的个体需根据现行会计准则记账。年收入不超过48亿印尼盾且涉及非税收入的纳税人，可简化交易记录。

账簿须以印尼盾和印尼文编制并存管。

对于外国投资企业（PMA）、常设机构、外资企业子公司、海外上市纳税企业以及那些根据印尼适用的财务会计准则（SAK）以其记账本位币——美元编制财务报表的纳税企业，可以通过向DGT提交特别申请，获得以美元记账并以英文编制账簿的许可。申请以美元记账的企业需要在会计年度开始前至少3个月内向DGT提交书面申请。DGT将在收到申请后一个月内作出决定。如果在规定期限内DGT没有作出任何决定，则该申请将被视为自动通过审批。

持有产量分成合同（PSCs）、工作合同（Cows）或矿权营业执照（IUP）的企业，也可以选择以美元进行记账，但需要以书面形式向DGT提交申请，同样需要在会计年度开始前至少3个月内完成。

不论记账货币和语言，企业通常须以印尼盾纳税，并用印尼文填写税表。企业所得税年度申报表需同时以印尼盾和美元呈现。

已经获得以美元记账许可的企业，如果希望重新变更为以印尼盾记账，需要向DGT提交申请。如果申请获得批准，该企业在未来5年内将不得再次申请以美元记账。

二、纳税申报风险

印尼对于外资公司的税务要求相当细致且严格，以确保税收的公平性和合规性。外资公司需要按照印尼税务法规的要求，每月报告和缴纳各种税款。具体来说，外资公司每月需报告和缴纳的税种包括企业所得税、员工预扣税、其他预扣税、增值税以及奢侈品销售税。其中，预扣税需要在次月的10日前完成缴纳，以确保员工和其他应预扣税款能及时入库。企业所得税的缴纳则需在次月的15日前完成，以确保企业所得税能及时收取。

月度税务报告是外资公司税务申报的重要组成部分，需要在每月的20日前提交给印尼税务局。此外，增值税和奢侈品销售税的报告则需要在月底前完成，以确保这些税种能及时得到申报和监控。

除月度税款外，外资公司还需要在年度结束时进行一系列的税款申报和缴纳。年度税款包括企业所得税、个人所得税（如有）、土地与建筑物税等。其中，企业所得税和个人所得税需要在提交年度申报表前完成缴纳，以确保税款能及时入库。而土地与建筑物税则需要在收到税务通知后的6个月内完成缴纳。所有税款都需要按照地区进行缴纳。如果外资公司未能按时缴纳税款，将会产生高额的罚息，最高可达48%，这将极大地增加公司的财务负担。

在税务申报方面，外资公司还可以申请延期提交年度所得税申报表。如果公司因特殊原因无法按时提交年度所得税申报表，可以提前向印尼税务局提交书面申请，并附上暂定计税单。在获得印尼税务局批准后，公司可以延期两个月提交年度所得税申报表，但需要在规定时间内提前缴清暂定税额。如果最终税额高于暂定税额，外资公司将受到每月2%的罚息（按差额计算），直至差额补缴完为止。

如果外资公司逾期未提交年度所得税申报表，印尼税务局将会发出警告信。如果公司忽视警告并继续拖延，税务局将签发正式评估税额，并加收评估税额的50%作为行政处罚。因此，外资公司必须严格遵守印尼的税务法规，按时进行税务申报和缴纳，以避免不必要的税务风险。

三、调查认定风险

在印尼，税务申报系统采取了一种被称为“自我评估”的机制，这意味着纳税人需要根据现行的税法和规定，自行计算、申报并缴纳其应纳税额。印尼采用纳税评估的方式鼓励纳税人自我遵从，即通过评估确定纳税人是否正确计算和支付了应纳税款。纳税评估会针对纳税人到期应纳税额、税务抵扣、到期应纳税额与税务抵扣差额等某一项税收项目开展评估并签发税务评估函。税务评估函的类型：

①溢纳税额评估函——到期应纳税额少于税务抵扣金额。

②应纳税额评估函——到期应纳税额超过税务抵扣金额。

③无税调评估函——到期应纳税额等于税务抵扣金额。

税务机关如果签发的是应纳税额评估函，视情节纳税人可能会受到以下处罚：

①按月度利率（MIR）加上额外利差的利率计算方式计算利息，最高期限为24个月，不同情况下计算方法不同：

A. 逾期缴纳月度税单的应纳税额=（MIR+5%）/12；

B. 稽查阶段税务局出具纳税调整评估函之前自愿披露=（MIR+10%）/12；

C. 税务稽查后出具的SKPKB=（MIR+15%）/12；

D. 逾期补缴SKPKB调整的税款=MIR/12。

②加征50%的所得税应纳税额。

③加征100%的预提税应纳税额。

④加征100%的增值税及奢侈品营业税的应纳税额。

适用哪项处罚将取决于纳税人所犯的错误。处罚金额以应纳税额为基础，根据相应适用利率进行计算。除签发以税务稽查为基础的税务评估函外，印尼税务局也可能针对忽略在规定时间内提交纳税申报的警告或没有按照规定标准维护账簿的纳税人签发自主税务评估函。

然而，在印尼税务局依据税务审计签发纳税评估函之前，以纳税人自愿提供的资料为基础签发纳税评估函的，纳税人可免予处罚。

为了确保税务的合规性和准确性，印尼税务局有权对纳税人的自估税额进行税务稽查。这种稽查可能仅针对某一特定的税项，也可能覆盖某段纳税时期（如一个纳税月或纳税年度）内的所有税项。税务稽查可以在纳税人的办公地点、印尼税务局的办公室或者两者同时进行，以便更全面地了解纳税人的税务情况。

退税申请也是税务流程中的一个重要环节，但在印尼，退税申请的提交往往会触发税务局的税务稽查。由于印尼税务局需要在收到退税申请后的12个月内作出决定，因此税务稽查工作通常会在成功递交退税申请后的数周至数个月内启动。特别是对于企业所得税的退税申请，由于其涉及的税额较大且复杂，往往会引发涵盖所有税项的税务稽查。

除了退税申请外，还有其他一些因素也可能引起税务局的特别关注，从而触发税务稽查。这些因素包括但不限于：溢报纳税（即使没有退税申请）、年度所得税申报显示为亏损状态、纳税人更改其会计年度、记账方式或进行固定资产重估等。此外，如果纳税人在风险分析后被认定为存在风险，如未在规定时间内提交报税表或在警告信注明的截止日期之后提交报税表，或者税务申报不符合印尼税务局的稽查要求（如未充分披露相关信息），也可能成为税务稽查的对象。

对于在印尼进行投资的企业来说，除常规的税务申报和稽查外，还需要留意一些特定的税务风险。这些风险包括但不限于：转让定价调查风险，即税务局可能对企业的跨国交易进行审查，以确保定价的公平性和合理性；受控外国企业调查风险，即如果企业在印尼境外拥有子公司或分支机构，并且这些实体被认定为受控外国企业，那么这些企业的收入可能会被纳入印尼的税务管辖范围；资本弱化认定风险，即税务局可能对企业的债务和股权结构进行审查，以防止企业通过过度借债来降低税务负担。这些风险都可能对企业的税务合规性和经营稳定性产生影响，投资者需要密切关注并采取相应的风险管理措施。

四、享受税收协定风险

（一）未正确享受税收协定待遇

大部分企业在印尼未能享受税收协定待遇，背后往往隐藏着多方面的原因。首先，缺乏对中国与印尼签署的税收协定的深入了解是其中一大障碍。这些协定旨在为企业提供税收优惠和便利，但由于信息传递和宣传的局限性，许多企业对此知之甚少，未能充分利用这一政策优势。其次，对印尼本地税法的不熟悉也是导致企业未能享受税收协定待遇的重要原因。在跨国投资的过程中，了解并适应目标国家的税法规定和税务管理流程至关重要。然而，有些企业在进入印尼市场时，没有深入研究印尼的税法规定和税务管理流程，导致在核算应纳税额和申请享受税收协定待遇时遭遇困难。最后，企业与境外分支机构或委托的中介机构之间的沟通不畅也是影响税收协定待遇享受的一个重要因素。在境外投资经营项目中，企业往往需要与印尼当地的中介机构进行合作，由当地人员负责记账和纳税申报工作。然而，如果境内财务人员与这些机构之间的沟通不足，就可能无法及时了解境外所得在当地的税收协定待遇享受情况，从而错失享受优惠的机会。

（二）滥用税收协定待遇

在印尼进行投资时，企业需要警惕滥用税收协定待遇的风险，这些风险包括但不限于常设机构的认定风险、导管公司认定风险以及“受益所有人”判定风险等。

1. 常设机构的认定风险。

中国投资者在印尼获得营业收入时，是否需要在印尼履行纳税义务，很大程度上取决于是否被认定为常设机构。常设机构通常指的是在印尼境内具有固定营业场所或人员的实体，其营业利润往往需要在印尼纳税。中国投资者应谨慎处理在印尼设置的场所和人员，以避免被印尼税务局认定为常设机构，进而承担不必要的税务负担。因此，常设机构的具体认定问题是中国投资者在印尼投资过程中应当特别关注和防范的税务风险点。

2. 导管公司认定风险。

导管公司是指那些仅为逃避或减少税收、转移或累积利润等目的而设立的公司，它们通常仅在所在国注册，但不从事实质性的经营活动。为了避免被印尼税务局认定为导管公司，中国在印尼注册的外资企业应保持实际经营活动的持续性和实质性，避免长时间未产生实际经营活动的情况。同时，企业还应保持与印尼税务局的沟通，及时解释和说明其经营活动的真实性和合法性。

3.“受益所有人”判定风险。

在税收协定中，“受益所有人”的概念是为了防止滥用税收协定而设立的。只有当税收协定国居民是被动性收入的“受益所有人”时，才能申请享受税收协定待遇。因此，能否确定其“受益所有人”的身份对于中国投资者来说至关重要。在印尼获取股息、利息或特许权使用费等被动性收入时，中国投资者应向印尼税务局充分证明自身的“受益所有人”身份，以适用税收协定规定的优惠税率。如果投资者作为受益人缺乏实质上的经营管理活动，或者被视为空壳公司或导管公司，那么其“受益所有人”的身份将很难被印尼税务局认可，从而可能引发税务争议和不必要的税务风险。

五、信息报告风险

印尼对于外资公司的税务要求十分明确和严格，所有在印尼注册的外资公司都需依法缴纳税款并定期报告公司的财务状况。这些外资公司所应支付的印尼税收种类多样，其中许多与在其他国家中的利益相关者需支付的税率相似，印尼税务政策与国际接轨，体现了印尼税务政策的公平性。

外资公司需缴纳的税种主要包括：月度和年度预扣税、月度和年度所得税、增值税、奢侈品销售税等。此外，根据公司的投资计划和业务性质，还可能涉及其他特定的税收项目。在支付税款方面，外资公司需按照印尼税务法规的要求，在公司办公室所在地的税务局进行缴纳。

当外资公司在印尼境内有固定住所时，将被视为印尼税收居民。作为税收居民，外资公司需履行作为居民纳税人的义务，包括按照印尼税务法规的要求申报和缴纳税款。印尼的税收法规还包括自我评估系统和预扣税制度。自我评估系统要求外资公司自行计算和申报应缴纳的税款，提高了税务管理的效率和透明度。预扣税制度则要求外资公司在支付款项时预扣相应的税款，并在规定时间内向税务局缴纳，以确保按时缴税，避免逃税行为的发生。

案例：税务筹划方案的设计[①]

【案例背景】

中国A汽车股份有限公司（简称中国A公司）经过多年发展，形成了商用车系列产品的生产格局，逐渐发展成一家国际化和现代化的大型中国本土企业。为加快全球化布局、提升国际竞争力，中国A公司积极拓展海外市场，不断增加境外投资力度，助力销量持续增长。该公司于2015年在印尼雅加达建设整车工厂和零部件园区。经过积极拓展境外市场，在印尼的投资项目已成为中国A公司国际化战略的重要一环。

【税务筹划方案设计：预提税筹划策略】

面对印尼复杂的税务环境，为确保在印尼投资的稳健收益，中国A公司在税务筹划上进行了深入分析和布局。其采取预提税筹划策略，旨在合理利用税务政策，减少税务支出，提高投资收益。

预提税是企业在计算利润时，在尚未实际支付的税款基础上提前计入

① 孟乐之：《RCEP协定下企业在东盟国家投资的税务筹划探究——以上汽通用五菱在印度尼西亚投资为例》，《财会通讯》2023年第6期，第135-138、176页。

财务报表的税收。公司利润、利息及股息等是预提税的主要征缴对象。在跨境投资中，企业可以根据不同国家的税法规定和税务环境，积极寻找并利用不同国家提供的税收优惠和减免政策，合理选择投资结构。例如，选择合适的子公司或分支机构结构，以最大限度地降低整体税务负担。如果中国A公司在印尼投资设立子公司，适用于两国签署的《关于对所得避免双重征税和防止偷税漏税的协定》的规定，股息、利息和特许权使用费预提税均为10%。在印尼对外签署的税收协定中，股息预提税较低的地区有中国香港，税率为5%。此外，香港不征收股息预提税，即企业在香港分配股息给股东时，无须支付预提税。值得注意的是，香港主要直接税是利得税[①]，且采用地域来源征税原则，即该税种只适用于在香港产生或得自香港的利润。

因此，中国A公司可以有两种股权架构设计方案。方案一是直接控股，在印尼设立100%直接控股子公司B；方案二是间接控股，在中国香港设立100%直接控股公司C，由其控制印尼子公司D的100%股权。假设印尼项目2023年息税前利润为7000万美元，印尼项目的税后利润将全部汇回中国A公司。股权架构设计如图5-1所示。

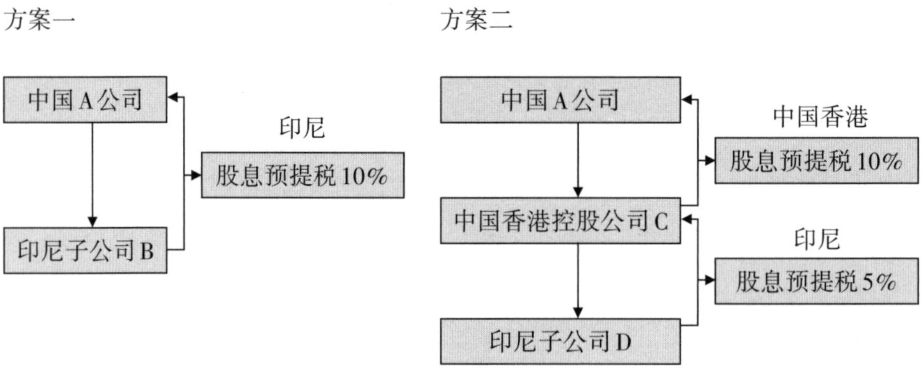

图5-1 股权架构设计

① 利得税是香港特别行政区对在其管辖范围内的企业和个人从事贸易、专业服务或其他业务所赚取的利润征收的一种税。

方案一：

1. 中国A公司2023年的海外（印尼）纳税总额=B企业所得税税额[①]+B预提税税额（股息）。[②]

中国A公司2023年的海外（印尼）纳税总额=7000万美元×22%+（7000万美元-7000万美元×22%）×10%=2086万美元。

2. 中国A公司2023年的海外（印尼）现金股利收入=B税后利润-B股息预提税税额。

中国A公司2023年的海外（印尼）现金股利收入=（7000万美元-7000万美元×22%）-（7000万美元-7000万美元×22%）×10%=4914万美元。

3. 海外纳税占息税前利润比=2086万美元÷7000万美元×100%=29.8%。

方案二：

1. 中国A公司2023年的海外（印尼）纳税总额=D企业所得税税额+D预提税税额（股息）。[③]

中国A公司2023年的海外（印尼）纳税总额=7000万美元×22%+（7000万美元-7000万美元×22%）×5%=1813万美元。

2. 中国A公司2023年的海外（印尼）现金股利收入=C税后利润-C股息预提税税额。

中国A公司2023年的海外（印尼）现金股利收入=（7000万美元-7000万美元×22%）-（7000万美元-7000万美元×22%）×5%=5187万美元。

3. 海外纳税占息税前利润比=1813万美元÷7000万美元×100%=25.9%。

---

① 印尼居民企业的所得税税率一般为22%，因此企业所得税总额=企业应税所得额×22%。

② 预提税税额=税后利润×预提税税率

③ 印尼子公司D的股息预提税是为中国香港控股公司C缴付。香港控股公司C在香港不用缴付利得税和股息预提税。

【税务筹划方案评价】

比较以上两个税务筹划方案，通过香港控股公司间接控股，整体税负降低大约13.09%。因此，基于印尼和不同国家/地区之间预提税税率的不同，通过对印尼投资项目的股权架构进行设计和调整，可以较好地达到控制税务成本、提高境外投资收益的目的。但要特别注意的是，以上税务筹划方案仅仅是从股息预提税的角度进行设计。在实际投资中企业还要结合资本弱化、借款来源选择等因素，并充分利用印尼国内税务（优惠）政策进行综合考量和筹划。总而言之，税务筹划要以合法合规作为基本前提，要提前筹划、具体问题具体分析，确保筹划方案合法且合理。

第六章
商事纠纷解决之道

怎样到RCEP成员国投资

印度尼西亚篇

中国—东盟自由贸易区的建立，使我国与东盟各国的贸易交往日益密切，随之而来的纠纷也逐渐增多。诉讼、仲裁、调解等，作为解决国际商事纠纷的重要手段，发挥着举足轻重的作用。印度尼西亚是东盟十国中最大的经济体和共建“一带一路”的重要共建国家，也是我国企业“走出去”的热点国家，研究印尼商事纠纷解决制度对推动中国企业“走出去”“走进去”“走上去”具有重要实践意义。本章通过研究印尼现适用的《印尼民法典》《印尼民事诉讼法》《仲裁与替代性争议解决法》《印尼国家仲裁委员会的仲裁规则》中与商事争议解决相关的法律法规，以及印尼加入的国际条约，梳理出各纠纷解决途径的区别、优劣和可借鉴之处，有利于我国企业在印尼进行商事交往和纠纷解决。

第一节 中国企业在印尼商事纠纷解决方式

一、诉讼

（一）印度尼西亚法律体系

根据印度尼西亚宪法，印度尼西亚的司法与行政、立法相分离，有着独立的司法制度，基本原理以荷兰殖民法和法典为基础，其法律体系总体上属于大陆法系，包括刑法、民法、商法三大部分。具体而言，主要由三个方面构成：一是习惯法、伊斯兰法和荷兰法三者融合而成的刑法体系；二是以习惯法和伊斯兰法为主的民法体系；三是以荷兰法为基础的商法体系。其主要法律渊源包括：宪法、人民协商会议通过的决议、法律、具有替代性的临时法规、一般行政法规、总统法令、地方性法规。

按照法律所调整的社会关系来分，印尼法律体系包括以下几个方面：

宪法与行政法：以成文法为主要表现形式，包括现行《“四五”宪法》《选举法》《国家安全法》《国家机关组织法及公务员法》《地方政府法》《立法法》，以及各种门类的社会公共管理等方面的法律。各省根据宪法第18条和《地方自治法》享有行政、财政和部分立法权，但仅限于中央授权的范围内，例如教育、公共卫生和地方资源管理地方条例。这些地方条例需经地方议会通过，并接受中央政府的合法性审查。

刑法：《刑事法典》与《古兰经》条文共存。

民商法：包括《民法典》《外观设计法》《专利法》《著作权法》《商标法》《有限责任公司法》《投资法》等。

经济法：包括《保险法》《资本市场法》《银行法》《反垄断与不正当竞争法》等。

社会法：包括《环境保护法》《劳工法》等。

程序法：包括《刑事诉讼法》《民事诉讼法》等。

（二）印度尼西亚法院结构

印度尼西亚法院分为普通法院、宗教法院、军事法院和行政法院。其中普通法院包括最高法院、高等法院和地方法院。地方法院设在每个地区和城市，而高等法院设在各省的省会城市。由地方法院作出一审判决，上诉案件由高等法院审理，最高法院则为终审法院。印尼法院的审判组织也分为合议庭和独任制。一般来说，标的额在5亿印尼盾（约合人民币22万元至23万元）以下的简单案件采取独任制审理，其余案件则至少由3名法官组成合议庭审理。

印尼在普通法院这套系统中，还设有特别审判法庭，分别是：

劳动争议法庭（Labour courts），主要审理劳动纠纷，劳动案件会由一位法官和一位特设法官共同参与。部分劳动纠纷的判决无法上诉，但可以向最高法院申请审判监督。

商业法庭（Commercial courts），最初是为破产程序设立的，印尼共设有5个商业法庭，分别位于雅加达、望加锡、棉兰、泗水和三宝垄。自2001年以来，商业法庭还审理过知识产权案件。对于债务止付案件及破产案件的判决，不能上诉，但可以向最高法院申请审判监督。

税务法庭（Tax courts），对纳税人或税务担保人行使司法权的司法委员会，寻求处理税务纠纷。税务法院有权调查和裁决税务纠纷，并有自己的程序法。印尼只有一个税务法院，位于雅加达。

反腐败法庭（Anti-corruption courts），主要审理腐败案件。部分腐败案件会由特设法官来审理。

宗教法院适用伊斯兰教法审理民事和刑事案件，但双方当事人必须都是穆斯林或基于伊斯兰教法的机构。军事法院管辖涉及军人的刑事案件、军人对他人造成的损害赔偿案件及军队内部的行政案件。行政法院管辖行政案件。

（三）印度尼西亚民事诉讼程序

印尼实行三审终审制的审判制度：涉外案件的一审由地区法院审理，对一审判决结果不服的，上诉到高等法院，如果当事人对高等法院的裁判结果不服，可以向最高法院继续上诉。此外，某些类型的案件可以直接向最高法院提起上诉，而无须先上诉到高等法院，以便这些案件可以更快速地解决。如对破产、知识产权判决的上诉和对涉及商业竞争委员会判决的上诉。

1. 一审程序。

（1）起诉和受理。原告可以以口头或书面的形式向地区法院提起诉讼，由具有管辖权的法院受理。印尼允许合同争议的双方当事人协议选择受诉法院。外国当事人与印尼当事人发生合同纠纷时，既可以选择印尼当地的法院提起诉讼，也可以选择外国的法院提起诉讼（侵权纠纷除外）。

（2）传票和通知。受理案件后法院以传票形式通知当事人，内容包括原告起诉书的内容以及预计开庭的时间与地点。一般会通过邮寄送达，如原告在起诉时同意电子送达的，则会通过电子送达方式向当事人送达，最迟应当在开庭前3天向当事人送达开庭传票。如需向住所地在印尼以外的当事人送达传票，则须通过外交途径。

（3）法庭组织调解。庭审的第一天，在双方都到场的情况下，合议庭会要求进入为期30天的法庭调解阶段。如未能达成调解协议或双方均不要求延长调解期限的，则调解结束，案件进入正式审理阶段。

（4）法院审理。印尼法律规定，民事争议各方应先通过调解解决纠纷，调解不成，法官再确定开庭日期，将启动诉讼程序，包括法庭调查、举证质证、法庭辩论等。向印尼法院提交的文件应使用印尼文，未用印尼文的，应附有在印尼获得执照的翻译人员编写的译文。

（5）法院裁判。庭审结束后，由法庭出具裁判意见。

2. 上诉程序。

任何一方当事人对地区法院的裁判结果不服，可以向高等法院上诉。当事人应当在地区法院作出裁判意见之日起14天内向地区法院提交上诉申请书。地区法院通知另一方当事人提交答辩意见书，地区法院收到完整材料后于14天内通知高等法院，并于1个月内将案件卷宗移交给高等法院。印尼原则上实行三审终审制，如当事人对高等法院的裁判结果不服，要继续上诉的，应在高等法院作出判决后14天内继续向最高法院上诉。

3. 审判监督。

印尼的终审判决，在满足以下条件时，仍可以向最高法院申请审判监督：存在欺诈或伪造行为，致使判决错误的；出现新证据；法官越权裁判；法律适用错误；未遵循先例；判决存在明显错误。

4. 执行程序。

对于国内判决，在判决生效后，胜诉方应向被执行人住所地的地区法院申请执行。被执行人应在收到法院通知后8天内履行生效法律文书，否则将进入强制执行阶段。

对于外国判决，由于印尼目前未加入任何法院判决互认公约，也未与任何国家签署相互承认和执行判决的条约和公约，因此外国判决一般不能在印尼直接获得承认与执行。当事人只能在印尼向当地的法院重新起诉，将外国法院的判决作为证据提交。只有一项例外，即外国法院作出的关于共同海损计算和分摊的判决可以依照印尼《商法典》第724条向印尼法院申请承认与执行。

二、非诉讼纠纷解决方式

外国投资者可以选择通过非诉讼方式来解决商业和贸易争端，非诉讼纠纷可以采用仲裁程序或替代性争议解决程序的形式解决。

（一）仲裁

1. 印度尼西亚仲裁制度概述。

仲裁作为印尼解决争端的正式方式从19世纪中叶开始，当事人适用仲裁解决纠纷的权利能力来源于印尼《民法典》一般合同自由条款，但此时还没有专门关于仲裁的法律规定。为适应转型期的需求，自20世纪90年代以来，印尼已着手在其司法体制内确立非讼纠纷解决程序。1999年8月12日，印尼颁行了专门的仲裁法——《仲裁与替代性争端解决办法》（第30/1999号法律）。该法为非讼纠纷解决程序的制度化奠定了法律基础，一直施行至今。印尼加入的有关仲裁的国际公约包括《承认及执行外国仲裁裁决公约》（又称《纽约公约》）和《国际投资争端解决中心公约》。

2. 印度尼西亚仲裁协议的有效要件。

（1）形式要件。

各国国内法一般都要求仲裁协议是书面形式，《纽约公约》（第2条第1款）也同样要求仲裁协议需采取书面形式。

印尼《仲裁与替代性争端解决办法》将“仲裁协议”定义为当事人在纠纷发生前或发生后订立的书面仲裁协议，明确规定仲裁协议或仲裁条款应以书面形式并由争议各方签署。书面形式除了传统意义上的纸质形式，还包括电子通信等可记载的形式。印尼国家仲裁委员会（BANI）的仲裁规则（简称BANI规则）对书面形式进行了更为详细的规定，规定书面形式不仅包括书面或印刷在纸上的记录、电子制作或传送文件，还包括通信、会议记录、电传、传真、电子邮件或其他通信方式。

印尼《仲裁与替代性争端解决办法》第9条规定：①当事人在争议发生后选择通过仲裁方式解决争议的，必须提交经当事人签署的书面协议，指定仲裁为解决争议的手段。②当事人不能按照第一项约定签署书面协议的，应当由公证机关以公证书的形式订立书面协议。据此，如果在争议发生后，当事人不能按《仲裁与替代性争端解决办法》的规定签订书面仲裁协议的，应当以公证书的形式订立书面仲裁协议。

（2）实质要件。

一是将争议提交仲裁的意思表示。当事人将其有关的争议提交仲裁解决，须有明确、真实的请求仲裁解决的意思表示。请求仲裁的意思表示带有一裁终局，排除司法管辖权的特性[①]，亦是仲裁裁决得到承认与执行的必备文件。

二是争议发生后签订的仲裁协议内容有特殊要求。对争议发生之前达成的仲裁协议，印尼《仲裁与替代性争端解决办法》规定，仲裁协议内容只需要当事人具有真实提交仲裁的意思表示并以书面的形式表现出来[②]，在仲裁协议内容上没有其他特别要求。

但是，如果仲裁协议是在争议发生后签订的，根据印尼《仲裁与替代性争端解决办法》第9条规定，书面仲裁协议必须包括：①争议的标的物；②双方的名称和住址；③一名仲裁员或多名仲裁员的姓名和联系住址；④仲裁地点；⑤仲裁秘书姓名；⑥争议解决的期限；⑦仲裁员的意愿声明；⑧争议各方愿意承担通过仲裁解决争议所必需的一切费用的声明。从上述要求看，印尼《仲裁与替代性争端解决办法》对在争议发生后签订的仲裁协议的内容有特殊要求，需要当事人逐一协商清楚，当事人在签订仲裁协议时需要选定好仲裁员、仲裁秘书、仲裁地点及愿意承担费用的声明，并且直接规定这8个要件为必须项，缺少上述要件的书面仲裁协议无效。这是印尼仲裁法的特别之处，在其他国家的法律和仲裁规则中较为少见，需要引起特别重视。虽然这样的规定极大地限制了仲裁的适用，使得仲裁的门槛变得奇高。但印尼仲裁法也规定在不能达成有效仲裁协议的情况下，当事人可以选择以公证书的方式订立仲裁协议，BANI也提供了示范性的仲裁条款，以供当事人选择使用。

三是提交仲裁的争议属于可仲裁事项，即当事人提交仲裁解决的问题

---

① 赵平：《国际商事仲裁律师实务》，法律出版社，2018，第27页。

② 中国国际经济贸易仲裁委员会：《“一带一路”沿线国家国际仲裁制度研究》，法律出版社，2019，第76页。

应属于相关国家法律允许仲裁的范畴。可仲裁事项必须是相关国家法律允许的可采取仲裁方式处理的争议，若是不可仲裁事项，会导致相关国家法院认定仲裁协议无效或拒绝承认与执行仲裁裁决[①]。

印尼于1981年加入《纽约公约》，但作了互惠保留和商事保留。印尼《仲裁与替代性争端解决办法》第5条规定：只有具有商事性质的、涉及争议当事人依据法律和法规完全有权处置的权利争议，方可仲裁解决；按照现有法律不能友好解决的争议，不可仲裁解决。印尼可仲裁事项大致可归纳为3个条件：一是属于商事争议，二是依据法律和法规规定当事人完全可以处置的争议，三是按照现有法律能够友好解决的争议。其中不可仲裁争议规定在印尼《民法典》第616条，包括和赠与或遗赠的协议、离婚与司法别居的协议以及与婚姻共同财产分割的协议相关的争议。[②]

3.仲裁程序。

第一步，仲裁程序从申请人提交申请开始。印尼《仲裁与替代性争端解决办法》第38条规定：申请人应当在仲裁员或仲裁庭限定的期限内提交仲裁申请书。仲裁申请书至少包括以下内容：当事人双方的姓名及住所；对争议的简要介绍和相关证据；请求的具体内容。第39条规定：第一步，仲裁员或仲裁庭的首席仲裁员应当在收到申请人的仲裁请求之后，向被申请人提供申请书副本，并要求其在收到申请人仲裁申请书副本之日起14天内向仲裁员或仲裁庭提交书面答辩意见。第二步，申请人指定仲裁员。第三步，秘书处将申请书送达被申请人，被申请人自收到申请书后14天内提交答辩书并指定仲裁员。根据印尼《仲裁与替代性争端解决办法》的规定，除非当事人另有约定，双方当事人可以指定仲裁员。第四步，仲裁庭对双方争议进行审查和裁决。第五步，仲裁庭作出最终裁决。第六步，仲裁庭将最终裁决交给申请人和被申请人。

---

① 韩德培：《国际私法新论》，武汉大学出版社，2004，第527页。

② 《一带一路沿线国家法律风险防范指引》系列丛书编委会：《一带一路沿线国家法律风险防范指引（印度尼西亚）》，经济科学出版社，2015，第260页。

关于仲裁语言，印尼官方语言为印度尼西亚语。在印尼仲裁使用印度尼西亚语，但也允许当事人或仲裁庭选定适用其他语言。印尼《仲裁与替代性争端解决办法》第28条规定：仲裁审理过程中应当使用印度尼西亚语，除非双方当事人共同选择另外一种语言并得到仲裁员或仲裁庭的同意。BANI规则规定，如果当事人未另行约定，则案件审查程序应以印度尼西亚语进行，除非仲裁庭使用英语或其他语言[①]（如存在外国当事人、外国仲裁员或由争议引起的交易以另一种语言进行的情况）。

4. 仲裁裁决的作出和效力。

印尼《仲裁与替代性争端解决办法》规定，仲裁裁决应在审理程序终结后30天内作出[②]，仲裁裁决对纠纷当事人具有终局性和约束性[③]。仲裁员因疾病或死亡而未在仲裁裁决上签字的，此仲裁裁决的效力不因此而受阻。仲裁员未在仲裁裁决上签字的理由应在仲裁裁决中载明[④]。

5. 印度尼西亚仲裁裁决的撤销制度。

仲裁解决纠纷的优越性在于方便和高效，保证这种优越性依赖于仲裁裁决的有效执行。但不管是仲裁还是法院诉讼都需要根据公平公正和合法的原则，若一味地追求仲裁裁决的执行，而忽略对相对方的合理保护，则可能造成更大的危害，所以各国仲裁法都规定了仲裁裁决的法定撤销事由作为缓冲带，从而减轻仲裁裁决的公正性与有效的执行之间存在的紧张关系。

印度尼西亚撤销仲裁裁决的法定理由一般由仲裁地国家的法律所规定，《纽约公约》以及其他一些国际商事仲裁公约都被认为对仲裁撤销的理由没有施加任何限制，而是将这个问题留给国内法进行解决[⑤]。对于仲

---

① BANI规则第14条第2款。

② 印尼《仲裁与替代性争端解决办法》第57条。

③ 印尼《仲裁与替代性争端解决办法》第60条。

④ 印尼《仲裁与替代性争端解决办法》第54条第2、3款。

⑤ 徐伟功：《国际商事仲裁理论与实务》，华中科技大学出版社，2017，第308页。

裁裁决的可撤销法定理由，印尼《民事诉讼法》和《仲裁与替代性争端解决办法》作了规定。印尼《民事诉讼法》第634条规定：①仲裁裁决超出仲裁协议约定范围的；②仲裁员委托属于无效或终止的；③其他仲裁员缺席，仲裁裁决由无权作出裁决的仲裁员作出的；④仲裁裁决的事项超出当事人诉求的；⑤仲裁裁决中存在互相矛盾的；⑥仲裁员遗漏当事人提交诉求的；⑦未遵守程序规则的；⑧裁决是依据虚假或错误的文件制作的；⑨裁决后发现有决定性新证据的；⑩裁决是依据欺诈作出的。印尼《仲裁与替代性争端解决办法》第70条规定，申请撤销仲裁裁决应满足以下条件：①发现所依据的证据是虚假的；②对方存在故意隐瞒对案件有决定性的证据的；③仲裁裁决是因为一方当事人欺诈而作出的。

总的来看，印尼不区分国内仲裁裁决和国际仲裁裁决的法定可撤销理由；在撤销申请主体上，申请撤销仲裁裁决的主体只能依据当事人自己申请，而不能由法院依职权主动撤销仲裁裁决；当事人提起撤销之诉也有时间限制①。当事人应在仲裁裁决作出后迅速提出申请，没有在规定时间内提出申请，当事人可能丧失撤销请求权。因此，印尼规定撤销仲裁裁决的申请必须在仲裁裁决被提交登记之日起30日内提出，法院只有30天的时间处理申请。若当事人不服地区法院作出的裁定可以向最高法院提出上诉，最高法院最终将在30天内决定此事。

6. 印度尼西亚的主要仲裁机构。

印尼有几个常设仲裁机构：一是印度尼西亚国家仲裁委员会，由印尼工商会支持，是印尼历史最悠久、活动最活跃的仲裁机构；二是印度尼西亚伊斯兰仲裁委员会，由印尼乌里玛委员会设立，主要处理穆斯林之间的商事纠纷和伊斯兰的商业交易；三是印度尼西亚资本市场仲裁委员会，主要处理资本市场领域的商事纠纷。仲裁裁决为终局裁决，对争议方具有约束力。

① 赵健：《国际商事仲裁的司法监督》，法律出版社，2000，第246页。

印度尼西亚国家仲裁委员会成立于1977年，位于雅加达，是印尼主要的仲裁协会。它由印尼工商会根据印尼商会管理委员会的法令（1977年11月30日编号：SKEP/152/DPH/1977）设立，由理事会管理，并由著名公众人物和商界人士组成的监事会和顾问委员会监督。BANI提供与仲裁、调解、约束性意见和其他形式的争议解决相关的一系列服务。根据印尼司法和人权部部长于2018年12月28日发布AHU-00-0016026的法令，BANI获得了法律实体的地位。此外，BANI的名称和标志也受到印尼司法和人权部知识产权总局的印尼巴丹仲裁局商标注册的保护。作为印尼最古老的仲裁机构，BANI有丰富的处理在各种贸易和工业部门产生的纠纷的经验，包括在商业、建筑、银行、金融、自然资源、电信、投资、保险、知识产权、机构、航运/海事、伊斯兰法等领域产生的纠纷。在国家和国际范围内，BANI有解决争端的规则和仲裁程序。这些规则和程序继续根据该国和世界上的仲裁惯例和程序的发展而不时地修改。

在国际上，BANI是国际仲裁协会的成员，也是亚太地区仲裁集团（APRAG）的创始成员。此外，BANI也是区域仲裁研究所论坛（RAIF）的创始成员之一。印尼仲裁者研究所（IArbI）具有担任BANI在RAIF的成员的资格。

为了在全球范围内推进仲裁，BANI还与各国的各种仲裁机构进行了合作。这些机构包括：日本商事仲裁协会（JCAA）、荷兰仲裁协会（NAI）、韩国商事仲裁委员会（KCAB）、澳大利亚国际商事仲裁中心（ACICA）、菲律宾争端解决中心（PDRC）、国际商事仲裁与替代性争端解决基金会（SICA-FICA）、新加坡仲裁员协会（SIArb）、文莱达鲁萨兰国仲裁协会（AABD）、亚洲国际仲裁中心（AIAC）、比利时仲裁调解中心（CEPANI）、泰国仲裁中心（THAC）、孟加拉国国际仲裁中心（BIAC）、中国国际经济贸易仲裁委员会（CIETAC）。

BANI拥有140多名来自国内外的经验丰富的仲裁员。

关于BANI的仲裁费用[①]如下。

（1）注册费：500万印尼盾（在提交仲裁申请书注册时支付）。

（2）最低仲裁费（行政费、审查费和仲裁员费）：200万印尼盾。

（3）仲裁和反仲裁的管理费、审查费、仲裁员费用如表6-1所示（分段累计收费）。

表6-1　BANI仲裁费分段收费表（含管理费、审查费、仲裁员费用）

争议金额（印尼盾）	费率
1000000000以下	10%
1000000000	10%
1000000001 ~ 2500000000	9%
2500000001 ~ 5000000000	8%
5000000001 ~ 7500000000	7%
7500000001 ~ 10000000000	6%
10000000001 ~ 15000000000	5%
15000000001 ~ 25000000000	4%
25000000001 ~ 50000000000	3%
50000000001 ~ 100000000000	2%
100000000001 ~ 250000000000	1.5%
250000000001 ~ 500000000000	1%
500000000001 ~ 1000000000000	0.8%
1000000000001 ~ 2000000000000	0.6%
2000000000000以上	0.6%

说明：上述费用的计算方式为按照争议金额比例，分段累计缴纳；最低管理费、审查费、仲裁员费用是2000万印尼盾；上述费用在BANI向各方发出账单后支付；上述费用需另缴纳10%的增值税。数据来源：https：//baniarbitration.org/fees。

（4）按上述分段累计收费表收取的费用未包含全部仲裁费用，以下费用视具体情况另行收取：

①证人/专家出庭的费用。这些费用由申请证人/专家出庭的一方当事

① *BANI Arbitration Fees*.https：//baniarbitration.org/fees.

人承担。如果是仲裁庭提议证人/专家出庭，则费用由各方当事人承担，并且必须在证人/专家出庭之前提前支付相关费用给BANI。

②居住在开庭地点以外的仲裁员的交通费、住宿费和其他费用（如有）。这些费用由指定/选择仲裁员的一方承担，金额按实际产生的费用确定并通过BANI支付给相关仲裁员。

③在非BANI指定地点开庭的费用。这些费用包括开庭场地费用、交通费用和必要时的住宿费用，由请求方承担；如果是仲裁庭要求，则由所有当事人承担。

④现场勘察费用。此费用由双方承担，并由BANI向双方收取。

⑤在地方法院登记仲裁裁决的费用。

（5）管理费、审查费和仲裁员费用的退还。

①如果案件在听证会开始前被撤销，已支付的管理费、审查费和仲裁员费用将按照以下要求退还：如果在BANI收到付款后5日内撤销，将退还100%；如果在BANI收到付款后6～90天内撤销，则退还90%；如果在BANI收到付款后91～180天内撤销，则退还80%；如果自BANI收到付款后180天以上，直至发布设立仲裁庭的法令期间撤销，则退还70%。

②如果在设立仲裁庭的决定书发布后撤销案件，则管理费、审查费和仲裁员费用将不予退还。

③如果BANI出于任何原因删除案件，并且尚未发布设立仲裁庭的决定书，则管理费、审查费和仲裁员费用将单独确定。

④在审查听证中，仲裁庭无权审查案件的，已支付的管理费、审查费和仲裁员费用将不予退还。

此信息仅作为计算明确的争议金额对应的仲裁费用的参考，争议金额不明确或者对仲裁程序有特别约定的，仲裁费用以申请仲裁时立案室的计算为准。

（二）调解

商事调解具有亲和的特点和非对抗的氛围，手续和程序简单，私密性强，往往有利于争议各方维持和继续发展现有的合作关系，达成双赢或多赢的争议解决效果。

1. 印度尼西亚主要的调解机构。

印度尼西亚调解中心（PMN）于2003年8月成立，是一家独立的替代性争议解决（ADR）机构，致力于解决商业纠纷。在印度尼西亚设立调解机构并通过调解方式解决争议，旨在对争议解决方式作出必要补充，更好平衡各方利益，以期将对各当事方后续的经营及合作的不利影响降至最低。PMN拥有来自法律、银行工程和商业等不同领域的经验丰富的调解员。

PMN创始人中有一些曾在雅加达倡议工作组（JITF，在金融部门政策委员会的支持下于1998年11月成立的准政府机构）工作过，他们曾有效地利用调解帮助争议方重组超过205亿美元的公司债务，还有一些是其他志同道合的个人，如著名律师和退休的最高法院法官。JITF的经验向市场清楚地表明，在印度尼西亚，使用国际实践的ADR调解程序可以成为一种可行的庭外替代方案。

PMN是在新的法律、经济和制度环境中实施的。2003年9月11日，印尼首席大法官颁布了关于法院附属调解的最高法院第2号条例，该条例要求所有民事纠纷在诉讼前先都要进行调解。最高法院希望这项条例有助于减少新案件的流入，而目前的法院系统正努力应对严重的案件积压。为支持最高法院第2号条例，PMN已被任命为法官调解培训的主要提供者之一。在国际货币基金组织和世界银行的赞助下，PMN为来自中爪哇省三宝垄（中爪哇省首府）和雅加达大区的72名法官提供了3期40小时的调解培训。

尽管PMN调解灵活，但其调解仍遵循国际标准和既定准则。这些准则是根据JITF的经验制定的。JITF是印度尼西亚政府为应对亚洲金融危机而设立的调解机构。PMN的许多常任工作人员都拥有多年宝贵的商事调解经验。寻求通过PMN进行调解的各方只需登记他们希望进行调解的意愿，

PMN工作人员就会联系其他感兴趣的各方，告知他们这一请求。假设双方都希望进行调解，他们将获得一份PMN认证调解员名单，这些调解员都具有调解经验，并且在一个或多个专业领域拥有丰富的经验。

2. 调解程序。

一是申请调解。有法律纠纷的各方将案件提交给PMN，各方共同任命一名适合案件特点的调解员。选定的调解员与所有各方会面，讨论调解员的角色、程序和费用。调解申请应以书面形式提交至PMN。

二是初步评估。PMN在收到调解申请后的3个工作日内，应当对调解申请进行初步评估，以确定该案件是否适合调解。

三是任命调解员。PMN应向各方提供一份调解员名单，如果双方不能就调解员人选达成一致，双方可以要求PMN任命一名调解员。

调解员确定后，其将与双方坐在一起，了解双方的需求和顾虑。之后，双方将在调解员的指导下进行调解和召开谈判会议。虽然调解员会提出建议并保持谈判的积极基调，但讨论的内容仍由双方决定。这相较于走法庭程序，更有针对性和灵活性，且调解员的出席和加入会使讨论“步入正轨”并富有成效，最终结果将是专业且私密的。这就是PMN的优势。

四是进行调解。调解员先与各当事方单独会面以收集初步信息，再与所有当事方共同会面，确定各当事方争议点，进而帮助各当事方针对已确定的争议问题，就其重要性和必要性寻求可能的替代解决方案。各方在调解员的指导下就替代解决方案进行谈判。如果达成协议，各方将签署一份解决方案文件，该文件将被视为有法律约束力的协议。

调解应在以下情况下结束：（1）当事人签订和解协议；（2）调解员认为继续调解不能达成协议；（3）一方书面通知调解员和其他各方退出调解程序。

3. 调解的类型。

调解有两种类型：一是庭外调解。PMN正在积极向私营企业、专业人士，尤其是法律从业者推广调解服务，目的是鼓励争议各方选择调解作为一种有效的替代性争议解决方式。目前PMN调解员已经开始调解商业和家庭纠纷等案件。二是法院附属调解。为了使整个印度尼西亚的法院附属调解项目充分受益，PMN旨在进一步协助最高法院为法官提供调解培训，优先在雅加达、泗水和万隆等大城市进行。这项活动的实施完全依赖于捐助方的支持。

法官调解培训项目曾由印度尼西亚-澳大利亚法律发展基金（IALDF-AusAID）资助，用于万隆和泗水法官调解培训，以及南雅加达、万隆和泗水地区法院的后续附属计划。后续附属计划包括：①法官调解员与PMN培训师共同调解；②法官调解员进修课程。南雅加达地区法院还有一个附加计划：一组20名PMN登记调解员为法院附属调解案件提供无偿调解服务。活动于2005年12月开始，第一阶段至2006年5月结束。根据最高法院首席大法官于2004年7月6日发布的法令（编号为KMA/044/SK/VII/2004PMN），已获得印尼最高法院的认可。

4. 调解费用和地点。

与诉讼相比，通过PMN进行调解的费用更为便宜。每个调解员都会设定自己的费用，费用根据调解员的经验和声誉而有所不同。这些费用的支付是双方的责任，但是可以达成其他协议。

调解会议可以在一方当事人选择的场所举行，但多数当事人则更倾向于在更“中立”的场所举行，例如PMN舒适的会议室、酒店或咖啡馆。调解机构将协助各方寻找合适的会议场所。

5. 和解协议的执行。

印度尼西亚不是《新加坡调解公约》签约国，中国与印度尼西亚也并未签订相关国际条约。为避免印度尼西亚法院拒绝承认和执行的麻烦，争议相关方可以考虑以下两种可替代的选择：①如商事和解协议需在印度尼西亚执行，则应在印度尼西亚申请由印度尼西亚商事调解机构进行调解；②选择仲裁机构，采用调解与仲裁相结合的机制（Arb-Med-Arb），以仲裁调解书的形式执行和解协议。

（三）小结

管辖：涉外案件的一审由地方法院审理，对一审判决结果不服的，上诉到高等法院，如果当事人对高等法院的裁判结果不服，可以向最高法院继续上诉。

诉讼费用：诉讼费用由原告在登记诉讼时支付，其金额由相关地区法院院长确定。

诉讼效率：最高法院2014年发的函要求下级法院在5个月内结束一审。然而，在实践中民事一审程序通常需要5个月以上的时间。

诉讼执行：印尼目前尚未与任何国家签署相互承认和执行判决的条约和公约。外国法院的判决不能在印尼直接执行。

仲裁费用：300万印尼盾的注册费，其余行政费、审查费、仲裁员费用按照争议金额比例，分段累计缴纳，最低2000万印尼盾。

仲裁效率：仲裁程序应当在仲裁庭组成之日起6个月内完成。

仲裁执行：印度尼西亚的商事仲裁裁决可以在我国得到承认与执行。

与司法解决以及替代性纠纷解决机制相比，国际商事仲裁有明显的优势。与诉讼相比，国际商事仲裁的主要优势包括避开在对方国法院诉讼可能面临的法院对本国方的偏倚、陌生的诉讼程序和语言、必须选择当地代理人等。从可否跨国执行的角度看，仲裁相比较于诉讼更有优势的一个关键原因是国际商事仲裁裁决可以在172个《纽约公约》缔约国获得承认和执行。而民商事判决的跨国执行由于没有相对应的全球性公约保护而严重受限。《选择法院协议公约》是有关承认外国判决的国际公约，该公约于2005年签订。但是该公约仅限于双方选择的法院作出的判决，根据一般管辖原则的国内法院所作的判决不属于该公约的范围。此外，该公约的签署或批准国家很有限。与《纽约公约》对应的公约《承认与执行外国民商事判决公约》尚未生效。换言之，与法院的判决相比，仲裁裁决更加容易获得承认与执行。同时，国际商事仲裁裁决具有其他ADR方案所不具有的强制力。

第二节　中国与印尼之间仲裁裁决的承认与执行

裁决是否能得到有效执行是任何纠纷解决机制的核心问题之一。外国仲裁裁决的承认与执行是一国仲裁法律制度中的重要内容，关系仲裁当事人权利和义务的落实，对于有效解决当事人争议有着重要意义。

一、我国对外国仲裁裁决的承认与执行

（一）承认及执行外国仲裁裁决受理法院

依据1995年我国最高人民法院《关于人民法院处理与涉外仲裁及外国仲裁事项有关问题的通知》（2008年已修改），申请我国法院承认和执行在另一缔约方领土内作出的仲裁裁决，是由仲裁裁决的一方当事人提出的。对于当事人的申请应由我国下列地点的中级人民法院受理：被执行人为自然人的，为其户籍所在地或者居住地；被执行人为法人的，为其主要办事机构所在地；被执行人在我国无住所、居所或者主要办事机构，但有财产在我国境内的，为其财产所在地。

（二）承认和执行外国仲裁裁决案件审查依据

依据我国最高人民法院1987年4月10日发布的《关于执行我国加入的〈承认及执行外国仲裁裁决公约〉的通知》，对于在《承认及执行外国

仲裁裁决公约》缔约方领土内作出的仲裁裁决，裁决的承认和执行将在互惠保留声明的前提下适用《纽约公约》的规定；对于在非缔约方领土内作出的仲裁裁决，需要我国法院承认与执行的，应根据中国缔结或参加的国际条约，或按照互惠原则进行审查，认为不违反中国法律的基本准则或者我国国家、社会利益的，裁定承认其效力并依照法定程序执行。

中国和印度尼西亚均为《纽约公约》的缔约国，因此印度尼西亚的仲裁裁决可以在包括中国在内的172个国家得到承认和执行。

（三）申请承认及执行仲裁裁决的程序

根据《纽约公约》第4条和第5条及我国最高人民法院《关于执行我国加入的〈承认及执行外国仲裁裁决公约〉的通知》，当事人申请中国法院承认及执行在另一缔约国领土内作出的仲裁裁决，应由仲裁裁决的一方当事人提出，当事人应当提交经中国驻外使领馆认证或经中国公证机关公证的仲裁裁决书的中文文本。按照《中华人民共和国民事诉讼法》第246条规定，当事人申请执行的期间为从仲裁裁决书规定的履行期间的最后一日起计算的2年内。中国有管辖权的人民法院在接到一方当事人的申请后，应对申请承认与执行的仲裁裁决进行审查。经审查，如果人民法院认为裁决不具有拒绝承认及执行的法定事由的，应裁定承认其效力，并依照《中华人民共和国民事诉讼法》中规定的程序予以执行；反之，人民法院应裁定驳回当事人的申请，拒绝承认与执行。

需注意的是，在中国需要严格遵从拒绝承认及执行外国仲裁裁决的报告制度。1995年我国最高人民法院《关于人民法院处理与涉外仲裁及外国仲裁事项有关问题的通知》指出，凡一方当事人向人民法院申请承认及执行外国仲裁机构的裁决，如果人民法院认为申请承认及执行的外国仲裁裁决不符合中国参加的国际公约的规定或者不符合互惠原则的，在裁定拒绝承认和执行之前，必须报请本辖区所属高级人民法院进行审查；如果高级人民法院同意不予执行或者拒绝承认和执行，应将其审查意见报最高人民法院。待最高人民法院答复后，方可裁定不予执行或者拒绝承认和执行。

（四）中国法院拒绝承认及执行外国仲裁裁决的情形

根据《中华人民共和国民事诉讼法》第290条规定，国外仲裁机构的裁决，需要中华人民共和国人民法院承认和执行的，应当由当事人直接向被执行人住所地或者其财产所在地的中级人民法院申请，人民法院应当依照中华人民共和国缔结或者参加的国际条约，或者按照互惠原则办理。我国是《纽约公约》的缔约国，根据该公约，拒绝承认及执行仲裁裁决的情形包括：①缺乏有效的仲裁协议；②被申请人未得到指定仲裁员或进行仲裁的适当通知，或者由于其他原因未能提出申辩；③裁决的事项超出了仲裁协议约定的范围；④仲裁庭的组成或仲裁程序与当事人的协议不符，或在双方当事人无协议时，与仲裁地国家的法律不符；⑤仲裁裁决对当事人尚未发生法律拘束力，或裁决已被仲裁地有关机关依法撤销或中止；⑥争议事项依据执行地国家的法律不能以仲裁方式解决；⑦承认与执行此项裁决将与执行地的公共秩序相抵触。

二、印尼对外国仲裁裁决的承认与执行

（一）印尼对外国仲裁裁决的界定

关于外国仲裁裁决（即《纽约公约》的适用范围）的定义，根据《纽约公约》第1条第1款，公约适用于两类仲裁：外国裁决和非内国裁决。印尼《仲裁与替代性争端解决办法》第1条第9款对国际仲裁裁决作了界定。印尼新仲裁法对外国商事仲裁裁决使用的措辞是“国际仲裁裁决”。国际裁决和国内裁决的区别在于承认和执行的方式不一样。根据该款规定，国际仲裁裁决有两类：（1）由印尼地域管辖权以外的仲裁机构或仲裁员作出的裁决；（2）根据印尼法属于国际仲裁裁决的裁决。

印尼在1999年《仲裁与替代性争端解决办法》颁布以前没有具体界定外国仲裁裁决的标准，在Ascom Elctro AG诉PT Manggala Mandiri Sentosa一案中，印尼最高法院裁定，“外国仲裁裁决”仅指在印尼以外作出的裁决。在这样的裁决中，印尼最高法院驳回了印尼当地一方和外国一方之间

的裁决作为国际裁决执行的申请。直到1999年印尼《仲裁与替代性争端解决办法》第1条第9款才对“国际仲裁裁决”作出界定：由仲裁机构或仲裁员个人在印尼法域之外作出的裁决，或者由仲裁机构或仲裁员个人按照印尼法律作出的但是被视为国际仲裁裁决的裁决。

（二）印尼承认及执行外国仲裁裁决的依据

印尼是《纽约公约》和《国际投资争端解决中心公约》的缔约国。印尼于1981年以总统令的方式批准加入了《纽约公约》，但印尼加入公约时声明了两项保留，即互惠保留和商事保留。根据声明中所述的商事保留，印尼仅承认和执行依其国内法属于商事争议的仲裁裁决。根据互惠保留，印尼仅承认和执行在另一缔约国作出的仲裁裁决。

印尼法院过去在实践中执行外国仲裁裁决的方式存在一些不一致之处。为了解决外国商事仲裁裁决在印尼寻求承认及执行没有具体规定的问题，最高法院颁布1990年第1号法规，进一步细化了外国商事仲裁裁决的执行程序，并确保法院在执行外国商事仲裁裁决时遵循一致的标准。该法规详细规定了承认及执行外国商事仲裁裁决的标准和程序。

印尼最高法院1990年第1号法规规定了承认和执行外国商事仲裁裁决的程序。在雅加达中区地方法院登记办公室登记申请，申请书必须附上以下文件：①外国商事仲裁裁决原件或正式副本，以及官方的印尼文翻译；②裁决所依据的仲裁协议原件或正式副本，及其官方印尼文翻译；③在该国的印尼外交代表出具的函件，声明该国与印尼同为一个涉及外国商事仲裁裁决互惠承认及执行双边或多边条约的缔约国。提交材料后，雅加达中区地方法院必须在14天内将以上材料提交给最高法院。最高法院出具强制执行令，由雅加达中区地方法院或其他有管辖权的下级法院执行。

（三）印尼承认及执行外国仲裁裁决的条件

原则上如果符合下列条件，外国仲裁裁决应能够针对印尼的资产强制执行：①外国仲裁裁决由印尼受关于承认和执行国际仲裁裁决的条约（如《纽约公约》）约束的国家签发；②外国仲裁裁决不违反印尼的公共秩序；③被仲裁的事项属于“商法”或“法律完全由争议当事人控制的任何争议”的范围；④双方从雅加达中区法院获得执行令（执行）。

印尼最高法院在2020年发布了裁决执行程序指南，其中规定，与国内仲裁裁决登记有关的规定也适用于国际仲裁裁决。据此，国际仲裁裁决的承认和执行首先需要在印尼的法院完成登记，而登记需由仲裁庭或其代理人（不是胜诉方）办理。因此，当事人应在作出裁决之前从仲裁庭获得授权以进行登记。

此外，印尼《仲裁与替代性争端解决办法》授权雅加达中区地方法院对外国仲裁裁决签发认可，认可后即与法院判决等同，在对方不主动履行的情况下可以申请执行令。在执行阶段，印尼法院不会进行财产调查，因此需要依赖当地的财产调查公司完成财产线索的收集。

印尼法院较尊重仲裁效力，仅在少数案例中不予承认和执行外国仲裁裁决，例如，在Astro Nusantara Bv等诉PT Ayunda Primamitra案中，因仲裁庭发布的禁诉令违反了印尼的公共政策，相关裁决的执行申请被拒绝。

印尼《仲裁与替代性争端解决办法》第65条规定，雅加达中区地方法院是有权处理国际仲裁裁决承认和执行事项的法院，如果雅加达中区地方法院拒绝执行外国仲裁裁决的，有异议一方可向印尼最高法院提起上诉，印尼最高法院必须在受理申请后90天内作出裁决。印尼最高法院的裁决是最终的，具有约束力。

（四）印尼承认及执行外国仲裁裁决的程序

承认和执行外国仲裁裁决要遵守执行国家或地区的法律，这是国际社会公认的原则。《纽约公约》第3条表明，外国仲裁裁决的执行应受寻求执行地规定的程序的约束。根据这一原则，违反或不遵守执行国程序将导致执行国法院拒绝承认和执行仲裁裁决。寻求在印尼承认及执行外国仲裁裁决的程序规定在印尼《仲裁与替代性争端解决办法》第二部分（第65～69条），该部分是对国际仲裁裁决的规定。根据印尼新仲裁法的规定，法院在满足以下5个条件的情况下可以对裁决败诉方采取强制执行措施。

1. 仲裁裁决地所在国家与印尼同为一个涉及外国商事仲裁裁决互惠承认和执行双边或多边条约的缔约国。

2. 裁决涉及的争议，依据印尼法律，属于商法的范畴。

3. 裁决与印尼的公共秩序不冲突。

4. 国际仲裁裁决可在雅加达中区地方法院院长发布执行令后实施。

5. 如争议的一方为印尼（国家），则执行令由最高法院颁发，并由雅加达中区地方法院执行。

印尼《仲裁与替代性争端解决办法》第67条规定，外国商事仲裁裁决在雅加达中区地方法院注册后，应当提交承认和执行的申请。同时，还应附上裁决地所在国的印尼外交代表出具的函件，声明："申请人的国家与印尼同为一个涉及承认及执行外国商事仲裁裁决的双边或多边公约的缔约国。"

关于申请承认及执行的期限。在印尼需要承认及执行的国内仲裁裁决必须在裁决作出之日起30天内在法院登记，未在期限内登记的裁决将不得强制执行。印尼《仲裁与替代性争端解决办法》第59条第4款规定，国内仲裁裁决未能在裁决作出之日起30日内登记的，将不得强制执行。

其他规定。印尼《仲裁与替代性争端解决办法》第68条第1款规定，雅加达中区地方法院判决承认及执行国际仲裁裁决的，该判决一裁终局不可上诉，但是如果雅加达中区地方法院拒绝承认及执行外国商事仲裁裁决，该判决可以上诉至最高法院。最高法院的判决（裁决）为终局判决（裁决）。当争议一方为国家时，最高法院发布的执行令也不可以上诉。

（五）印尼拒绝承认及执行外国仲裁裁决的情形

1. 违反公共政策。

印尼最高法院颁布的1990年1号法规规定了外国商事仲裁裁决在印尼执行的标准和程序。其中一项标准是外国商事仲裁裁决不得违反印尼法律规定的公共秩序或公共政策。"公共政策"被定义为印尼社会和整个法律体系的基本原则。印尼1990年1号法规第4条第2款规定，如果一项外国商事仲裁裁决明显违背印尼法律体系和社会的基本原则（公共政策），则不得发布执行令。从定义可知，并非只要存在违背法律的行为都足以构成违反公共政策而可以不予执行裁决，只有违反行为涉及印尼整个法律体系和社会的基本原则时，才属于违反公共政策。且行为必须属于明显违反，即必须是显然的或者后果极其严重的违反。虽然印尼法律对违反公共政策的规定很严格，但是司法实践中，印尼法院在判决中对公共政策作宽泛解释。

2. 违反正当程序。

《纽约公约》第5条第1款（乙）项是关于正当程序的规定：“受裁决援用之一造未接获关于指派公断员或公断程序之适当通知，或因他故，致未能申辩者。”

3. 其他情形。

（1）仲裁协议无效。《纽约公约》第5条第1款（甲）项规定了仲裁协议无效是拒绝承认及执行的理由之一。签订协议的当事人根据对其适用的法律属于某种无行为能力者，或根据当事人选择的作为协定准则的法律属于无效情形，或未明确以什么法律为准时，按照裁决地所在国法律该协议无效的。

（2）裁决被撤销。《纽约公约》第5条第1款（戊）项规定：“裁决对各造尚无拘束力，或业经裁决地所在国或裁决所依据法律之国家之主管机关撤销或停止执行者。”根据该规定，如果一项裁决对双方尚未生效或者已经被裁决地或裁决依据法律所在国家有关机关撤销或暂停，则可以拒绝承认或执行该裁决。并且《纽约公约》第6条规定，假如裁决正处于裁决地法院的撤销诉讼中，承认和执行法院可以中止执行程序，待裁决地法院出结果后再考虑公约第5条第1款（戊）项的拒绝理由。

仲裁程序不符合仲裁协议的约定。关于仲裁庭组成或仲裁程序不符合仲裁协议，《纽约公约》第5条第1款（丁）项规定：“公断机关之组成或仲裁程序与各造间之协议不符，或无协议而与公断地所在国法律不符者。”仲裁协议是双方当事人的合意，因此仲裁庭的组成和仲裁程序必须符合仲裁协议的规定。此外，仲裁员应当在当事人在仲裁协议赋予的职权范围内进行裁决，否则可能导致裁决被拒绝执行。

案例：印尼企业向中资企业借款纠纷案

一、基本案情

一家印尼公司A向一家中国公司B借款200万美元。双方在印尼签署了借款担保合同，约定A同时用另外两家关联公司C和D做担保。借款担保合同经印尼本地公证师公证，合同由当地公证师拟订。合同约定适用印尼法律并由雅加达中区法院管辖。后来A逾期未还欠款，B在印尼起诉A及担保方C和D。

二、法律分析

B在合同订立时就埋下了一些风险隐患。一是合同明确约定由雅加达中区法院管辖，但公司A、C、D的注册地均在巴布亚新几内亚。二是B支付给A的200万美元是通过B的几家关联公司支付给A和A的几家关联公司，整个银行转账的凭证较为混乱。但其中B直接转账给A的资金仅为80万美元，B的关联公司转账给A的资金为15万美元。根据印尼法律审判实践，B可能无法就支付给A的关联公司的105万美元得到法院的支持。三是上诉程序。印尼的司法审判制度视诉讼程序而定，如为一般的民事纠纷案件为三审终审制，3个审级的审理时间持续3～4年很正常。如为破产案件，程序为二审终审制，时限比民事纠纷案件时间短一些，2个审级的审理时间需1～2年。经与印尼律师沟通，B最终选择破产诉讼，B作为债权人申请A破产。四是案件是否可以执行。因为3个被告都是在巴布亚注册的公司，主要的资产和设备也在巴布亚，印尼不像中国已实行商事登记信息网上公示，因此无法查询A、C、D 3家公司的基本信息。那份由本地公证师起草的合同漏洞百出，无法保障B的利益，所以从一开始B就陷入了不利的局面。由于案件事实不复杂，庭审很快结束。

三、案件启示

适用印尼法律的合同，建议不要由印尼本地公证师起草，公证师的职责是公证，为中立的角色。对于相关合同条款的设计，公证师无法充分保护委托方的利益。谨慎考虑在印尼启动诉讼，如需在印尼启动诉讼，选择代理律师时应在委托合同中明确委托代理的期限，比如6个月内或1年内应取得判决结果，并将此作为律师的工作目标，从而避免案件陷入冗长的程序。因此，考察律师的专业能力和资源整合能力也至关重要。

第七章
RCEP投资规则在印尼的适用

2023年1月2日，《区域全面经济伙伴关系协定》（RCEP）对印度尼西亚正式生效。作为亚太地区规模最大的综合性自由贸易协定，RCEP既涵盖区域贸易规则，也制定了区域投资活动的统一规则。RCEP投资规则是对原有5个“东盟10+1自由贸易协定”投资规则进行的全面整合与升级，是当前亚洲地区规模最大的投资协定，可促进提升区域内的投资规模与层级。当前，印尼作为中国对东盟国家直接投资的第二大目的地，中国投资者赴印尼投资要精准把握RCEP创造的政策红利，熟悉RCEP投资规则，并在此基础上，了解RCEP适用于印尼的特别投资规则，唯有如此，赴印尼投资者才能在规避投资风险的同时，最大限度地挖掘投资机会、保护投资权益。

第一节 RCEP投资规则对印尼的影响

RCEP作为区域内经济规模最大的自由贸易协定，其成功生效实施是亚洲经济一体化的重要里程碑，将为世界经济增长提供新动能。对于印尼而言，RCEP投资规则的顺利实施将为本地区投资者创造一个更加稳定、开放、透明、便利的投资环境，为本地区吸引外资、促进区域经济发展注入强劲动力。

一、低门槛的投资市场准入可有效吸引外商投资

低门槛的投资市场准入是吸引外商投资的有效策略之一。在RCEP框架下，各成员国致力于消除投资壁垒，为外商投资提供更广泛的市场准入，进而吸引更多外国投资。RCEP成员国均采用负面清单的方式对投资领域作出较高水平的开放承诺，清晰地列出各自的投资限制性措施，这意味着除成员国列出的特定领域外，其他领域均对外资开放。此举措既可提升外资准入水平，亦可提升投资市场准入的透明度和确定性。此外，RCEP有关不符措施的棘轮机制，明确了未来自由化水平不可倒退，可为印尼招商引资提供更大机遇，也为印尼企业对RCEP成员国扩大投资提供更多保障。对于印尼而言，其在RCEP中的相关承诺，锁定了外商投资负

面清单的成果，将为外商投资提供更加公平、透明、稳定、可预期的投资环境，有利于进一步改善外商在印尼的投资预期。

二、高水平的投资保护可提升外商投资信心

高水平的投资保护是吸引外商投资的重要因素之一。在RCEP框架下，印尼作为成员国致力于建立和完善投资保护机制，为外商投资者提供更可靠的法律保障和政策支持，从而提升外商投资的信心。RCEP对于投资转移、征收、损失补偿等方面进行了详细规定，要求投资能够自由无延迟转移，对于因武装冲突、内乱或者国家紧急状态而遭受的损失给予公平补偿，对于征收行为亦进行了严格限制并明确了补偿方式。外国投资者在印尼投资均将得到与印尼本土企业相同的待遇，这些都有助于保障外国投资者的利益。目前，虽然印尼的政治局势较为稳定，但在印尼政治体系中，宗教、家族势力等因素影响着政治决策，不同政治派别之间存在博弈与争斗，政局的稳定性受到挑战。RCEP高水平的投资保护条款可对印尼形成一定约束，有助于维护“走出去”企业的合法权益。此外，RCEP的安全例外规则要求投资规则不能影响一国为维护自身根本安全利益或国际和平、安全等而采取的措施，这将有助于维护印尼的公共利益和长远利益。

三、投资促进和便利化措施可降低企业合规成本

投资促进和便利化措施的实施对降低企业合规成本和优化投资环境至关重要。在RCEP框架下，各成员国都致力于通过制定详细的投资促进和便利化措施，吸引更多的外国投资。印尼作为RCEP成员国之一，也采取了积极的举措，为投资者创造了更加友好和具有竞争力的投资环境。在RCEP框架下，印尼鼓励组织间的联合投资和商业配对，以促进各方的资源整合和优势互补。该合作模式有助于降低投资者的风险，提高投资的效率和成本效益，降低企业的合规成本。此外，印尼在RCEP投资规则指引下建立了为投资者提供咨询服务的一站式投资促进中心。该中心集中了相

关政府部门和机构的服务和资源，为投资者提供便捷的服务和支持。投资者可以在此获取有关投资政策、法律法规、市场情况等方面的信息，减少了他们在投资过程中的不确定性，降低了合规成本。同时，通过简化投资申请及批准流程，加大贸易投资促进与招商活动的力度，为外国投资者提供了更多的商机，降低了外商投资的准入成本。

四、为区域投资互动营造良好制度环境，创造更多发展机遇

亚太地区存在众多自贸协定，其规则标准也不尽相同，存在明显的“意大利面碗”效应，RCEP在一定程度上实现了区域经贸规则的整合，为成员国之间的投资互动创造了更为协调和优化的制度环境。对于印尼而言，RCEP不仅提供了新的增长动力，还构建了国际化的新平台。从技术合作与经验分享的角度来看，RCEP的实施显著促进了各投资者之间的交流与协作。在该框架下，印尼企业获得了与其他成员国企业展开深入技术合作的机遇，通过技术转让、共享以及共同研发，企业能够提升自身在全球市场的竞争力和创新能力。此外，RCEP对印尼企业的国际化进程产生了深远的影响。RCEP为印尼企业打开了更广阔的市场空间，激励其加快国际化步伐，积极拓展海外市场。通过与其他成员国企业的密切合作与竞争，印尼企业可以不断提升自身的国际竞争力，并逐步适应全球化市场的需求，从而在世界舞台上占据更有利的位置。

第二节 印尼对于RCEP投资文本规则的承诺情况

RCEP投资文本规则主要规定于第10章（投资）及其2个附件（习惯国际法和征收）中。RCEP投资文本规则规定了涵盖投资定义、投资形式、投资者待遇、业绩要求、转移、征收补偿、投资促进、投资便利化等领域的规则纪律，印尼对RCEP投资文本规则的承诺，可为投资者在印尼投资提供良好的制度保障。

一、印尼对于RCEP投资文本规则的一般承诺

根据RCEP第10章，印尼签署的投资文本规则主要由投资自由化、投资保护、投资促进和投资便利化规则组成。

（一）投资保护条款

投资保护条款通常指的是在投资协议中，为保护投资者权益而设立的一系列规定和条件。这些条款旨在确保投资者在投资过程中的合法权益得到保障，降低投资风险，促进投资关系的稳定和健康发展。印尼对于RCEP投资保护条款作出的承诺主要包括投资与投资者定义、投资待遇、征收与补偿等内容。

1. 投资与投资者定义条款。

RCEP在投资与投资者定义方面作出了广泛而明确的规定，以确保各种投资形式的合法性，保护投资者在RCEP区域内的权益。根据RCEP第10章第1条的规定，在定义投资和投资者方面，RCEP采用了一种开放式列举的方式，详细规定了投资的范围。对于涵盖投资的定义，指在协定生效之日已在该方领土内存在的另一缔约方投资者的投资，或已被东道国所接受并遵循其相关法律、法规和政策（如适用）所设立、获取或扩大的投资。

RCEP列举的投资形式共包括7类。RCEP将合同项下的权利，包括交钥匙、建设、管理、生产或收入分享合同纳入投资形式，有利于维护中国在印尼等国家承包工程类企业的权益。但RCEP没有将企业及其分支机构列举在投资可以采取的形式之中，而是将法人及其分支机构与自然人一起作为投资者来处理。这主要是因为RCEP成员国对于分支机构的法律权利仍有保留，RCEP认为缔约方拥有根据其法律将分支机构视为不具有独立法律存在和不是单独组织的实体的能力，法人分支机构也不得根据本协定向任何缔约方提出任何诉请。此外，非缔约方的法人分支机构也不得视为同一缔约方的法人。对于将知识产权和商誉作为投资形式之一，RCEP也提出须在东道国法律和法规所认可的范围内，并对其范围进行了限定。RCEP明确指出：一缔约方向另一缔约方发放的贷款不是投资；市场份额、市场准入、预期收益和盈利机会本身并不是投资；司法、行政行为或仲裁程序中的命令或裁决不是投资；其他形式的债务，如因销售货物或服务而立即到期的付款请求权，则较不可能具有投资的特征。这些规则体现了RCEP成员国希望将投资及其形式限定在各自法律法规许可的范围之内，避免引起争议。

2. 投资待遇条款。

根据RCEP规定，印尼向外国投资者承诺采取准入前国民待遇加负面清单的开放模式，即在投资准入前的设立阶段给予RCEP成员国不低于本国投资者及其投资的待遇。但RCEP明确了判断标准，强调考虑“类似情形”。这意味着东道国政府不仅可以根据合法的公共福利目标而差异化对待投资者，且不再基于单一标准进行判断。本条款给予了东道国更多的自主权，以便根据国内情况制定合适的政策。而RCEP在公平公正待遇方面的规定相对较为严格。根据RCEP第10章第5条规定，各缔约方应依照习惯国际法对外国人给予最低待遇标准，确保涵盖投资的公平公正待遇和充分保护与安全。其中，公平公正待遇要求各缔约方不得在司法或行政程序中拒绝司法。这强调了在法律程序中对投资者的平等对待，充分保护和安全要求各缔约方采取合理的必要措施，确保涵盖投资的有形保护与安全。尽管RCEP文本指出公平公正待遇不等于拒绝司法和不创设额外的实质性权利，而且对充分保护与安全的要求也是合理必要的，但整体上这一规定限制了东道国对外国投资者的义务。就最惠国待遇而言，印尼承诺将按照RCEP要求，在投资准入前和准入后均给予其他RCEP成员国投资及涵盖投资最惠国待遇，即给予另一缔约方投资者或涵盖投资的待遇不低于其在类似情形下给予任何其他缔约方或非缔约方投资者或投资者在其领土内的投资的待遇，但此待遇不包括其他现存或未来国际协定项下的任何国际争端解决程序或机制。

3. 征收与补偿条款。

在征收与补偿方面，RCEP作出了较为细致的规定。首先RCEP第10章第13条第1款明确规定不得直接对涵盖投资进行征收或国有化或采取与之等效的措施。除此之外，RCEP明确界定了合法征收，即征收措施的实施若是为了实现公共目的，且以非歧视的方式依照正当法律程序进行，并依照相关条款规定支付补偿，则该征收即为合法征收。而就其中的征收补偿而言，根据RCEP第10章第13条征收补偿的规定，缔约方如对外国投资进行征收或国有化，应向投资者支付补偿，补偿应及时、充分和有效。同时，根据RCEP第13条第2款的规定，补偿的标准应“相当于公开宣布征收时或者征收发生时被征收投资的公平市场价值，两个时间以较早者为准”。

RCEP第10章附件2专门规范了间接征收的认定标准，强调间接征收需要在案件事实的基础上进行个案判断；政府行为对企业造成的负面经济影响不能单独作为判断间接征收成立的标准，需要充分考虑政府行为的性质；东道国基于公共福利目标而采取的措施不构成间接征收。印尼是发展中国家，因此，其间接征收的判断标准也更倾向于保护东道国的规制权。中国企业赴印尼投资要特别关注该风险，尤其是确定投资对象是不是属于该国公共目的范畴。值得注意的是，对于适用于构成征收的税收措施，当前的RCEP征收条款并未明确其具体的构成征收的条件。根据RCEP第10章第18条的规定，缔约方在不损害其各自立场的前提下，对于适用于构成征收的税收措施，在不迟于本协定生效之日后的2年内进行讨论。

4. 投资自由转移条款。

RCEP第10章第9条强调了缔约方应该允许与涵盖投资相关的资金和其他经济价值的自由转移，且要确保这些转移能够无迟延地进出其境内。即印度尼西亚应保证投资、收入、利润和清算资产等能够自由且无延迟地转移。具体而言，这些涵盖的转移包括以下方面：①投入的资本。包括初始投资，即投资者最初投入用于企业或项目的运营和发展的资金。②经常性收入。包括利润、资本所得、股息、利息、技术许可使用费、技术援助和技术及管理费、许可费以及与涵盖投资产生的其他经常性收入。③出售或清算所得。如果投资者决定出售或清算涵盖投资的全部或部分，其所得应被允许自由转移。④根据合同支付的款项。如果根据合同，如贷款协议，需要支付款项，这些款项也应允许自由转移。⑤征收和损失的补偿款项。包括根据RCEP第10章第11条（损失的补偿）和第10章第13条（征收）所获得的款项，这些条款涉及投资者因征收等原因所获得的补偿。⑥解决争端所得。即与涵盖投资相关的争端解决而产生的款项，包括司法判决、仲裁或争端方达成的协议。⑦外籍员工的收入和其他报酬。涉及与投资有关的外籍员工所获得的薪资和其他报酬。与此同时，为保障投资的自由流动和平等待遇，避免货币汇率波动对投资的影响。印尼必须允许涉及投资的资金流动，并且应该使用当时的市场汇率来确定货币金额。但需要注意，RCEP第10章第9条第3款也对自由转移进行了例外规定，即印尼可以依据当地的一些公正、非歧视和善意的法律和法规，阻止或延迟涉及投资的转移，以保护特定领域的权益或确保合规性。具体情形包括以下几个方面：一是印尼可以在涉及破产、资不抵债或者保护债权人权利的情况下阻止或延迟资产转移，以维护债权人的权益或确保合理的财务安排。二是就证券、期货、期权或其他衍生品的发行、买卖或交易方面制定法规阻止转移，以防止可能的市场滥用或风险。三是采取措施阻止或延迟涉及刑事犯罪或犯罪所得的资产转移，以确保刑事司法的正常进行和追缴犯罪所得。四是为执法或金融监管部门提供必要协助，确保金融交易的透明度和合规性，防范洗钱、资金非法流动等风险。五是确保涉及司法程序或行政程序的相关裁定、命令或判决得到执行，维护法律的权威和程序的顺利进行。六是可以出于税收、社会保险、退休金等福利安排和雇员的遣散费等方面的考量，限制转移。七是根据印尼中央银行和其他主管机关要求的登记和其他手续要求限制转移。

5. 特殊手续和信息披露条款。

RCEP第10章第10条规定，尽管国民待遇原则要求为外国投资者提供平等待遇，但在某些情况下，一个国家仍然可以在涵盖投资方面采取特殊手续，只要这些手续不会实质性地损害另一国家依据协议向投资者和涵盖投资提供的保护。不得将未实质性损害投资保护的手续解释为阻止成员国采取或维持与涵盖投资相关的特殊手续。同时，不得阻止成员国以其他方式获取或披露与其公正、善意地适用其法律和法规有关的信息，即印度尼西亚可以要求赴印度尼西亚的投资者提供与投资有关的信息，但其应当尽可能保护另一成员国的投资者提供的任何秘密信息，做好平衡信息透明性与保密性之间的关系的工作，以免损害投资者的合法权益。

6. 紧急状态下损失的赔偿条款。

RCEP第10章第11条规定，对于因武装冲突、内乱或者国家紧急状态使其领土内的投资遭受损失而采取或维持的措施，不得低于成员国在类似情形下给予本国、其他缔约方或非缔约方的投资者或其投资的待遇。即在国家面临武装冲突、内乱或国家紧急状态等紧急情况下，印尼要平等对待投资者。无论其是本国投资者还是其他缔约方或非缔约方的投资者，以保护他们的投资权益，并确保他们不会因此类紧急情况而遭受不公平待遇。

7. 代位与拒绝授惠条款。

根据RCEP第10章第12条的规定，缔约方或缔约方指定的机构可行使代位权，即如果一方或其指定的机构基于涵盖投资相关的担保、保险合同或其他形式的补偿向该缔约方的投资者支付了补偿，涵盖投资所在的另一缔约方应该承认涉及该涵盖投资的任何权利或诉清的代位权或转让。该权利或诉清不得超过该投资的原有权利或诉清。如果一方或其指定的机构已向该缔约方的投资者支付赔偿并已经接管了投资者的权利和诉清，则该投资者不得向涵盖投资所在的另一缔约方主张这些权利或诉求，除非投资者得到支付赔偿的缔约方或其指定机构的授权。而在行使代位权或转让的权利与诉清时，行使此类权利或诉清的缔约方或其指定的机构需要向涉及印尼或印尼的相关机构披露其与投资者达成的诉清安排的范围。

拒绝授惠是国际投资法领域的一个概念，它指的是一个国家拒绝向某个外国投资者或其涵盖投资提供与国内投资者相同的待遇。根据RCEP第10章第14条的规定，印尼可以拒绝将本章下的利益授予另一缔约方的法人投资者以及该投资者的投资，但要符合两个条件：一是这些投资受到非缔约方控制，二是在拒绝授予优惠的缔约方以外的任何缔约方领土内没有实质性经营活动。这种规定的目的是避免投资者通过第三国实体或在无实质经营的情况下获取不正当的优惠。

（二）投资准入和自由化条款

1. 投资准入条款。

准入前国民待遇加负面清单的外资管理模式是RCEP促进投资自由化的重要突破。在RCEP框架下，印尼给予投资者在设立、取得、经营、出售或其他处置方面全过程的国民待遇，然后通过负面清单方式指出限制和禁止外国投资的措施和部门，在负面清单以外的领域均对外国投资者开放。

除此之外，为推进投资准入自由化，RCEP在WTO基础上扩展了禁止业绩要求范围。根据RCEP第10章第6条的规定，印尼应做到以下三点：第一，印尼不得设立包括出口实绩、当地含量、购买国货、外汇平衡、限制国内销售、强制技术转让、特定地区销售和规定特许费金额或比例8种业绩要求。第二，印尼不能将当地含量、购买国货、外汇平衡、限制国内销售等4种情形作为给予外国投资者优惠的条件。第三，取消对外国高管的特定国籍限制，对董事会成员则有条件地进行特定国籍限制。

2. 投资自由化条款。

在投资自由化方面，RCEP充分考虑到各个缔约方发展水平的差异，允许各缔约方在负面清单中列出自身的保留措施和不符措施，使RCEP在维持区域内部规则一致性的同时也能充分尊重各个缔约方的国情，制定差异化的措施。这样分层次的自由化使得RCEP具有更强的可操作性，各成员国能够将对外开放和本国的发展水平相结合，增强了RCEP成员国间的凝聚力。

（1）关于高级管理职务和董事会成员国籍的规定。

RCEP第10章第7条规定，为保护投资者的管理自主权，缔约方不得要求属于涵盖投资的该缔约方的法人任命某一特定国籍的自然人担任高级管理职务。但在不实质性损害投资者对其投资的控制能力的情况下，缔约方可以要求属于涵盖投资的该缔约方法人的董事会或委员会的大部分成员具有特定的国籍或为该缔约方领土内的居民。在海外投资的过程中，无论是印度尼西亚还是其他一些国家，甚至同一国家的不同地域，其规则也可能不同。部分地区会要求投资主体的董事会或者高级管理人员拥有当地居民身份，因此需要特别关注，否则可能面临投资主体合规性风险。

（2）保留采取、维持不符措施权利条款。

不符措施是指国际投资协定中特定成员国根据自身政策和法律制度保

留、允许或执行的与协定规则不一致的措施。这些措施可以包括该国政府实施的法律、政策、规定、规则、规章、措施等，这些规定可能与协定的特定规则或原则相冲突，但在特定情况下，该国被允许继续实施这些不符合协定规则的措施。RCEP第10章第8条规定了负面清单的基本纪律。

根据RCEP第10章第8条的规定，印尼可保留以下权利：首先，国民待遇、最惠国待遇、禁止业绩要求及关于高级管理职务和董事会成员国籍的规定不能适用于印尼在中央政府层级、地区政府层级以及地方政府层级维持的任何现行不符措施以及任何不符措施的延续、更新及修订。但存在例外情况，对印尼而言，要确保修订措施不会与本协定生效之日已经存在的措施相冲突。其次，国民待遇、最惠国待遇、禁止业绩要求、高级管理人员和董事会成员国籍规定不得适用于印尼在附件3承诺表中所列明的对于部门、分部门或活动采取或维持的任何措施。同时，印尼不得基于投资者的国籍要求另一缔约方的投资者出售或以其他方式处置这些措施生效时已存在的投资，除非这些投资在首次获得印尼主管机关批准时另有规定。最后，RCEP投资章节中的国民待遇和最惠国待遇并不适用于符合《与贸易有关的知识产权协定》第5条规定的任何措施，也不适用于RCEP第11章知识产权章节中的国民待遇或《与贸易有关的知识产权协定》第3条、第4条规定的义务的例外情形或减损所涵盖的任何措施。

（3）安全例外条款。

根据RCEP第10章第15条的规定，印尼可以出于维护基本安全利益、履行维持或恢复国际和平或安全的义务、保护其自身根本利益等目的采取必要措施。具体而言，为了保护国家的基本安全，不得要求印度尼西亚提供或允许获取可能违背其基本安全利益的任何信息，也不应阻止印尼出于履行维持或恢复国际和平或安全的义务和以保护自身根本安全利益为目的采取其认为必要的措施。除此之外，RCEP第17章第13条的安全例外条款也适用于投资章节。因此，对于印尼而言：首先，RCEP不阻止其出于国家安全考虑拒绝披露任何违背其基本安全利益的信息。其次，不阻止其采取与裂变和聚变物质或衍生此类物质的物质有关的行动，与武器、弹药、作战物资交易以及与提供给军事机关的其他货物和物资或服务有关的行动，为保护关键公共基础设施（包括通信、电力和水利等）而采取的行动，在国家紧急状态、战时或其他国际紧急情况下采取的保护其基本安全利益的行动。最后，RCEP不应阻止其为履行在《联合国宪章》下维护国际和平与安全的义务而采取的行动。

（三）投资促进与便利化条款

1. RCEP投资促进和便利化方面的国际规则对吸引外商投资、营造良好营商环境及扩大国际合作具有积极意义。

RCEP第10章第16条设置了专门的投资促进条款，即缔约方应该努力实行以下5种方式促进投资并提升自身作为投资地区的认知：第一，鼓励缔约方间的投资，包括直接投资和间接投资。印尼鼓励其国内企业在其他缔约方开展投资活动，同时也欢迎其他缔约方的企业来印尼投资，以促进资本和技术的流动，加强各国之间的经济联系。第二，组织联合投资促进活动，包括举办国际投资论坛、投资研讨会、行业推介会等。通过这些活动，印尼可以向其他缔约方的投资者展示其投资环境、优势产业、政策支持等，吸引更多的外国投资。第三，促进商业配对。相关企业可以寻找合适的技术、市场、资源等合作伙伴，共同完成投资项目，提高项目的成功率。第四，组织和支持举办与投资机会以及投资法律法规和政策相关的各种介绍会和研讨会。第五，解决缔约方关切的问题，即就与投资促进等有关的其他共同关心的问题进行信息交流。

2. 投资便利化条款。

为了促进投资便利化，RCEP第10章第17条设置了专门的投资便利化条款，要求各缔约方在遵守其法律法规的前提下，通过营造必要的投资环境，简化申请及审批手续，促进投资规则、法律法规、政策和程序等相关投资信息的传播，建立一站式投资中心或联络中心来便利投资。例如，印度尼西亚政府近年来致力于改善投资环境，通过加强基础设施建设、稳定法律法规、打击腐败，以期提供公平的市场环境。不仅如此，印尼国家投资局等机构还设立了一站式服务中心，为外国投资者和本国企业提供集中的服务，包括申请执照、注册公司、办理工作许可等一系列行政手续，以简化办事流程，提高效率。最重要的是，在投资者与国家间争端解决机制暂时缺位的情况下，为有效减少争端的发生，避免投资者投诉无门的情况出现，RCEP从条约的角度将投诉机制和争端预防机制加入投资便利化条款中，即RCEP要求缔约方设置政府机构以处理投诉及投资者不满的问题。具体而言，包括接收投资者提出的、与影响其涵盖投资的政府行为有关的投诉，以及为解决投资者在涵盖投资相关方面遇到的困难提供帮助，这有助于畅通外国投资者的投诉渠道，预防争端的发生。

RCEP第10章第17条第3款和第4款的透明度条款在保障投资便利化方面起到关键作用。该条款要求缔约方在多个层面提高透明度，以提高投资环境的可预测性和公平性。这一条款包括两个关键方面：一方面，它强调了政府部门之间合作的透明度。缔约方政府应积极创造条件，促进政府主管部门之间的信息交流，通过举行会议等方式，更好地分享有关投资的信息和方法。另一方面，该条款强调了国际合作透明度的重要性。如果东道国政府机构的行为常常导致外国投资者面临问题或困惑，缔约方应建立相应的机制来解决这些问题。这一机制的设立必须遵循透明度原则和可预测性原则，同时要充分考虑各缔约方的能力和法律法规的差异。

（四）暂时搁置的ISDS条款

在许多双边投资协定中，通常包括解决投资者与东道国之间争议的机制，这就是投资者与国家间争端解决机制（ISDS）。ISDS允许投资者以个人身份向东道国提起仲裁，以确保在争端解决时平等对待私人投资者和主权国家，体现了国际投资规则对投资者的保护。同时，ISDS条款也有助于确保东道国和投资者都能够充分遵守投资规则，它是投资规则中的关键要素之一。然而，传统的ISDS在实际运用中出现了一系列问题，导致其合法性和公正性受到了众多国家政府的广泛质疑。世界各国也提出了多种改革ISDS条款的方案，导致ISDS机制面临着较大的不确定性。国际投资仲裁的裁决对东道国的主权权益造成了巨大影响，使得许多参与RCEP谈判的缔约方对于将投资者与ISDS条款纳入RCEP投资章节表示担忧。在RCEP的投资章节的谈判过程中，虽然中、日、韩3个国家明确支持将ISDS条款纳入协定，但也有一些国家，如新西兰、印度尼西亚和马来西亚，对于将ISDS条款纳入协定持强烈反对态度。这种立场分歧给ISDS条款的纳入带来了一定的挑战，也增加了谈判的复杂性。这一分歧的关键在于如何在保护投资者权益的同时，也能够平衡和维护东道国的主权权益。各国必须谨慎权衡，以确保ISDS条款既能为投资者提供保障，又不至于对东道国的主权产生过大的不利影响。对于RCEP的投资章节，各成员国需要在这一问题上达成共识，以确保协定的可行性和广泛接受度。

因此，基于上述背景，目前，RCEP已经临时搁置了ISDS条款的纳入。然而，根据RCEP第10章第18条的规定，各个RCEP缔约方需要在不影响各自立场的前提下，在RCEP生效之日后的2年内讨论ISDS条款，且这一讨论应在开始后的3年内完成。这意味着RCEP在生效之后的相当长一段时间内，将暂不包含ISDS条款。此外，RCEP各缔约方是否能在讨论的时限内达成关于ISDS条款的协议，目前仍是未知。

二、印尼对于RCEP投资文本规则的特别承诺

虽然RCEP缔约方在签署协定后需要实行协定规则，但RCEP缔约方也保留了一定的自主权，可以自行决定本国要遵守的规则。具体而言，印度尼西亚基于自身的国情、发展需要、政策目标或对于特定规定的立场而对RCEP中的某些投资方面的规则或待遇作出特别承诺。这意味着在涉及这些特定投资方面，印尼不会受到RCEP相关规定的约束。这种保留的存在将对前往印尼进行投资的投资者产生影响。投资者需要了解印尼对于RCEP文本规则的特别承诺条款，以便在作出决策时更准确地评估印尼的投资环境和法律框架，以及了解在印尼投资时可能面临的特殊情况。

印尼对于RCEP投资文本规则的特别承诺主要集中在涵盖投资的规定中。RCEP第10章第1条第1款规定：涵盖投资是指，对于一缔约方而言，在本协定生效之日，已在该方领土内存在的另一缔约方投资者的投资，或已被东道国所接受，并遵循其相关法律、法规和政策（如适用）所设立、获取或扩大的投资。其中，就印度尼西亚而言，“已接受”是指“视情况而定，已经个案登记或书面批准”，即印尼将“涵盖投资”限于经过个案登记或书面批准的投资。据此，投资者在印尼开展投资时，应依照当地规定及时办理和完成必要的批准、登记或注册手续并取得相应的书面凭证，方可享受RCEP的投资保护。根据印尼现行法律，外国投资者在印尼进行商业活动时均需在当地设立合法实体，外国投资者可通过设立子公司/合资公司、分公司或代表处的形式在印尼进行商业活动。而在印尼设立子公司/合资公司、分公司或代表处，均须向印尼投资协调委员会申请许可证，该机构实行一站式审批。外国投资者在印尼投资的法律实体设立形式应根据投资意图设立。若投资者计划创造收益、利润，或在印尼直接进行生产经营和营利活动，则需要设立一家外资公司；若投资者仅仅意图为其境外本体公司开拓印尼的商业机会（通过市场调研、社交联络等方式），而不直接与相关主体进行商业交易，则设立办事机构是更好的选择。

第三节　印尼的投资开放承诺

投资开放承诺主要解决投资领域的市场准入问题。RCEP在投资领域的开放承诺主要是通过成员国在协定附件3中列出的服务与投资保留及不符措施承诺表来体现。本节将具体介绍印尼在投资领域的开放承诺。

一、RCEP投资领域的负面清单模式

RCEP的15个成员国中，日本、澳大利亚、韩国、文莱、新加坡、马来西亚、印尼等7个成员国以负面清单的方式对所有投资部门进行了开放承诺，中国、新西兰、泰国、越南、老挝、柬埔寨、菲律宾、缅甸等8个成员国则以负面清单的方式对制造业、农业、林业、渔业、采矿业等5个非服务领域作出了高水平的开放承诺。

（一）投资不符措施清单

与CPTPP（《全面与进步跨太平洋伙伴关系协定》）、美韩FTA（自由贸易协定）等高水平区域协定相似，RCEP通过两张清单列出了不受国民待遇条款、最惠国待遇条款、禁止业绩要求条款、高级管理人员与董事会条款、市场准入条款、当地存在条款所施加的部分或全部义务约束的部门和措施。其中，清单A列出了各国现行的、不受上述内容所施加的部分

或全部义务约束的部门和措施。清单B列出了各国可以维持现有措施、采取新的或者更具限制性措施的特定部门、分部门或活动。此外，澳大利亚特别列出清单C作为服务贸易的附加承诺，以正面清单的方式列出海运服务部门，承诺按照合理和非歧视的条款和条件向国际海运供应商提供澳大利亚港口服务。

（二）具有较大灵活性的投资开放承诺

首先，RCEP在投资开放承诺方面展现出了一定的灵活性。它允许部分国家采用服务贸易正面清单和非服务贸易负面清单的开放模式。在RCEP中，日本、澳大利亚、文莱和韩国等4个国家对所有部门都采用了负面清单的开放模式。而新加坡、马来西亚和印尼等3个国家在清单B中采用了金融服务正面清单和非金融领域负面清单的开放模式。另外，新西兰、中国、越南、泰国、菲律宾、老挝、缅甸和柬埔寨等8个国家在所有的服务贸易领域暂时采用了正面清单的开放模式。其中，新西兰虽然名义上以一张单子的方式列出了服务与非服务部门的负面清单，但清单A与清单B中与服务有关的投资仅是出于透明度的原因保留，而其服务贸易领域的开放承诺需依据其在服务贸易章节列出的正面清单。

其次，RCEP对一些国家提供了特殊待遇，允许它们在一定时间内对准入承诺进行修改。在RCEP生效后的24个月内，泰国、菲律宾、柬埔寨、老挝和越南有权增加、撤回或调整其列在清单A中的准入承诺，前提是这些不符措施在协议生效之日前已存在。这些国家需要向其他缔约方通知此类调整，并且调整可在通知之日起生效。这种安排赋予了上述国家在一定时期内修改决定的自由。与此类似，CPTPP也允许越南在协议生效后的3年内修正现有的不符措施，但是RCEP为部分缔约方提供了更大的灵活性。此外，RCEP也赋予了所有缔约方修订不符措施的权利，并且明确规定了修订的限制。这一安排显示了缔约方中的发展中国家对负面清单的开放模式的谨慎态度，同时也体现了RCEP的包容性。

最后，一些国家被允许不适用棘轮机制。菲律宾、印尼、老挝等国已经明确表示，清单A中列出的不符措施只受到静态条款的约束，而不受棘轮机制的限制。所谓静态条款是指缔约方承诺市场的开放程度至少与协议生效时的水平相当。而棘轮机制则是指如果缔约方单方面承诺未来进一步开放市场，那么这种承诺将被视为不可撤销的。对于清单B，这些国家还特别强调了它们在制定与这些部门、分部门和活动相关的措施时所享有的政策灵活性。

（三）投资不符措施清单的主要内容

从内容上来看，RCEP缔约方不符措施清单主要包括以下部分内容。

一是部门、行业和分类编码。在负面清单中，各项不符措施首先列明其针对的部门和行业，既包括针对所有部门的水平型措施[①]，也包括针对特定行业的非水平型措施，如农业、林业、矿业、渔业等基础行业以及电信、医疗、教育等服务业部门。部分国家还在负面清单中按不同的分类标准给出相应的产业编码。[②]

二是不适用的正面义务。负面清单中的不符措施可能不适用于某一条或多条正面义务。对于第一类负面清单，在国民待遇、最惠国待遇、禁止业绩要求、高级管理人员和董事会成员的正面义务的基础上增加了市场准入和本地存在等两项正面义务。第二类由于不涉及服务贸易领域，因此只对应国民待遇、最惠国待遇、禁止业绩要求、高级管理人员和董事会成员等四项正面义务。[③]

三是政府级别。政府层次指的是维持该不符措施的政府级别，用以明确措施的适用范围和效力。在RCEP中，政府级别一般分为中央和地方两

---

① 水平型措施将标记为“所有部门”（ALL Sectors）。

② 中国、澳大利亚、文莱、韩国、马来西亚、新西兰没有在不符措施中提供相应的产业分类编码，越南、泰国、菲律宾、柬埔寨、老挝、缅甸、印度尼西亚提供了按国际标准产业分类的ISIC rev 3.1或ISIC rev 4.0产业编码，新加坡使用了联合国统计办公室规定的CPC产业分类编码，日本则提供本国使用的日本产业分类编码JSIC。

③ 柬埔寨、老挝、缅甸和越南4个成员国不适用于RCEP第10章第4条最惠国待遇条款，其负面清单的全部不符措施均视作不适用于最惠国待遇义务。

种。中央级别指该不符措施在全国范围内均适用，地方级别一般会在措施描述中注明具体适用的地域范围。

四是措施描述。采用第二类负面清单的国家一般不会注明该不符措施所涉及的领域，而是默认每一项不符措施都只涉及投资领域。而采取第一类负面清单的国家往往会按照领域将不符措施分成三个种类：第一种不符措施与第二类负面清单相同，只涉及外国投资；第二种不符措施只针对涉及行业的服务贸易；第三种不符措施既涉及服务贸易又涉及投资。

五是措施来源。措施来源列出缔约国实施该项不符措施所依据的法律、法规或其他措施，这里的法律法规不仅包括本国立法部门制定的宪法、法律，以及行政部门或地方政府发布的文件或规定，还包括与其他国家达成的、被其他缔约国认可的国际协定，主要集中在环保、原子能和远洋捕捞等方面。①

二、印尼在投资领域的开放承诺

印尼在投资领域的开放承诺体现在印尼制定的投资保留及不符措施承诺表之中。从承诺表的结构来看，包括清单A和清单B两个清单。清单A列明的是目前存在的不符措施，即列出了不符合RCEP第10章第3条（国民待遇）、第10章第4条（最惠国待遇）、第10章第6条（禁止业绩要求），以及第10章第7条（高级管理人员和董事会）义务的措施。清单B则列明了目前印尼的一些敏感投资领域，即在这些领域，印尼可以维持现有投资秩序。

（一）印尼在清单A中的投资保留及不符措施承诺

1. 与土地所有权和使用权相关的措施。

与土地所有权和使用权相关的措施不受国民待遇（RCEP第10章第3条）义务的约束。该措施要求土地所有权仅限于印尼国民获得。但存在

① 陆建明、姚鹏：《RCEP负面清单制度及中国的发展方向》，《亚太经济》2022年第4期，第147页。

例外情形，在不违反印尼相关法律的前提下，外国公民和在印尼注册成立的外国公司有权获得土地和财产。就租赁而言，外国公司和公民的最长租赁期限为35年，并可再延长25年。就建筑权而言，外国公司和公民拥有该权利的最长期限为30年，并可再延长20年。就土地使用权而言，外国公民的最长使用期限为30年，并可再延长20年；外国公司的最长使用期限为25年，并可再延长20年。

2. 特定类型投资。

外国投资的总投资额超过100亿印尼盾（不包括土地和建筑物）不受国民待遇义务的约束，除非特定行业根据印尼法律法规另有要求。如果是相关法规规定的工业部门中的大型企业，外商投资的总投资额应超过150亿印尼盾（包括土地和建筑物）。

3. 投资形式。

该措施要求外商投资形式应根据印尼法律采用有限责任公司形式，不适用于国民待遇。外国投资者在本保留条款中，如要在印尼进行直接投资，必须在印尼成立有限责任公司。

4. 外商投资分销。

国民待遇（RCEP第10章第3条）不适用于外商投资分销特定情境，即外商投资应指定当地分销代理商向印尼的最终用户销售其产品。

5. 外商投资企业人事。

国民待遇（RCEP第10章第3条）、高级管理人员和董事会（RCEP第10章第7条）义务不适用于雇佣与人员管理等活动，即在印尼的外商投资企业必须由印尼国民担任与人事相关的任何职位。

6. 渔业。

渔业的相关规定不受国民待遇（RCEP第10章第3条）义务的约束。该项措施禁止外国投资者在印尼从事捕捞渔业。

7. 采矿和采石。

采矿和采石的相关规定不受国民待遇（RCEP第10章第3条）义务的

约束。该项措施禁止外国投资者从事海砂开采业。

8. 公共企业。

公共企业在特定条件下可能不受国民待遇（RCEP第10章第3条）、高级管理人员和董事会（RCEP第10章第7条）义务的约束。该项措施要求，如果仅限于指定企业（指定企业可包括国家与林业和印钞业相关的公共企业）的活动向指定实体以外的企业开放，或者指定企业不再以非商业方式经营，则国民待遇（RCEP第10章第3条）和高级管理人员及董事会（RCEP第10章第7条）义务可能不适用。

9. 协定生效前公司或项目许可审批中规定的条件。

协定生效前，公司或项目许可审批中规定的条件不受国民待遇（RCEP第10章第3条）、高级管理人员董事会（RCEP第10章第7条）义务的约束。该项措施要求，对于在本协定生效之日前已经存在的公司或项目，其许可审批中规定的条件应继续适用。对这些条件的任何修改均须获得批准。

10. 禁止外国投资者进入的制造业业务部门。

部分制造业部门业务的准入不受国民待遇（RCEP第10章第3条）义务的约束，该项措施禁止外国投资者在印尼开展以下业务。

2013年印尼农业部部长颁布的第98号条例，即《关于种植园营业执照指导的条例》，针对以下农产品的制造商设定了特定规定，特别是当这些制造商的产能达到或超过2017年第21号印尼农业部长条例（该条例为2013年第98号条例的第二次修正案）所规定的标准时：干丁香芽、粗植物油及粗动物油、椰干、椰纤维、椰壳炭、椰尘、椰肉生产；椰子油、棕榈油生产；棉花纤维、棉花籽生产；种植园产品（包括可可豆和咖啡豆）去皮、清洗、干燥及分拣作业；腰果及其加工品（干腰果和腰果壳液）生产；花椒（分为干白花椒和干黑花椒）生产；蔗糖、甘蔗顶部（梢部）及甘蔗渣生产；红茶或绿茶生产；干烟叶生产；橡胶产品（包括片状橡胶和浓缩乳胶）；粗麻风树油生产；鱼类加工品（特指煮鱼）生产；以豆豉和豆腐为基础原料的大豆加工食品生产；大豆及豆类食品制造（酱油、豆豉和豆腐除外）；易腐糕点制造；饼干类制品（如krupuk、keripik、油炸和调味饼干peyek等及其类似产品）生产；棕榈糖、爪哇糖或红糖制造；手工业中的林产品加工；等等。此外，该条例还明确指出，100%的国内控股涵盖了国防和安全主要设备工业、传统医药产业以及天然提取物加工业。

11. 禁止外国投资者进入的农业业务部门。

部分农业部门业务的准入不受国民待遇（RCEP第10章第3条）义务的约束。该措施明确禁止外国投资者在印尼开展以下针对微型、小型和中小型企业的保留业务，在本保留条款中，“微型、小型和中型企业”一词具有印尼2016年第44号总统条例中规定的含义，该条例详细列出了禁止投资和有条件开放投资的商业领域：一是每种作物种植面积小于25公顷的主要粮食作物（包括水稻、玉米、大豆、花生、青豆、木薯和红薯）以及其他未分类的粮食作物。二是每个种植园播种面积小于25公顷的特定作物，包括麻风树、其他甜味剂作物、甘蔗、烟草、纺织原料和棉花、其他未分类作物、腰果、椰子树、油棕榈、饮料作物（如茶、咖啡和可可）、花椒、丁香、精油作物、药用或医药作物（园艺除外）、其他香料作物、橡胶树和其他用于提取树液的树木。三是其他种植业领域，特指数量少于或等于125头猪的饲养、土鸡的繁殖和养殖及其杂交品种的繁殖和养殖。

12. 禁止外国投资者进入的林业业务部门。

部分林业部门业务的准入不受国民待遇（RCEP第10章第3条）义务的约束。该项措施禁止外国投资者在印尼开展以下业务。

（1）针对微型、小型和中型企业保留业务：其他森林植物开发（糖棕榈、石栗、罗望子种子、木炭原料、肉桂）、天然燕窝开发。

（2）100%的国内控股，包括：天然林木质林产品开发，林木或植物种子的种植与进出口贸易，林区水资源开发，从野生动物自然栖息地采摘/捕捉和买卖野生植物和野生动物。

13. 外资公司获得许可及股份出售。

外国投资者100%控股的公司获得许可及股份出售，以及外国投资的矿产和煤炭开采公司中，采矿营业执照的获得及股份出售均不受国民待遇（RCEP第10章第3条）义务的约束。该措施有如下要求。

（1）根据相关监管机构的要求，外国投资者（在本保留条款中，“外国投资者”一词具有印尼2007年第25号《投资法》规定的含义）拥有100%股权的公司，在获得许可前应事先通知，在开始商业生产一段时间后，上述外国投资者应将公司的部分股份出售给国内投资者［在本保留条款中，“国内投资者”一词具有印尼2007年第25号《投资法》规定的含义。为更加明确起见，本保留条款（1）项所规定的要求以印尼1994年第20号政府条例为基础，不适用于印尼2007年第25号《投资法》规定之后进行的投资］。

（2）就矿产和煤炭开采分部门［为本保留意见之目的，印尼2009年第4号法律（经2020年第3号法律《矿产和煤炭开采法》和2010年第23号政府条例《矿产和煤炭开采活动实施条例》修订）界定了矿产和煤炭开采分部门的范围。2017年第1号政府条例涉及对2010年第23号政府条例《矿产和煤炭开采活动实施条例》的第四次修订］而言，外国投资的采矿营业执照（在本保留条款中，“外国投资”一词具有印尼2007年第25号《投资法》规定的含义）应由印度尼西亚能源和矿产资源部部长颁发。

受获得采矿营业执照之前的先前通知限制，外国投资的外国股东（在本保留条款中，“外国股东”一词具有印尼2012年第24号政府条例中规定的含义，该条例涉及对印尼2010年第23号政府条例《矿产和煤炭开采活动实施条例》的修订）应在投产5年后根据以下规定逐步将其股份出售给印尼股东（在本保留条款中，“印尼股东”一词具有关于实施矿产和煤炭开采的2010年第23号政府条例中规定的含义），这些股东包括：中央政府、省政府、地区或市、国有企业以及国家私营企业实体（在本保留条款中，“国家私营企业实体”一词的含义与印尼2010年关于实施矿产和煤炭开采活动的第23号政府条例中的含义相同）。上述印尼股东的股份应在投产10年后达到多数。

14. 获得采矿营业执照。

采矿和采石部门中，外国投资者获得采矿营业执照的条件不受国民待遇（RCEP第10章第3条）义务的约束。采矿营业执照（WIUP），是指给予外国投资者在指定区域开展采矿业务的官方许可凭证。该项措施禁止寻求在印尼进行投资的外国投资者或其他政党的法人参与拍卖500公顷以下的金属矿产和煤炭WIUP。

15. 特定税务。

特定税务不受国民待遇（RCEP第10章第3条）义务的约束。非居民纳税人从印尼来源获得利息、出版税、股息、服务费用等收入，需缴纳20%的预扣税。

16. 部分不符措施。

禁止业绩要求规定的义务不适用于所有现有的不符措施，包括与下述要求相关的措施：一是要求达到一定的国内含量水平或百分比；二是将进口数量或价值与出口数量或价值，或者与该投资者投资相关的外汇流入量联系起来；三是通过将此类销售与其出口量或出口值或外汇收入挂钩，限制此类投资在其境内生产的货物的销售；四是出口一定数量或百分比的商品；五是将特定技术、生产工艺或其他专有知识转让给其境内的个人。具体而言，根据2007年第40号《印度尼西亚有限责任公司法》，在印尼成立有限责任公司的外国投资者或法律实体在雇用外国专家时，必须根据法律法规向印尼工人提供培训和技术转让。

17. 在印尼从事的园艺业务活动。

依据RCEP规定，位于印尼的农业与制造业领域内，对于园艺业务活动，包括但不限于发芽作业、栽培管理、收获及后续处理、分销与贸易营销、科研活动及农业旅游服务等，不适用国民待遇（RCEP第10章第3条）及高级管理人员与董事会（RCEP第10章第7条）义务。

（二）印度尼西亚在清单B中的投资保留及不符措施

印尼在RCEP清单B中的大多数承诺都与印尼的政治、安全等利益相关，涵盖土地政策、国防安全、少数民族等特殊群体权益保护、电力行业以及农业等多个方面，旨在为印尼未来经济发展争取较大的政策空间。

印尼作出的RCEP投资保留及不符措施承诺共有17项，其中7项为特定部门承诺，10项为适用所有部门的水平承诺。具体而言：一方面包括特定部门承诺，包括保留采取措施或维持与少数民族部落群体的土地和财产传统权利相关的任何规定的权利。在汽车保养和维修、专利药品等行业保留限制外资参股等权利。在特定情境下，保留采取措施或维持外国投资建立和运营的权利。在森林植物开发、动物人工饲养及保护等分部门，保留采取措施或维持外国投资建立和运营的权利。另一方面是水平承诺，包括保留采取措施或维持与政府资产、实体或机构的私有化、公司化、商业化或剥离相关的任何规定的权利，包括但不限于对资产所有权的限制、股权或其资产的转让或处置，以及外国投资者或其投资控制其资产的权利。保留采取措施或维持对高级管理人员或董事会成员国籍要求的权利。微型、小型和中型企业及合作社优惠：保留采取措施或维持给予印尼微型、小型和中型企业及合作社特殊优惠的权利。在本保留条款中，“微型、小型和中型企业”一词具有2008年关于微型、小型和中型企业的第20号法律规定的含义，“合作社”一词具有1992年关于合作社的第25号法律规定的含义。在渔业部门，对海鱼、咸水鱼、淡水鱼、珊瑚或观赏珊瑚的养殖等鱼类孵化、饲养相关行业的外国投资的建立和运营，保留采取或维持任何措施的权利。在能源部门，保留对小型发电厂（10兆瓦以下）投资采取或维持任何措施的权利。这些措施涉及的部门不包括已获承认的部门，也不包括根据印度尼西亚在本协定生效之日的情况本应获承认的部门。在本协定生效之日被明确归入《联合国国际标准产业分类》第三版具体部门的任何行业，应在当时得到印度尼西亚的承认。保留维持被忽略的有关外国投资者或投资的任何现行措施的权利，条件是所涉措施在本协定生效之日已经生效。一旦发现被忽视的措施，将立即将其列入印尼作出的投资保留及不符措施承诺表清单A。如果确定了上文中提到的被忽视的措施，印尼在将其列入印尼投资保留及不符措施承诺表之前至少90天向其他缔约方提供该措施的细节和磋商机会。印尼不会通过在投资保留及不符措施承诺表中增加一项被忽视的措施来取消已根据其法律法规进行投资的投资者的权利或利益；保留国民待遇（RCEP第10章第3条）可能不适用于与省级投资实施执照或许可证（为便于说明，“许可证”可能包括选址许可和建筑许可）程序方面有关的措施；保留采取或维持任何措施的权利，以应对根据相关法律宣布的粮食安全紧急情况，且该措施仅限于在宣布的粮食安全紧急情况持续期间实施。保留今后采取任何与许可合同规定的特许权使用费费率或数额不符的措施的权利。保留采取或维持任何与给予非缔约方投资者及其投资更优惠待遇有关的措施的权利，这些措施包括：东盟成员国之间现有的或未来的优惠协定或安排；在本协定生效之前已经生效或签署的任何现有协定；本协定生效以后涉及航空、渔业、海事事务等方面的国际协定。在制造业、农业、渔业和林业部门，印尼保留或维持与捕捞《濒危野生动植物种国际贸易公约》附录1所列的鱼种、从沉船中提取珍贵文物、水银法氯碱制造工业、农药活性物质工业、工业化学、酒精烈性酒行业等相关的权利或义务。

综上所述，印尼在RCEP投资领域适用规则深刻反映出其国内经济发展的最新进展，彰显了较高的对外投资开放水平，为中国企业提供了更多、更透明的市场准入机会。在这样的政策红利之下，有意到印尼开展投资的投资者在评估投资机会时可采取以下思路：首先，查询印尼在RCEP投资中的负面清单承诺，确定自身投资目标行业是否属于该国限制外商投资的行业。如果答案为否，则可按照印尼的国内法规定办理登记、注册、备案后开展投资。其次，如果目标行业属于印尼外商投资限制行业，则投资者应研读该国的投资管理制度，了解具体的限制条件以及申请投资批准的要件。如果投资者仍有意投资并且可满足相关审批要件，则可尝试申请相关的批准。最后，如果投资者判断申请投资批准的要件难以满足，则可进一步查阅印尼的投资促进政策，评估项目是否可享受投资促进待遇。如答案是肯定的，那么投资者可争取申请优惠待遇，在实现项目落地的同时实现投资利益的最大化。

投资者在筹划对印尼开展投资时，需要结合RCEP投资规则与印尼的相关投资制度，综合分析、比较和权衡。唯有如此，投资者才能在规避投资风险的同时，最大限度地挖掘投资机会、保护投资权益。中国投资者赴印尼投资不仅要充分运用RCEP中的投资规则，也应善于应用中国与印尼之间签署的与投资有关的自贸协定或者双边投资协定。当前，中国与印尼签署的与投资规则相关的区域协定除RCEP外，还包括中国—东盟投资协定、《中华人民共和国政府和印度尼西亚共和国政府关于促进和保护投资协定》、《中国—东盟全面经济合作框架协议》等。归纳上述协定关系，RCEP投资规则是在原有《中国—东盟全面经济合作框架协议》投资规则的基础上实现的全面整合与提升。当前，RCEP与中国—印尼双边投资协定、中国—东盟其他经贸协定互为补充。投资者赴印尼投资过程中，若在RCEP投资规则中不能找到依据或不清楚情况，应研究中国与印尼之间其他经贸协定的投资规则，当然还有印尼的国内法，这样才能依靠法律保障对印尼投资的投资者权益。

第八章
中企在印度尼西亚园区投资的策略选择

印度尼西亚作为东南亚最大经济体和全球重要的新兴市场，以其丰富的自然资源、多样化的经济结构以及不断优化的投资环境，吸引了世界各地的目光。近年来，中国企业在全球化布局中积极参与印度尼西亚的工业园区建设，这既是共建“一带一路”倡议的重要体现，也是推动中印尼双边经济合作的战略选择。在经济转型升级和区域产业链重塑的背景下，中国企业如何精准把握印度尼西亚的政策导向、产业需求和市场特点，制定切实可行的投资策略，不仅事关企业自身的可持续发展，也对深化两国经济关系、构建区域产业生态具有深远意义。本章旨在分析印度尼西亚当前的投资环境与潜在机遇，为中国企业在印度尼西亚园区投资提供科学指导和实践建议。

第一节　印度尼西亚近期投资环境概况

作为东南亚最大的经济体，印度尼西亚是一个拥有300多个民族的多元化群岛国家，自克服20世纪90年代末的亚洲金融危机以来，经济取得了令人瞩目的增长。

如今，印度尼西亚已成为世界第四人口大国和第十大经济体（按购买力平价计算）。

2022年，印尼国内生产总值（GDP）同比增长5.31%，这个东南亚最大的经济体恢复到疫情前的增长水平。2022年的增长速度主要得益于印度尼西亚庞大的国内消费，随着煤炭、棕榈油和铁等主要货物的全球价格上涨，大宗商品出口进一步提振了这一增长速度。因此，印度尼西亚在2022年取得了突破性增长，取得了约430亿美元的FDI（外商直接投资），创下该国历史上的最高水平。

印度尼西亚2023年GDP增长5.05%，与5.03%的预估值基本相符，虽低于政府5.3%的目标，但仍是G20成员国中最高的经济增长率之一。印度尼西亚银行预测，2025年印尼经济增长区间为4.7%至5.5%，中点为5.1%。然而，印度尼西亚银行在2025年4月下旬的声明中表示，受全球不确定性增加，特别是中美贸易紧张局势升级的影响，银行已下调了此前的增长预期，将略低于其中点预测值5.1%。

一、印度尼西亚引资的主要行业

印度尼西亚近年来GDP得以保持增长的原因，主要在于其受到几个重要行业的支持，包括大宗商品、基础设施开发、旅游业和电动汽车电池等高价值产品的制造等，而这些行业也是外商投资的重点行业。

（一）矿产加工业

印度尼西亚拥有大量未勘探的矿藏，是世界上最大的锡、棕榈油和动力煤出口国，也是镍、铜、铝土矿、橡胶、锰、锌和铅等资源的主要出口国。采矿业占印度尼西亚GDP的1/10以上，是其经济增长不可或缺的一部分。该国还拥有格拉斯伯格矿——目前世界上最大的金矿和第三大铜矿——估计拥有约2761万吨至2900万吨铜和2090吨黄金储量。

作为东南亚最大的经济体，印度尼西亚在大宗商品价格上涨的背景下，出口蓬勃发展。因此，大宗商品出口将继续成为印度尼西亚未来经济发展的支柱。

2014年，印度尼西亚政府开始禁止原矿出口，以鼓励外资对下游采矿业的投资和推动当地冶炼厂的发展，同时促进高价值加工商品的出口，并增加政府收入。2023年，该国扩大了原矿出口禁令的范围，将铝土矿纳入其中。其目的在于改变印度尼西亚对资源出口的依赖，同时大力鼓励外资企业在印度尼西亚本地设立项目、建设工业园区等，提高相关产业附加值。与此同时，政府继续放宽外资投资和相关项目在印度尼西亚的建设要求，推动印度尼西亚龙头国企和外资公司合作，成立电池控股公司及推动项目落地，鼓励相关配套产业发展。除镍矿外，印度尼西亚政府还正在或计划对锡矿、铜矿、铝土等多种矿产出口加以限制，相关政策态势或将持续。中资企业自2009年起持续进入印度尼西亚投资建设，如恒顺电气、青山钢铁、华友钴业、格林美、金川股份等分别在印度尼西亚投产相关冶炼厂、产业园或其他项目，以确保相关产能供应。

（二）镍矿及其相关行业

印度尼西亚于2019年宣布禁止出口镍矿，并要求镍矿开采商在出口前在印度尼西亚加工或净化原镍。该国拥有世界上最大的镍储量，其禁令导致电动汽车制造商和不锈钢生产商的供应链发生重大转变。镍是电动汽车电池和不锈钢的主要成分。

印度尼西亚加工镍出口额从2015年的10亿美元飙升至2022年的300亿美元，预计到2025年，该国镍产量将占全球镍产量增长的一半。

镍矿出口禁令促使欧盟于2019年向WTO提起诉讼，称印度尼西亚的禁令不公平地损害了欧盟的不锈钢行业利益。2022年11月，WTO裁定欧盟胜诉，称印尼的禁令不符合全球贸易规则。印尼坐拥着全球第一的镍矿资源量。凭着这一优势，印尼通过国家政策在调控镍行业方面发挥着日益重要的作用。

2009年印尼通过《煤炭与矿物法》，2014年1月12日原矿出口禁令正式生效，要求在印尼采矿的企业必须在当地冶炼或精炼后方可出口。但由于实施效果不佳，印尼在2017年放松了相关禁令，允许部分镍矿产品出口。随着实施条件逐步成熟，2019年印尼两次宣布提前对镍矿的出口禁令，将原定于2022年实施的出口禁令提前至2020年1月实施，强制推动矿业资源从初级开采向高附加值加工转型，禁止出口未经加工的镍矿。印尼镍矿禁止出口政策计划遭到日本、欧盟和美国等诸多国家反对，他们先后向WTO提出申诉，在2023年7月欧盟就印尼镍出口限制争端解决案中可能使用欧盟执行条例展开磋商，而最终受到印尼镍矿供应的主导地位，双方达成和平协议。自此，印尼的镍矿出口禁令得以最终确立，为日后其镍产业的发展奠定了重要基础并起到了决定性作用。

近年来，印尼政府积极推动各项经济改革，提高国家竞争力，依靠丰富的镍资源，吸引了大量的外部投资，推动了印尼的镍产业发展。

2020年至今，在新能源汽车快速发展的影响下，三元电池对镍的需求剧增，全球原生镍供应增量逐渐向印尼聚拢，印尼镍中间品项目建设呈现增量，多家企业建设湿法冶炼（MHP），同时RKEF工艺转高冰镍到硫酸镍的通道打通，通过工业园区加强下游化，并实施采矿配额制度（RKAB），旨在通过控制镍矿产量，以支持电动汽车行业和新的可再生能源产业发展，有效推动下游产业不断延伸，让印尼镍产业更加多元化发展，更是对整个新能源产业绿色转型的推动。

2025年2月17日，印尼总统普拉博沃发布2025年8号总统令，宣布实施自然资源出口外汇管制政策（DHE SDA）。从2025年3月1日起，采矿业、种植业、林业和渔业部门出口商需将100%的外汇收入存入国家银行特别账户，限期12个月，石油和天然气行业除外。新规要求上述行业的公司将30%的资金留在境内至少3个月。官员们估计，此举将使今年印尼央行的外汇储备增加800亿美元。该法案虽然涉及包括煤炭在内的自然资源，并未直接限制印尼镍加工产品（如MHP、高冰镍、高镍生铁）的出口，对印尼镍加工产品的出口暂无直接限制。但是，印尼对外汇的管制可能使得矿商和冶炼商的成本增加，进而影响全球大宗商品供应。

（三）电动汽车电池供应链

根据亚洲经济数据库（CEIC）数据，2021年，印度尼西亚为东盟最大的汽车消费市场和第二大汽车生产国。根据印度尼西亚统计局数据，2022年1—10月，印度尼西亚汽车产量约120万辆。但印度尼西亚汽车产业主要依赖外国投资，缺乏本土品牌。中国企业在印度尼西亚已形成较为完善的汽车产业集群，柳州五菱、上汽通用五菱、东风小康等在印度尼西亚成立了40余家相关企业，主要负责汽车零部件生产。同时，日本三菱、丰田等企业也在印度尼西亚投资建厂。此外，电动汽车作为新投资清单中鼓励的投资行业，根据投资额不同，可享受公司所得税100%或50%减免等优惠政策。政府也通过限制镍矿出口、吸引外资等举措，助力新能源汽车产业发展。印度尼西亚制造的电动汽车，主要优势是使用镍钴锂电池。

印度尼西亚的镍矿储量使该国成为全球电动汽车行业不可或缺的一部分，该国的目标是成为全球电动汽车中心。据印度尼西亚海事与投资统筹部部长卢胡特称，包括美国特斯拉和中国比亚迪在内的全球电动汽车制造商正在敲定在印度尼西亚投资的交易。印度尼西亚的目标是到2027年成为全球三大电动汽车电池生产国之一。

此外，为了发展其镍基电池行业，该国还在开发锂精炼厂和阳极材料生产设施。

根据印度尼西亚中央统计局（BPS）的数据，预计2025年印度尼西亚的人口数量约为2.816亿，这也为电动汽车的销售提供了机会。投资者面临的巨大挑战和机遇，包括消费者负担能力不足和缺乏公共充电基础设施。政府制定了雄心勃勃的目标，即到2025年拥有250万电动汽车用户。

（四）煤炭及其相关产业

印度尼西亚是继中国和印度之后的世界第三大煤炭出口国，也是世界最大的动力煤出口国。2022年，印度尼西亚生产了6.87亿吨煤炭，其中4.94亿吨用于出口，其余用于国内使用。煤炭出口每月为该国带来约30亿美元的收入，其中中国、印度、韩国和日本占其煤炭出口的70%。越南和菲律宾是印度尼西亚煤炭不断增长的出口市场。

2021年12月31日，印度尼西亚政府发布了出口禁令以满足国内需求，导致动力煤市场处于动荡状态。该禁令取代了全球海运煤炭供应的约4%，即3600万吨煤炭。

2023年，该国的目标是煤炭出口量达到5.18亿吨，产量达到6.95亿吨。

与其他大宗商品一样，印度尼西亚政府渴望发展本国的下游煤炭产业，具体围绕以下7个子行业展开：煤炭液化、煤炭质量提升、煤炭气化、焦炭制造、地下煤气化、型煤制造、煤水混合物生产。这一战略将需要大量的外国投资，特别是在基础设施和技术方面。

（五）基础设施建设

基础设施建设具有基础性、先导性、战略性、引领性作用，是产业发展的基础。自佐科当选印度尼西亚总统（任期为2014年至2024年）以来，印度尼西亚政府已认识到落后的基础设施对国民经济发展的制约，大力发展基础设施建设已成为印度尼西亚政府振兴经济的重要手段。如其在“全球海洋支点”战略中表明，印度尼西亚政府将优先规划基础设施，如海上高速公路、深水港等。根据印度尼西亚政府2023年度国家收支预算，将分配27万亿至30万亿印尼盾（约合251.5亿至285.7亿美元）的资金用于国家新首都的基础设施建设，如住房、饮用水供应设施、污水处理和灌溉网络，道路、桥梁、火车站和机场等连接性基础设施，卫星和基站收发站（BTS）等信息技术基础设施，以及井里汶至三宝垄的天然气输送管道。根据印度尼西亚财政部发布的数据，印度尼西亚2020—2024年基础设施建设规划的资金需求达4500亿美元，其中印度尼西亚中央政府财政预计承担37%，地方政府和国企预计承担21%，其余的42%的资金缺口（约1900亿美元）将通过与国内外私营资本合作进行融资。印度尼西亚为此专门设立主权财富基金及其投资管理机构，拟对收费公路、机场、港口、数字基建等进行战略投资。

2019—2024年，印度尼西亚需要超过4000亿美元的基础设施投资。具体来说，2023年，印尼政府已在国家预算中拨出200多亿美元用于基础设施建设。

因此，印度尼西亚正在通过公私合作计划推动私营部门参与其基础设施建设。印度尼西亚东部地区也有机会开展小型和大型能源及基础设施项目，这些地区最缺乏连通性，政府也越来越关注这些地区。

（六）医疗保健和制药产业

鉴于其庞大的市场规模，印度尼西亚的医疗保健行业为外国投资者提供了有利可图的机会。

一方面是在于印度尼西亚对短期外籍工人的新健康保险要求。自2014年实施全民医疗保健计划以来，截至2024年8月，该计划的参保人数已超过2.75亿人，已经超过了印尼国家中期发展计划（RPJMN）设定的目标。每个公民和外籍人士都必须加入，每家公司必须将其员工纳入该计划中，并支付一定比例的保费。而增加医疗保健支出将影响重要的子行业，如医疗器械行业，印尼该行业在2019年的价值为45亿美元。其中大部分（28亿美元）来自进口。印度尼西亚主要进口PET-CT扫描仪和ICU设备等先进的医疗器械，并出口手套和注射器等低技术产品。

另一方面，印尼制药行业以仿制药为主（占70%），其余为非处方药（OTC）。全民医疗保健计划促进了该国仿制药的销售，价值超过7亿美元。

（七）旅游业

印度尼西亚的旅游资源非常丰富。印度尼西亚是地处热带的多岛屿国家，拥有许多得天独厚的热带自然景观和沿海风光。历史悠久、多民族和多宗教的集合又使得印度尼西亚形成丰富多彩的民族文化和历史遗迹。这些都是印度尼西亚发展旅游业的重要条件。2022年，印度尼西亚接待国际游客520万人次，较既定计划的360万人次大幅增长。2023年，除参加国内外数十个大型旅游展览和旅游促销活动外，印度尼西亚还举行Karisma Event Nusantara（群岛魅力盛事，KEN）计划框架内的110项国家活动、30项MICE（会议、奖励旅游、大型企业会议、活动展览和节庆活动）以及50项体育赛事。

与此同时，印度尼西亚旅游部已向外国投资开放该行业，以开发可持续旅游项目、5个优先旅游目的地和8个旅游经济特区，这些项目总价值达15亿美元，创造了150万个新就业岗位。

（八）新兴产业

2021年3月，印度尼西亚推出投资优先清单，在基础设施（机场、港口）、可再生能源（小型水电、风电、太阳能、地热、生物质发电）、建筑服务、通信媒体信息技术、分销仓储、医疗医药等重点领域取消或放宽股权比例等对外资的限制。在数字经济方面，印度尼西亚政府出台“2021—2024年数字印度尼西亚路线图”，组建了一个加速和扩展区域数字化（P2DD）的工作组，积极推进数字化转型与旅游、数字贸易、数字金融服务、数字媒体和娱乐、数字农业和渔业、数字房地产和城市、数字教育、数字健康、行业数字化和政府机构数字化发展，以实现包容性数字化转型。在绿色经济方面，印度尼西亚提出“太阳能群岛计划”，大力推进太阳能、生物柴油等新能源发展，通过绿色财政政策，从能源、垃圾管理和劳动密集型农业等方面推动绿色复苏和绿色经济发展。

二、政局稳定

（一）政局稳定基础扎实

世界银行发布的《2020年营商环境报告》显示，印度尼西亚营商环境在全球190个经济体中排名第73位。世界知识产权组织发布的《2022年全球创新指数》数据显示，2022年印度尼西亚在全球132个经济体中排名第75位，较2021年上升了12个位次。印度尼西亚在2022年实现了飞跃，取得自2012年以来的最佳名次，在创业政策和文化方面处于全球领先地位，在创新关联和无形资产方面也有明显的进步，在初创企业和规模化企业融资、企业无形资产密度等指标上表现不俗。

此外，2022年，在国际评级机构的信用评级上，印度尼西亚总体展望为稳定。标普考虑到印度尼西亚外债和财政状况的改善，将印度尼西亚的主权评级展望从“负面”调整至“稳定”；印度尼西亚的穆迪和惠誉评级分别为Baa2/稳定和BBB/稳定。主权展望回稳也导致3家受评的印度尼西亚公司Pertamina（BBB）、PLN（BBB）和PTAstra（BBB+）的展望从“负面”回到“稳定”。

（二）大选未造成不利影响

需要强调的是，2024年是印度尼西亚的大选年。首先，印度尼西亚要选出国家领导人。根据印度尼西亚法律规定，印度尼西亚总统和副总统由全国选民直接选举产生，候选人需要获得成为总统的绝对多数选票。其次，本次大选还将选出众议院议员、区域代表委员会委员，以及各省和县、市的地区人民代表委员会（DPRD）。最后，印度尼西亚已在2024年11月27日举行地区领导人选举，首次将全国选举和地区领导人选举联合开展。

作为印度尼西亚历史上第八次全国选举，这场选举将决定印度尼西亚未来数年的政治走向、经济和外交政策，无疑也将对印度尼西亚的商业格局产生重大影响。

而选举期间往往会给企业带来不确定性，这也影响了该国的投资进度。比如，2009年选举期间投资仅增长了3.3%，投资增长率从7%降至4.5%。选举结果可能会影响监管框架、财政政策和投资激励措施，从而影响该国的营商环境。因此，企业需要密切关注选举结果对其业务的潜在影响。

但是，这种选举期间的投资停滞是可以理解的，也并不会影响到印度尼西亚的政局稳定。从印度尼西亚成功举行的总统选举就可以看出，印度尼西亚政府有能力在选举期间维持政治和社会稳定，向投资者保证选举过程中的安全保障。印度尼西亚充满纪律性的宏观经济政策备受投资者追捧。当时，印度尼西亚财政部财政政策局局长费布里奥·卡卡里布乐观地认为，良好的经济表现和可靠的投资管理吸引了投资者来到印度尼西亚，投资进展将在2024年大选期间继续。同样，金融服务管理局主席马亨德拉·西里加表示，2024年的投资环境将保持有利。①

同时，为了保证印度尼西亚重大规划得以顺利进行，佐科也在本次大选前做了一些预备动作。一方面，他在2022年主推通过了《国家首都法草案》（RUU IKN），从法律上确保该项目在2024年国家领导层换届的情况下仍将继续实施。另一方面，他也已经为迁都准备了财政激励措施，总计300项投资计划，总额为26亿美元。这笔款项已预留给了私营部门，特别是住房、交通、能源和技术等部门。同样，其他执政联盟成员也主张将IKN（加里曼丹省国家首都）项目纳入长期国家发展计划，以确保这一遗产的连续性。

① https：//www.cekindo.cn/boke/yinni-daxuan。

（三）新任领导人注重政策延续

2024年5月20日，印度尼西亚选举委员会正式宣布普拉博沃赢得2024年总统选举。普拉博沃获得了逾9620万张选票，得票率约为58.6%，在首轮竞选中即胜选。这表明，普拉博沃通过承诺以佐科政策的连续性为基础，显得更加可信并获得了选民的广泛支持。而他的竞选口号“keberlanjutan”（连续性）主要体现在维持经济增长、推动基础设施建设和改善公共服务的承诺。与此同时，普拉博沃通过与佐科家族的亲密结盟以及承诺维持佐科时期的稳定外交政策，保留并吸引佐科的支持群体，从而为自己竞选获胜构筑了坚实的政策和政治基础。

通过保持政策连续性来继续佐科时期的政策，普拉博沃将能够借此获得政治合法性。这也意味着普拉博沃将继续推动佐科时期启动的基础设施项目，如与中国合作的雅万高铁建设及后续泗水的承接项目，因为雅万高铁是印度尼西亚基础设施建设的一个外在标志，它的建成和运营也被视为国家现代化进程中的重要成就。高铁可以显著提高交通运输效率，推动区域经济发展，促进国内工业化，同时促进国际贸易与旅游业，这些都直接关系到普拉博沃政权的政绩，是创造政治资本和推动经济增长的有效手段。而从政策执行的角度来看，继续与中国在高铁等基础设施项目上的合作也被视为其履行选举承诺的一部分。高铁项目可以被塑造成普拉博沃对建设印度尼西亚有明确承诺和愿景的证明。在处理大型基础设施项目时表现出的决心和效率会增加其政治合法性，而这也会反过来提高选民的支持率。

对于中国企业来说，普拉博沃的对华态度也非常值得关注。普拉博沃当选总统后选择中国作为其首次出访国家。在历史上，印度尼西亚新当选总统选择中国作为首访国是前所未有的，更不用说此次出访是在总统权力正式交接之前。由于印度尼西亚在东盟中的利益远远超过其他国家，在正常情况下，印度尼西亚新任总统首次外访通常选择东盟成员国，而典型对象国例如佐科总统首次就任时所选择的马来西亚。此次外交行为打破了历史惯例，可以看出这位印度尼西亚新总统对中印尼双边关系的特别重视及未来合作发展的高度期许，充分表现出其对中国作为重要经济伙伴和区域力量的认可。在亚太地区，印度尼西亚作为东盟内人口最多和经济体量最大的国家，其对外政策走向对区域政治经济格局有着不可小觑的影响。普拉博沃此次出访反映出印度尼西亚对于中印尼双边关系未来发展的战略布局，以及希望在多边和双边层面加强与中国的协作。同时，从此前中印尼双边合作中可以观察到，这次略显非典型的外交行动实则在延续和巩固未来两国间的经济伙伴关系及地区合作立场，也侧面反映出普拉博沃执政后的印度尼西亚政府将保持一定程度的外交独立性，不再追随其他大国对中国的态度，而是根据国家自身利益和战略考量作出独立外交选择。总的来说，普拉博沃就任后大致的国家发展战略将有很大可能会与佐科总统时期保持一致，将中国视为印度尼西亚在经济领域的主要战略合作伙伴。

三、发展规划明确

（一）“全球海洋支点”战略

2014年10月，佐科·维多多就任印度尼西亚第7任总统。就任后在2014年东亚峰会期间，佐科完整、系统地阐述了他在竞选期间提出的“全球海洋支点”战略的主要内容，正式将之从主要针对印度尼西亚国内受众的竞选纲领提升为印度尼西亚的国家发展战略，并在任期内逐步充实完善。自此，印度尼西亚的国家发展重心逐步由陆地转向海洋。

从佐科正式的政策宣示和印度尼西亚实际的落实情况两个方面进行归纳，“全球海洋支点”战略突出了大力推进基础设施建设和捍卫海洋主权这两条主线。

其中，促进基础设施建设既是该战略的核心内容，也是该战略实施的着力点和重要评价指标。长期以来，印度尼西亚的基础设施尤其是与海洋相关的基础设施都处于停滞乃至倒退的状态。根据世界银行的世界物流表现排名，印度尼西亚从2007年的第43名跌落到了2010年的第75名，虽然在2012年和2014年的排行中逐步回升到第59名和第53名，但是2007—2014年间，印度尼西亚的物流表现还是跌落310名。与之相对的则是2007年落后印度尼西亚10名的越南，7年后反超印度尼西亚5名。这一情况反映在实际的商业经营上则表现为，雅加达的商超宁可进口中国的橙子，也不会从隔海相望但运费较高的加里曼丹岛进货，而从雅加达到西苏门答腊省首府巴东和新加坡的直线距离大致相等，但前者的运费比后者高三倍。因此，对于印度尼西亚来说，加强基础设施建设，促进海洋互联互通是国家进一步发展繁荣的重要条件。有鉴于此，印度尼西亚政府计划未来5年投入巨资新建或改建各类公路和铁路8600公里、49座大坝、35000兆瓦的发电站以及24个港口等。

其中最为引人注目的就是佐科提出建立“海上高速公路”的概念，这一概念要求印度尼西亚成为沟通太平洋和印度洋的通道，同时有效地联通印度尼西亚国内的上万个岛屿，改变各个岛屿互不相连的局面。为此，佐科提出通过大规模地修缮已有港口，建设新的港口来满足这一需要。佐科2014年在北京举行的亚太经合组织工商领导人峰会上向与会人士详尽介绍了印度尼西亚下一步的国家港口发展计划。该计划将耗资699万亿印尼盾（约合574亿美元），主要内容是建设24个商业港口、1481个非商业港口，以及采购相关船只。这一举措对于印度尼西亚实现国家发展的转向有着直接的助益，也是印度尼西亚下一阶段大力开展基础设施建设的主要抓手。

（二）“印度尼西亚工业4.0”计划

2018年4月，印度尼西亚政府正式推出了“印度尼西亚工业4.0”（Making Indonesia 4.0）计划及其路线图，作为响应第四次工业革命所做的战略性布局。2019年4月，印度尼西亚国会通过《工业4.0预算修正案》，将财政支持总规模提高一倍，达到5.31万亿印尼盾。

“印度尼西亚工业4.0”由印度尼西亚工业部负责具体领导和推行，优先发展5个行业：食品饮料、汽车、纺织、电子和化工。这些行业在印度尼西亚已具备一定的产业发展基础，在国民经济中占较大份额，国际市场空间较大，对推动印度尼西亚就业、出口和未来科技发展具有重要意义。该计划的战略目标为，在2018—2030年，实现GDP增速每年6%～7%，制造业在GDP中的贡献率为21%～26%，创造就业机会700万～1900万个。

（三）2045年印度尼西亚黄金愿景

2019年5月9日，由时任印度尼西亚总统佐科发起，印度尼西亚国家发展规划部制定了2045年印度尼西亚黄金愿景，也称印度尼西亚2045黄金年愿景。

印度尼西亚2045黄金年愿景目标是在2045年建国一百周年时成为一个主权独立、先进发达、可持续发展的国家。印度尼西亚国家发展规划部部长也表示，希望到2045年，印度尼西亚将成为人均收入与发达国家相当的国家，预计人均收入将达到30300美元，或在2037年达到21000美元。该愿景还提出，要将印度尼西亚建设成为一个在国际世界具有强大领导力和影响力的国家，贫困率接近零，不平等现象减少。

为实现2045年印度尼西亚黄金愿景，印度尼西亚在2023年6月15日发布了《2025—2045年国家长期发展计划（RPJPN）》（简称2025—2045年RPJPN），2025—2045年RPJPN制定了8项发展议程、17项发展方向，并通过45项主要发展指标来衡量。

时任印度尼西亚国家发展计划部部长苏哈索强调，面对技术颠覆驱动的全球大趋势，印度尼西亚必须能够创造变革。创造变革需要的大战略是以工业化为主的战略，作为振兴、促进印度尼西亚经济增长的答案之一，印度尼西亚政府将关注某些重点行业，增加制造业对GDP的贡献率。

2025—2045年RPJPN规定了5个优先产业群。一是自然资源型产业，包括农基产业（农业、种植园、林业）、矿山下游产业、海洋资源型产业等。二是基础工业，包括基础化学工业和金属工业。三是中高技术产业，包括船舶工业、航空航天工业、汽车及运输设备工业、国防工业、医疗器械工业、化学及医药制品工业、机械设备工业、电子工业等。四是可持续消费品行业，即食品饮料行业、纺织及纺织制品行业、制鞋行业。五是创新和研究型产业，即生物和生物技术型产业。国家发展计划部经济事务副部长艾玛利亚·阿迪宁加尔·维迪亚桑蒂表示，印度尼西亚必须引导工业部门生产更复杂的产品，这是印度尼西亚未来的工业化战略。

工业化根据区域特点进行，分为七大经济走廊。苏门答腊经济走廊：自然资源型产业和印度尼西亚西部蓝色经济枢纽；爪哇经济走廊：创新、研究和技术型产业；巴厘—努沙登加拉经济走廊：群岛旅游和创意经济的门户；加里曼丹经济走廊：群岛经济超级中心；苏拉威西经济走廊：支持IKN经济和自然资源型产业；马鲁古经济走廊：印度尼西亚东部蓝色经济枢纽；巴布亚经济走廊：基础化学和农产品工业。

（四）迁都计划

2019年8月26日，总统佐科正式宣布国家迁都计划。2021年9月9日，佐科签署了2021年第85号总统条例“关于政府2022年的工作计划”，正式宣布东加里曼丹省国家首都项目为国家战略优先项目之一。新冠疫情形势好转后，印度尼西亚众议院于2022年1月18日正式通过了《国家首都法草案》，规定新首都将被命名为“Nusantara”，意为“群岛”。

新首都落址在婆罗洲东加里曼丹省，跨越北佩纳扬巴塞尔和库台卡塔内加拉两个地区，占地56180公顷。根据计划，新首都将建设成具备绿色城市和智慧城市等现代化都市特质的印度尼西亚新行政中心，而雅加达仍然是国家的商业和经济中心，央行和其他重要商业机构均不随政府机构迁址。

这次迁都预计耗资466万亿印尼盾，将成为印度尼西亚政府有史以来最大的基础设施项目。

（五）2024年工作计划

2023年5月15日，印尼国家发展规划部通过了第4/2023号条例，内容涉及印尼2024年工作计划。该计划旨在推进国家发展议程并应对各种战略部门挑战。2024年工作计划是一个指导工具，旨在为印尼政府提供系统和全面的发展优先事项。2024年工作计划涵盖所有发展方面，例如融资、制度化、监管、评估和控制框架。该计划也是私营部门和非国家行为者参与和合作帮助印度尼西亚实现其发展目标的指导性文件。

作为实现印尼政府中期发展计划2020—2024年的最终文件，2024年工作计划旨在为政府中期发展计划2025—2029年和即将到来的2024年选举年期间的经济韧性奠定坚实基础。其工作计划的目标是加速经济复苏和增强抵御外部冲击的能力，将努力实现经济多元化，吸引投资，刺激就业，特别是在制造业、旅游业和数字经济等高增长潜力行业。2024年工作计划还打算通过减少官僚障碍和改善监管框架来改善商业环境，以促进创业和创新。它侧重于包容性经济增长、可持续发展和社会福利。该计划还旨在增强国家的经济韧性、完善现有基础设施、促进数字化转型并通过发展改善治理。

2024年工作计划采用“加速包容和可持续的经济转型”主题。它强调了与中期发展计划2020—2024年相一致的7个发展重点领域：

第一，增强国家经济韧性，实现公正和高质量的国家增长；第二，推动各领域发展以缩小差距并确保均衡发展；第三，发展优质和有竞争力的人力资本资源；第四，营造良好的发展文化环境；第五，加强基础设施以支持发展经济和基本服务；第六，发展环境，提高灾害和气候韧性；第七，发展政府基础设施和转型公共服务。

根据七个发展重点领域，印度尼西亚政府确定了2024年的8个目标：减少贫困、增加教育和卫生服务、振兴工业和提高制造科学水平、提高本地企业竞争力、低碳发展和加速能源转型、加快发展必要的基础设施和连通性、加快新首都的发展，以及实施2024年大选。

印度尼西亚政府将专注于实施促进可持续发展、吸引外资和创造有利的商业环境的政策，以实现其目标。该工作计划强调了基础设施建设的重要性，特别是在交通和数字连通性方面，以加强群岛内的贸易和连通性。

此外，随着印度尼西亚首都从雅加达迁往努山塔拉，印度尼西亚将重点发展新首都。迁都项目将优先发展必要的基础设施（如医疗设施、住宅区、电网、连接道路等）和建设政府大楼。

可再生能源开发是2024年工作计划中“重大项目”的一部分，允许企业参与太阳能电池板、风力涡轮机、生物能源和地热发电厂的开发、制造和安装。相关企业将有机会参与其他清洁能源技术的研究和开发。此外，关于能源存储系统和智能电网解决方案的倡议和项目也越来越多，以支持将可再生能源整合到现有电网中。

农业部门也提出了旨在实现粮食安全的重要举措，2024年工作计划中的第二个“重大项目”重点关注“食品产业”。企业可以参与农业综合、食品加工和农业技术领域，包括参与生产农业投入品（如化肥和种子）、能力建设（如耕作技术）、可持续农业和农业加工。

2024年工作计划还承认人力资本发展在减少贫困和加强工业化能力方面的关键作用。2024年工作计划中有一些旨在促进人力资本发展和减贫的举措，这些举措旨在加强教育和技能培训，以满足快速发展的就业市场的需求。企业和企业家可以参与开发中心建设、教育技术解决方案和招聘服务，以满足对熟练劳动力的需求。

总体而言，2024年工作计划为各个行业的企业家和企业提供了肥沃的土壤。随着政府致力于推动经济增长和改善投资环境，印尼民众正在努力为国内外企业创造更有利的环境，以促进其蓬勃发展并为国家的发展目标作出贡献。

第二节　印度尼西亚园区投资分析

一、印度尼西亚工业园区概述

印度尼西亚政府第24/2009号法规将工业园区定义为工业活动聚集并拥有完善设施和基础设施的区域。

截至2025年5月28日了解到的情况，目前印尼有19个经济特区（15个现有的和4个新的）；127个工业区；4个自由贸易区；1360个保税区；91个保税物流中心遍布131个地点。[①]工业园区由信誉良好的开发商（有时是跨国开发商）开发和管理。HKI主席桑尼·依斯干达表示，这些工业园区内的多个产业发展迅速，包括食品饮料、汽车零部件、消费品等。

对于中国企业来说，在印度尼西亚投资的常见工业园区主要分布在以下地区。一是西爪哇省的工业园区等。西爪哇省位于雅加达附近，该地区以其理想的地理位置、先进的基础设施、发达的物流网络、强大的工业基础和熟练的劳动力优势而闻名，这也给企业实现高效的生产和分销提供了

---

① 《企业出海|出海目的地之印尼篇（2）——投资准入与落地合规》，https：//mp.weixin.qq.com/s/PH1aspXNbfOxFKx_T9wckw。

更多的便利。二是中爪哇省的工业园区。中爪哇省是印度尼西亚著名的工业中心，与主要港口、机场和多式联运码头有着良好的连接，因而该地区的工业园区也拥有完善的基础设施和熟练且具有竞争力的劳动力，对于寻求扩大制造能力的企业来说，该地区也能满足制造业多元化需求。

此外，考虑到印度尼西亚现有工业园区过于集中在爪哇岛，从而导致工业园区分布不均，政府制定了《2015—2035年国家工业发展总体规划》，希望在其他地区开展工业园区开发，以加快工业园区在印尼全境的部署和均匀分布。同时，印尼政府也希望通过工业园区的建设实现先进技术和环境应用的能力建设，使工业园区满足国家资源高效和清洁生产（RECP）计划的目标，即通过集体资源回收、交换副产品、余热和/或废水再利用、发电等方式寻求工业园区内公司之间的协同效应。

基于此，印度尼西亚政府在国家RECP计划中选择了望加锡、巴淡岛和泗水，以此作为新工业园区的重点发展地区。这些地区主要位于东爪哇省及爪哇岛以外，且产业类型各不相同。例如，正在建设的望加锡项目所在地主要以中小型内资投资企业为主，生产线较为简单，而巴淡岛则以中大型外资企业为主，生产线较为复杂。

二、选择印度尼西亚工业园区的理由

第一，印度尼西亚政府为工业园区提供了投资激励措施。政府认为，工业园区是创造就业、提振经济和提高市场竞争力的最有效工具之一，能够提供印度尼西亚其他群岛所没有的制度框架、现代化基础设施和服务，从而创建印度尼西亚工业园区。因此，政府为这些园区提供一系列投资便利化等激励措施，以增强对投资者的吸引力。

第二，有一定的税收优惠政策。政府颁布了有关工业园区的第142/2015号政府法规，为在工业园区建设工厂的投资者提供税收优惠。税收优惠金额根据工业开发区（WPI）的分组而定，包括免除或减少地方政府税收。此类地方政府税包括土地和建筑物税、街道照明税等。

第三，基础设施较为齐全。印度尼西亚工业园区提供了一定的基础设施及配套，工厂可以方便地使用电力、天然气、水以及专门为这些地区的发展而修建的道路。因此，现有的基础设施可以让投资者节省成本，而无需承担从头开始建设基础设施的成本。除此之外，工业园区所处的位置离主要港口和高速公路较近，这有助于工厂更加方便地运输和配送货物。

第四，施工许可证要求低。在工业园区建造工厂的优势之一，是无需获得建筑许可证，这不仅可以为企业节省大量的初始投资资金，还可以加快产品进入印度尼西亚市场的速度。与在某些可能禁止此类活动的特定区域建造工厂相比，大多数工业园区除要求获得建筑许可证外还要求获得相关环境许可证，而在工业园区建厂有助于减少工厂的准入手续。因此，在符合所有标准和法规的工业园区建造工厂将帮助企业避免不必要的冲突，从而使企业的投资压力更小，更容易取得成功。

三、中国在印度尼西亚建设的主要工业园区

（一）中国·印尼经贸合作区

中国·印尼经贸合作区（简称合作区）成立于2008年，是中国在印度尼西亚设立的第一个集工业生产、仓储物流、贸易于一体的国家级综合工业园区，于2016年8月通过中国商务部、财政部评级考核。合作区位于印度尼西亚雅加达东部的工业集中地带贝卡西县的绿壤国际工业中心内，距雅加达市37公里，距苏和诺—哈达国际机场60公里，距雅加达丹戎不碌港50公里，距离万隆不足100公里，全程高速路贯通，距离雅加达至万隆双向8车道高速公路出口仅2公里，地理位置优越，交通优势显著。

合作区整体规划结构为“一轴三组团”。“一轴”是指一条贯穿整个园区的主干道连接园区的主要服务设施和景观带，构成园区的发展主轴。“三组团”是指家用电器、机械制造、农产品加工3个产业组团沿着园区

主轴分布。总体规划面积502.8公顷，其中一期规划建设205公顷，二期规划建设297.8公顷。合作区总体目标是要打造集工业生产、商贸、仓储物流服务于一体的现代化国际经贸合作区和中国优势产业在印度尼西亚的重要产供销仓储集散中心。一期产业定位为汽配制造、机械制造、农产品精深加工、建材、仓储物流服务等；二期产业定位为保税物流、精细制造、智能制造、商业餐饮及酒店配套等。

截至2024年12月，合作区在基础设施方面已完成项目总投资1.6亿美元。在两国地方政府的合力推动以及有关政策的扶持下，2013年，合作区一期道路、给排水、排污、供电、通信等“七通一平”基础设施全部建成，同时建有行政办公楼和标准厂房，企业入驻建厂的条件成熟。一期项目用地已完成土方平整，完成道路、给排水、排污、供电、通信、燃气等基础设施建设，以及20366平方米标准厂房、3841平方米办公楼等配套设施建设，已具备企业入驻建设生产的条件。二期项目用地已完成200多公顷土地征收工作，同时开展项目用地规划的前期工作。

税收待遇方面，该园区享受欧盟普惠制的关税减免待遇，进口关税、出口退税、企业所得税等方面优惠力度大。如对在印度尼西亚国内购买的出口产品所需的奢侈品与原材料，免征增值税与销售税，生产出口产品的原材料可退还进口关税；在指定行业投资0.5万亿～30万亿印尼盾，将享受5～20年的公司税豁免；等等。

截至2023年底，共有11个国家和地区，共计61家中外企业落户，50家企业项目建成投产——既有以中国西电集团、蒙牛乳业等知名企业为代表的中国企业，也有来自法国、日本、新西兰、芬兰等国的世界500强企业及印尼本地企业，初步形成了以汽车配件、建筑建材、仓储物流、食品加工、包装印刷等产业为主的产业聚集区，积累了较为丰富的园区招商、运营、服务经验，逐步发展成为中外企业在印尼投资兴业的重要基地。截至2023年底，合作区入园企业已累计向当地缴纳税费超过4亿美元，有就业人员逾5000人，大大解决了当地部分劳动力就业难的问题，有力地推动了当地经济社会的发展[①]。

尤其值得称道的是，在积极谋划发展的同时，合作区还积极投身公益，关注民生，感恩回报社会。近年来，合作区每年都会举行各种慰问活动，扶危济困。为当地农村建设科技技术培训中心、倾力扶助社会弱势群体、举办集体献血活动，号召入区企业共同用实际行动传递社会正能量，得到了当地政府、村屯等社会各界的广泛赞誉。2022年，首份印尼中资企业社会责任报告《2020—2022印度尼西亚中资企业社会责任报告》正式发布，该报告记载了合作区建设以来重视并积极履行企业社会责任等事迹。

（二）中国印尼综合产业园区青山园区

2013年10月3日，中国印尼综合产业园区青山园区设立，并于同日签约首个入园项目。中国印度尼西亚青山园区位于印度尼西亚中苏拉威西省摩罗哇丽县，占地超过2000公顷，紧靠省际公路，与摩罗哇丽县及肯达里市行车距离较近。园区开发业主为中方控股的印度尼西亚经贸合作区青山园区开发有限公司（IMIP）。

园区工业建设用地约600公顷，以“镍铁+不锈钢”一体化为主体，打造境外镍铁资源供应基地、不锈钢及制品生产基地和不锈钢产品国际营销基地，最终建设成为中国和印度尼西亚矿产资源开发合作的标志性项目，带动当地乃至印度尼西亚经济发展，打造双边国际产能和装备制造合作的示范区和产业合作平台，发展成为中国“镍铁+不锈钢”企业实现全球产业布局、实现产业聚集的重要基地。

主导产业为镍、铬、铁等矿产资源开发，定位为以镍加工为核心的资源综合开发利用型产业园区，充分利用园区所在地丰富的红土镍矿资源优势与天然的区位优势，结合青山钢铁国内镍铬合金冶炼、不锈钢冶炼、轧钢生产基地建设和生产经验，就地将镍资源优势转化为经济优势，逐步建

---

① 蓝伯善、廖嘉鸿：《广西首个境外经贸合作区的美丽蝶变》，《广西农垦报》2024年6月26日第1版。

成从不锈钢上游原料镍矿开采、镍铁冶炼、不锈钢冶炼，到下游棒线板材加工、钢管制造、精线加工及码头运输、国际贸易等完整的产业链。目前园区经济效益良好，现已形成一条年生产、加工不锈钢300万吨，全球较长、配套较全的原料—不锈钢一体化生产产业链。

在基础设施建设上，园区内已完成投资逾8亿美元。截至2023年底，已经建成并正常运营3个燃煤电厂，总发电装机容量为1130兆瓦；已经建成并投入使用18个码头。此外，园区内还有占地110公顷的飞机场。

（三）中国·印尼聚龙农业产业合作区

中国·印尼聚龙农业产业合作区（简称产业合作区）于2011年开始开发建设。2016年8月，产业合作区通过中国商务部、财政部确认考核，正式获批为国家级境外经贸合作区。产业合作区处于印度尼西亚规划建设六大经济走廊的重要节点——苏门答腊经济走廊和加里曼丹经济走廊，位于爪哇岛与苏门答腊岛之间，地处“21世纪海上丝绸之路”重要节点——连接太平洋与印度洋的巽他海峡，毗邻重要港口枢纽。

产业合作区总体规划面积4.21平方公里，项目建设投资约12.45亿美元，按照“一区多园、合作开发、全产业链构建”模式开发建设，总体规划年限为8年（2015—2022年）。其中一期规划期限为4年（2015—2018年），二期规划期限4年（2019—2022年）。

产业合作区建设定位为油棕种植开发、棕榈油初加工、精炼分提、品牌包装油生产、油脂化工（脂肪酸、甘油及衍生品生产）及生物柴油生产等，同时配套发展仓储、物流等产业。产业合作区将建设成为以油棕种植开发、精深加工、收购、仓储物流为主导的农业产业型园区，打造海外棕榈全产业链，实现从原材料供给到销售的纵向一体化经营，构建庞大的交通运输能力和完善的物流网络，为大宗商品交易奠定坚实的物流基础。

在基础设施方面，产业合作区内运河总长6公里，公路总长26.6公里，拥有5个布朗比绍内河码头和1个楠榜港国际码头，不断完善的交通网能满足仓储物流需求。截至2023年底，产业合作区内已建有4座发电厂、3处水处理厂房，还有储水量10万升的水塔22座，给排水管网也已经形成并完善优化，能满足生产、生活用水需求。而且市政3G信号及无线网络信号已经覆盖整个产业合作区，具备良好的网络条件。

在税收优惠方面，产业合作区提供以下税收优惠：多种税收鼓励政策，如生产出口产品的原材料可退还进口关税；农业、基础设施等特定行业的税收优惠，如基础设施、空中和海上运输、工程和专业人才培训等可以申请免税。

丰厚的所得税优惠：如在分红利时，外资企业所缴纳的所得税税率是10%，或根据现行的有关避免双重征税协议，采用较低的税率征税；给予5年以上的亏损补偿期，但最多不超过10年分红利时10%的外资企业所得税税率。

附　录

怎样到RCEP成员国投资

印度尼西亚篇

中国驻印度尼西亚主要政府部门和相关机构一览表
（截至2024年11月17日）

序号	机构名称	联系方式
1	中华人民共和国驻印度尼西亚共和国大使馆经济商务处	地址：印度尼西亚，雅加达，梅加库宁甘西街7号，邮编12950（JI.Mega Kuningan Barat 7，Jakarta 12950，Indonesia） 电话：0062-21-5761048、5761049、5761050 传真：0062-21-5761051 电邮：id@mofcom.gov.cn 网址：id.mofcom.gov.cn
2	中国国际贸易促进委员会驻印度尼西亚代表处	地址：印度尼西亚，雅加达首都特区，雅加达南区，德尔·伊德·阿纳克·阿贡街，E.3.2号第1单元，德东大厦9层6单元（Indonesia，Daerah Khusus Ibukota Jakarta，Jakarta Selatan，Jl.Dr.Ide Anak Agung Kav.E.3.2 No.1，Gedung The East Lantai 9 Unit 6，12950） 电话：0062-21-29527125 传真：0062-21-29527126 电邮：ccpitidn@ccpit.org 网址：www.ccpit.org/indonesia
3	印度尼西亚工商会馆中国委员会	地址：印度尼西亚，雅加达，伊曼·邦佐尔街80号，邮编10310（Jl.Iman Bonjol No.80，Jakarta 10310，Indonesia） 电话：0062-21-39831308 传真：0062-21-39831307 电邮：secretariat@kikt.or.id
4	中华人民共和国驻印度尼西亚共和国大使馆	地址：印度尼西亚，雅加达首都特区，雅加达南区，梅加库宁安街2号，邮编12950（Jl.Mega Kuningan No.2，Jakarta Selatan 12950，Indonesia） 电话：0062-21-5761039 传真：0062-21-5761034 电邮：chinaemb_id@mfa.gov.cn 网址：http：//id.china-embassy.gov.cn

续表

序号	机构名称	联系方式
5	中华人民共和国驻登巴萨总领事馆	地址：印度尼西亚，巴厘省登巴萨市南登巴萨区雷农广场，图卡巴东街8X号，邮编80226（Jalan Tukad Badung 8X，Renon，Denpasar Selatan，Kota Denpasar，Bali 80226，Indonesia） 电话：0062-0361-239901（领事证件） 0062-0361-239902（领事保护与协助，紧急情况） 传真：0062-0361-239001 电邮：chinaconsul_dps_id@mfa.gov.cn 网址：http：//denpasar.china-consulate.gov.cn
6	中华人民共和国驻棉兰总领事馆	地址：印度尼西亚，北苏门答腊省，棉兰市，梅丹奥尔社区，红十字-苏卡穆利亚街1号—皇家公寓B栋6楼，邮编20151（Royal Condominium，Lantai 6，Tower B，JI.Palang Merah-Sukamulia No. 1，Kelurahan Medan，Medan20151） 电话：0062-61-80013167（领事咨询） 0062-8116137652（领事保护） 电邮：medancentre@visaforchina.org 网址：http：//medan.china-consulate.gov.cn/chn/
7	中华人民共和国驻泗水总领事馆	地址：印度尼西亚，东爪哇省，泗水市，杜库帕基斯区，帕基斯杜库，五月将军宋科诺街105号，邮编61124［Jalan Mayjend. Sungkono Kav. B1/105，Surabaya Jalan Paris Argosari V D-3，Surabaya（签证厅）］ 电话：0062-31-5675828（办公室） 0062-31-5677271（经商事务） 传真：0062-31-5674667（办公室） 电邮：chinaconsul_sur@mfa.gov.cn 网址：http：//surabaya.china-consulate.gov.cn

续表

序号	机构名称	联系方式
8	中国银行（香港）有限公司雅加达分行	地址：印度尼西亚，南雅加达，杰尼德·苏迪曼将军大街24号，Tamara Center Suite 101，102，201 & 1101，邮编12920（Tamara Center Suite 101，102，201 & 1101，Jalan Jend. Sudirman Kav.24，Jakarta Selatan 12920，Indonesia） 电话：0062-21-5205502 传真：0062-21-5201113、5207572 网址：https：//www.bankofchina.co.id/sc-id/home.html
9	中国工商银行（印尼）有限公司	总部地址：印度尼西亚，雅加达中区，M.H.塔姆林街81号，ICBC大厦32层，邮编10310（ICBC Tower 32nd Floor，Jalan M. H. Thamrin No. 81，Central Jakarta 10310，Indonesia） 电话：0062-21-23556000 传真：0062-21-31996016 网址：https：//www.icbc.co.id/cn/column/1438058343720960087.html

印度尼西亚主要政府部门和相关机构一览表
（截至2024年11月17日）

序号	机构名称	联系方式
1	印度尼西亚共和国驻中华人民共和国大使馆	地址：中国，北京市朝阳区东直门外大街4号（No.4, Dong ZhiMen Wai Da Jie，Chaoyang District） 电话：010-65325486、65325489（接待） 传真：010-65325368、65325782 电邮：set.beijing.kbri@kemlu.go.id 网址：www.kemlu.go.id/beijing
2	印度尼西亚共和国驻广州总领馆	地址：中国，广东省广州市天河区天河北路365号万科寰城中心广场38楼（38F，Atlas Center Plaza，365 Tianhe Bei Road，Tianhe District，Guangzhou，Guangdong Province） 电话：020-86018772 传真：020-86018773 领区：广东、福建、广西、海南
3	印度尼西亚共和国驻上海总领事馆	地址：中国，上海市延安西路2299号上海世贸商城1611室（Room 1611，Shanghai Mart Building，2299 West Yan'an Road， Shanghai） 电话：021-52402321 传真：021-32565627 领区：上海、江苏、浙江、安徽、江西
4	印度尼西亚共和国政府	地址：印度尼西亚，雅加达，独立广场西路9号，邮编10110（Jalan Medan Merdeka Barat No.9，Jakarta，10110） 电邮：indonesiagoid@mail.kominfo.go.id 网址：Indonesia.go.id
5	印度尼西亚共和国	地址：雅加达中心区，加托特·苏布罗托将军路31号，邮编10210（Jl. Jenderal Gatot Subroto Kav.31 Jakarta Pusat 10210） 电话：0062-21-25549000 传真：0062-21-57950288 电邮：eppid@bpk.go.id 网址：https：//www.bpk.go.id/en

续表

序号	机构名称	联系方式
6	印度尼西亚共和国最高法院	地址：自由广场北路9-13号，雅加达，邮编10110（总部）（Jl.Medan Merdeka Utara No.9-13.Jakarta 10110） 电话：0062-21-3843348 0062-21-3810350 0062-21-3457661 网址：https：//www.mahkamahagung.go.id/en
7	印度尼西亚国务秘书部	地址：雅加达中心区，退伍军人路17-18号，邮编10110（Jl. Veteran No. 17-18，Jakarta Pusat 10110） 电话：0062-21-3849065 传真：0062-21-3849065 电邮：Humas［at］setneg.go.id Persuratan［at］setneg.go.id 网址：https：//www.setneg.go.id
8	印度尼西亚内政部	地址：雅加达中心区，自由广场北路7号，邮编10110（Jl.Medan Merdeka Utara No.7，Jakarta Pusat 10110） 电话：0062-21-3450038 电邮：Pusdatin@Kemendagri.Go.ld 网址：https：//www.kemendagri.go.id
9	印度尼西亚国防部	地址：雅加达中心区，自由广场西街13-14号，邮编10110（Jl.Medan Merdeka Barat No.13-14 Jakarta Pusat，10110） 电话：0062-21-3829251 电邮：ppid[at]kemhan.go.id 网址：https：//www.kemhan.go.id
10	印度尼西亚共和国司法与人权部	地址：雅加达库宁安区，H.R.Rasuna Said大街6-7号，邮编12940（Jl.H.R.Rasuna Said Kav.6-7 Kuningan，Jakarta 12940） 电话：0062-21-5253005 电邮：helpdesk@kemenkeu.go.id 网址：https：//www.kemenkumham.go.id

续表

序号	机构名称	联系方式
11	印度尼西亚共和国贸易部	地址：雅加达首都特别区，M.I.里德万·拉伊斯路5号，邮编10110（Jl. M.I.Ridwan Rais，No.5 Daerah Khusus Ibukota，Jakarta 10110） 电话：0062-21-3841961 0062-21-3841962 电邮：contact.us@kemendag.go.id 网址：www.kemendag.go.id
12	印度尼西亚共和国环境与林业部	地址：印度尼西亚，雅加达，加托·苏布罗托将军街，茂加拉万巴克提大楼I区2层，邮编10270（Gedung Manggala Wanabakti Blok I lt.2，Jl.Jenderal Gatot Subroto-Jakarta 10270，Indonesia） 电话：0062-21-5704501 电邮：pusdatin@menlhk.go.id 网址：https：//www.menlhk.go.id/
13	印度尼西亚共和国社会事务部	地址：印度尼西亚，雅加达，大萨伦巴街28号（Jl. Salemba Raya No.28，Jakarta Pusat） 电话：0062-171 电邮：persuratan@kemsos.go.id 网址：https：//kemensos.go.id
14	印度尼西亚共和国人力部	地址：印度尼西亚，雅加达，加托·苏布罗托将军街51号，邮编：12950（Jl.Jendral Gatot Subroto Kav. 51，Daerah Khusus Ibukota Jakarta 12950，Indonesia） 电话：0062-21-5255733 电邮：persuratan@kemnaker.go.id 网址：https：//kemnaker.go.id
15	印度尼西亚共和国交通运输部	地址：印度尼西亚，雅加达，独立广场西街8号，邮编：10110（Jl.Medan Merdeka Barat No.8，Jakarta 10110） 电话：0062-151 电邮：info151@dephub.go.id 网址：https：//www.dephub.go.id

续表

序号	机构名称	联系方式
16	印度尼西亚共和国教育与文化部	地址：印度尼西亚，雅加达，塞纳扬，苏迪尔曼将军路，教育、文化、研究与技术部综合大楼，邮编：10270（Kompleks Kementerian Pendidikan，Kebudayaan，Riset，dan Teknologi Jenderal Sudirman，Senayan Jakarta Pusat 10270） 电话：0062-177 电邮：pengaduan@kemdikbud.go.id 网址：https：//www.kemdikbud.go.id
17	印度尼西亚共和国旅游和创意经济部	地址：印度尼西亚，雅加达，甘比尔，邻里/居民小组02/03，西梅丹独立路17号，邮编：10110（Jl. Medan Merdeka Barat No. 17，RT/RW 02/03，Gambir，Daerah Khusus Ibukota Jakarta 10110，Indonesia） 电话：0062-0811-895-6767 电邮：info@kemenparekraf.go.id 网址：https：//kemenparekraf.go.id
18	印度尼西亚投资促进机构	地址：印度尼西亚，雅加达，加托・苏布罗托街44号，邮编12190（Jl.Gatot Subroto No.44，Jakarta 12190，Indonesia） 电话：0062-21-5252008、5254981、5253866 传真：0062-21-5227609、5254945、5253866 电邮：sysadm@bkpm.go.id 网址：www.bkpm.go.id

印度尼西亚主要商协会（社团）及咨询机构一览表
（截至2024年11月17日）

序号	商协会（社团）名称	联系方式
1	印度尼西亚中国商会总会	地址：印度尼西亚，雅加达，梅嘎·库宁甘区，伊德·阿纳克·阿贡·格德·阿贡街6.2街区梅纳拉普里玛大厦10楼F-G单元，邮编：12950（Menara Prima，Lt. 10 Unit F-G，JI. DR. Ide Anak Agung Gde Agung Blok 6.2，Kawasan Mega Kuningan，Jakata 12950，Indonesia） 电话：0062-21-22513548 电邮：chinacham@gmail.com Email：ccci@chinachamber.co
2	印尼中华总商会	地址：印度尼西亚，雅加达，苏迪尔曼将军路86号萨希德苏迪尔曼中心57楼B-C单元Jl，邮编：10220（Sahid Sudirman Center 57th Floor Unit B-C，Jl.Jenderal Sudirman No.86，Jakarta 10220，Indonesia） 电话：0062-21-50868200 网址：www.perpit.or.id 电邮：perpitadm@yahoo.com
4	印尼—中国经济、社会与文化合作协会	地址：印度尼西亚，雅加达，苏迪曼将军大街86号，苏迪曼友谊中心43楼，邮编：10220（Sahid Sudirman Center，43 FL. Jl. Jenderal Sudirman Kav.86，Jakarta 10220，Indonesia） 电话：0062-21-22958957 电邮：lembagaindonesiachina@gmail.com 网址：https：//lembagaindonesiationgkok.org/hubungi-kami

续表

序号	商协会（社团）名称	联系方式
5	雅加达工商会	地址：印度尼西亚，雅加达，满者伯夷路18-22号，满者伯夷永恒办公大楼B座21-23，邮编：10160（Indonesia，Jakarta Pusat-10160，Kecamatan Gambir，Kelurahan Petojo Selatan，Jalan Majapahit No. 18-22，Komplek Perkantoran Majapahit Permai Blok B 21-23） 电话：0062-21-3808091 电邮：sekretariat@kadinjakarta.id sekretariatkadin@gmail.com 网址：https：//kadinjakarta.id/index.php
6	鼎峰律师事务所 Dingfeng Law Firm 鼎峰法商研究院 DINGFENG LEGAL INSTITUTION 罗章武律师事务所驻中国（广西）代表处 CW Loh & Associates Representative office in China (Guangxi)	地址：广西壮族自治区南宁市青秀区（东盟商务区）中越路7号金旺角·CASA国际公馆（东盟财经中心）B座1906号（Nanning-China-ASEAN Business District）1906，Block B，ASEAN Financial & Economic Center，No. 7 Zhongyue Road，Qingxiu District，Nanning，Guangxi，China 电话：（0086）0771-5709688/8981 电邮：dingfenglawfirm@foxmail.com 网址：https：//dingfenglawyer.com/

参考文献

[1] 中国国际经济贸易仲裁委员会. 中国国际商事仲裁年度报告：2018～2019 [M]. 北京：法律出版社，2019.

[2] 中国国际经济贸易仲裁委员会. “一带一路”沿线国家国际仲裁制度研究：4 [M]. 北京：法律出版社，2019.

[3] 刘晓红，袁发强. 国际商事仲裁法案例教程 [M]. 北京：北京大学出版社，2018.

[4] 林一. 国际商事仲裁中的意思自治原则：基于现代商业社会的考察 [M]. 北京：法律出版社，2018.

[5] 徐伟功. 国际商事仲裁理论与实务 [M]. 武汉：华中科技大学出版社，2017.

[6] 李双元，谢石松，欧福永. 国际民事诉讼法概论：第三版 [M]. 武汉：武汉大学出版社，2016.

[7]《一带一路沿线国家法律风险防范指引》系列丛书编委会. 一带一路沿线国家法律风险防范指引：印度尼西亚 [M]. 北京：经济科学出版社，2015.

[8] 赵秀文. 国际商事仲裁法：第三版 [M]. 北京：中国人民大学出

版社，2012.

[9] 李莉，乔欣.东盟国家商事仲裁制度研究 [M].北京：中国社会科学出版社，2012.

[10] 左志刚.印度尼西亚经济社会发展报告 [M].北京：社会科学文献出版社，2023.

[11] 韦红，刘明周.中国与印度尼西亚人文交流发展报告：2023 [M].北京：社会科学文献出版社，2023.

[12] 吴汪世琦.中国与印尼共建“区域综合经济走廊”探析 [J].和平与发展，2023（3）：145-168.

[13] 陈玉云.印度尼西亚纠纷解决首选方式：仲裁 [N].人民法院报，2016-06-03.

[14] 赵立斌，谢璐羽，邢楠，等.数字化、承接产业转移与东盟参与全球生产网络：兼论中国的应对策略 [J].东南亚纵横，2023（6）：1-25.

[15] 赵桂燕，欧阳嘉原，姜龙.中国—印尼海洋经济比较与合作研究 [J].对外经贸，2023（11）：10-13.

[16] 潘玥，宋涛，李富玉.多尺度地缘政治要素推拉作用下的印度尼西亚迁都计划研究 [J].世界地理研究，2023（11）：57-68.

[17] 陆保生.投资印度尼西亚互联网经济的机遇、风险及建议 [J].湖南行政学院学报，2023（6）：71-78.

[18] 许成隆.运用仲裁方法解决中国和印尼的消费者权益保护纠纷 [D].广州：华南理工大学，2013.

[19] 张冰.能源转型背景下中国与印度尼西亚电力合作分析与展望 [J].东南亚纵横，2023（5）：90-99.

[20] 张帅，翟崑.中国—东盟共建“一带一路”十年经贸成果回顾与展望 [J].东南亚纵横，2023（5）：24-39.

[21] 邓秀杰.印度尼西亚能源转型困境分析 [J].国际石油经济，2023（9）：36-45.

［22］李军. RCEP成员国投资负面清单比较研究［J］. 东南亚纵横，2023（4）：23-37.

［23］王玥. 印度—澳大利亚—印尼的印度洋安全合作［J］. 南亚东南亚研究，2023（4）：27-43.

［24］赵东喜. 基于全球价值链的中印尼产业合作模式研究［J］. 福建技术师范学院学报，2023（4）454-462.

［25］韦红，王翕哲. 印尼“Z世代”青年的中国观［J］. 国际展望，2023（4）：37-57.

［26］林慧. 新能源视域下中国车企在印尼的发展现状与挑战：以上汽通用五菱为例［J］. 交通企业管理，2023（4）：16-18.

［27］孙策，宋琳琳. RCEP实施与东盟各国推动对华经贸便利化阶段成效、具体举措与路径优化［J］. 东南亚纵横，2023（3）：91-98.

［28］贾俊英. 近代海外华侨民族主义的多重面向：以荷属东印度中华商会抵制日货运动为例的分析［J］. 华侨华人历史研究，2023（2）：62-73.

［29］王子晨，杨千帆. 我国与东盟国家本币结算合作模式分析及展望：基于中印尼LCS合作机制［J］. 金融发展研究，2023（5）：40-45.

［30］潘玥，肖琴. “一带一路”在印尼的污名化传播与中国国家形象的再塑造［J］. 南亚东南亚研究，2023（2）：40-53.

［31］李林泰，孙强，崔巍，等. 中国企业对印度尼西亚镍资源直接投资效果评价研究［J］. 价格理论与实践，2023（3）：180-185.

［32］王勇辉，程春林. 拜登政府“印太战略”下美国—印尼战略伙伴：进展、逻辑与限度［J］. 印度洋经济体研究，2023（2）：62-81.

［33］潘玥. 全球政治经济风险与东南亚粮食安全的韧性：以印度尼西亚为例［J］. 东南亚研究，2023（1）：62-86.

［34］盖晓萱，赵亮. RCEP背景下中国印尼地理标志产品经贸合作新机遇［J］. 现代农业，2023（1）：83-86.

［35］时宏远. 印尼的印度洋政策：利益、挑战及特点［J］. 南亚东南

亚研究，2023（1）：43-60.

［36］韦红，王翕哲.印尼对中美竞争的认知与对华策略［J］.印度洋经济体研究，2023（1）：66-92.

［37］国家税务总局吉林省税务局.世界主要国家（地区）企业所得税税率一览［EB/OL］.（2024-04-29）［2024-05-26］. zfgs. jilin. chinatax. gov. cn/art/2024/4/29/art_27052_772985. html.

［38］商务部对外资和经济合作司等.对外投资合作国别（地区）指南：印度尼西亚（2023年版）［EB/OL］.（2023-01-01）［2024-02-10］. https：//www. investgo. cn/upfiles/swbgbzn/2023/yindunixiya. pdf.

［39］Pwc. 2023印尼税收袖珍指南［EB/OL］.（2023-01-01）［2024-06-04］ https：//www. pwc. com/id/en/pocket-tax-book/chinese/pocket-tax-book-2023-chn. pdf.

［40］王素荣.中国企业投资印度尼西亚的税务筹划［J］.国际商会财会，2019（3）：10-13，18.

［41］孟乐之.RCEP协定下企业在东盟国家投资的税务筹划探究：以上汽通用五菱在印度尼西亚投资为例［J］.财会通讯.2023（6）：135-138，176.

［42］国家税务总局.中华人民共和国政府和印度尼西亚共和国政府关于对所得避免双重征税和防止偷漏税的协定［EB/OL］.（2006-12-08）［2024-05-28］. https：//www. chinatax. gov. cn/chinatax/n810341/n810770/c1153722/5027056/files/11537221. pdf.

［43］赵针兰.印尼劳工法律制度研究［D］.南宁：广西大学，2023.

［44］刘健西，邓翔.“一带一路”东南亚沿线国家投资的劳工风险研究［J］.四川大学学报（哲学社会科学版），2022（1）：184-192.

［45］潘玥.安全化与跨国劳工问题：以印尼的中国劳工问题为例［J］.南洋问题研究2020（4）：46-61.

［46］潘玥.“一带一路”背景下印尼的中国劳工问题［J］.东南亚研究，2017（3）：123-137.